Michael Göhlich
Europaschule – Das Berliner Modell

D1875052

Beiträge zur Schulentwicklung

Michael Göhlich (Hrsg.)

Europaschule – Das Berliner Modell

Beiträge zu Zweisprachigem Unterricht, Europäischer Dimension, Interkultureller Pädagogik und Schulentwicklung

Luchterhand

Die Deutsche Bibliothek – CIP-Einheitsaufnahme

Europaschule – Das Berliner Modell / Michael Göhlich. –
Neuwied ; Kriftel : Luchterhand, 1998
(Beiträge zur Schulentwicklung)
ISBN 3-472-03441-6

Alle Rechte vorbehalten.

© 1998 by Hermann Luchterhand Verlag GmbH Neuwied, Kriftel.
Das Werk einschließlich aller seiner Teile ist urheberrechtlich geschützt.
Jede Verwertung außerhalb der engen Grenzen des Urheberrechtsgesetzes ist ohne Zustimmung des Verlages unzulässig und strafbar. Das gilt insbesondere für Vervielfältigungen, Übersetzungen, Mikroverfilmungen und die Einspeicherung und Verarbeitung in elektronischen Systemen.
Satz: KompetenzCenter Urban, Düsseldorf
Papier: Permaplan von Arjo Wiggins Spezialpapiere, Ettlingen
Druck: Neuwieder Verlagsgesellschaft mbH, Neuwied
Printed in Germany, Juli 1998

∞ Gedruckt auf säurefreiem, alterungsbeständigem und chlorfreiem Papier

Inhaltsverzeichnis

Vorwort des Herausgebers IX

Modelle im Überblick

Rainer Höttler — Entwicklung und Zukunft der Staatlichen Europaschule Berlin 3

Inge Sukopp — Rahmenplan und curriculare Vorgaben für den Unterricht an der Grundschule der Staatlichen Europaschule Berlin 7

Michael Göhlich — Konzeption der Staatlichen Europaschule Berlin. Eine Zusammenfassung 16

Vally Valbonesi, Bianca Manusch und Annette Roosen — Deutsch-Italienische Grundschule Wolfsburg............................ 21

Stuart Simpson — Vienna Bilingual Schooling.............. 25

Gilbert Pinck — Die Europäischen Schulen 30

Peter H. Stoldt — Bilinguale Schulen im In- und Ausland. Strukturen, Ziele und Fragen der Anerkennung ihrer Abschlüsse 39

Partnersprachlicher Unterricht

Michael Göhlich — Partnersprachlicher Unterricht als Europaschul-Baustein. Einführung in die Thematik der nachfolgenden Beiträge 49

Peter Doyé — Eine Untersuchung zum Hörverstehen der Schülerinnen und Schüler der Staatlichen Europaschule Berlin 53

Wolfgang Zydatiß — Ein Spracherwerbskonzept für die Staatliche Europaschule Berlin........... 66

Ulrich Steinmüller — Deutsch als Zweitsprache, Deutsch als Partnersprache......................... 77

Maurice Balan und Ingrid Hermann — »Woher komme ich? – »De donde vengo?« Partnersprachlicher Unterricht an einer deutsch-spanischen Europaschule 87

Erika Woderich — »Kleidung«. Partnersprachlicher Unterricht an einer deutsch-russischen Europaschule .. 96

Vally Valbonesi, Bianca Manusch und Annette Roosen — Förderkonzept der deutsch-italienischen Schule Wolfsburg...................... 103

Europäische Dimension und Interkulturelle Erziehung

Michael Göhlich — Interkulturalität und Europäische Dimension als Europaschul-Bausteine. Einführung in die Thematik der nachfolgenden Beiträge................ 111

Uwe Sandfuchs — Europäisches Bewußtsein als Erziehungsziel 115

Christoph Kodron — Erziehung für Europa als Herausforderung an politisches Denken und pädagogisches Handeln – mit curricularen Überlegungen......................... 124

Michèle Héloury — »Europäische Dimension« und »Eine-Welt-Pädagogik« an der Staatlichen Europaschule Berlin........................... 134

Simon Turner »Discovering the World«. Beispiele fächerübergreifenden Unterrichts an einer deutsch-englischen Europaschule 143

Gertraud Gaa und Rossana Porrata-Jürs »Progetto Amicizia«. Bikulturelle Erziehung am Beispiel einer Brieffreundschaft 153

Helga Marburger Berliner Europaschule als Pilotprojekt. Wie kann hierdurch Interkulturelle Erziehung an Regelschulen gefördert werden? 161

Schulentwicklung

Michael Göhlich Schulentwicklung als Europaschul-Baustein. Einführung in die Thematik der nachfolgenden Beiträge................ 173

Ulrich Steffens und Tino Bargel Qualitätsstandards. Kriterien guter Schulen 176

Hermann Avenarius Schule in erweiterter Verantwortung. Anmerkungen eines Juristen............. 184

Chantal Kaiser Entwicklung einer Europaschule aus Sicht der Schulleiterin...................... 191

Daniele Charron und Catherine Bogner Sozialpädagogisch betreuter Nachmittag als Teil der Europaschule 199

June McTaggart, Maro Marschall, Mara Klein und Emma Pott Gemeinsam eine gute Europaschule schaffen. Erfahrungen und Wünsche aus Lehrer-, Eltern- und Schülersicht......... 205

Fiona Gleeson und Gabriele Hertz Interkulturelle Lehrerkooperation als Voraussetzung bilingualen Unterrichts 213

Verzeichnis der Autor/inn/en............................ 219

Vorwort des Herausgebers

Schulen haben die Aufgabe, in Konzeption und Praxis auf der Höhe der Zeit zu sein, der gesellschaftlichen Entwicklung zu entsprechen, ja, ihr als bildungs- und damit zukunftsorientierte Institution möglichst voranzugehen. Für die Grundschule gilt dies in besonderer Weise, zum einen da sie von allen Kindern unserer Gesellschaft besucht wird, zum anderen weil es in ihr noch nicht um Spezifika fachlicher oder gar beruflicher (Aus-)Bildungsentscheidungen, sondern um eine allgemeine Bildung im Sinne individueller und gemeinschaftlicher Menschenbildung und vorfachlicher bzw. fächerübergreifender Grundbildung geht.

Den für Konzeption und Praxis von Grundschulen Verantwortlichen, ob Schulleiter/in, Lehrer/in, Erziehungswissenschaftler/in, Mitarbeiter/in der Schulverwaltung oder Schulpolitiker/in, stellt sich deshalb immer wieder neu die Frage, welche Aspekte gesellschaftlicher Entwicklung bei der Gestaltung des Bildungsprozesses in der Grundschule zu berücksichtigen sind.

In den 80er Jahren wurden so beispielsweise Ökologie und Integration für die Pädagogik der Grundschule entdeckt. Auf dem Grundschulkongreß 1989 rückten dann Ergebnisse der Sozialisationsforschung wie die zunehmende Mediatisierung der Erfahrung und die Pluralisierung familialer Lebensformen ins Zentrum der Aufmerksamkeit.

In den 90er Jahren, mit der Öffnung der Grenzen zwischen West und Ost in Europa, mit der Globalisierung der Märkte und auch mittelständischer Unternehmen, mit dem Internet, und nicht zuletzt mit der durch Maastricht-Vertrag und Euro-Vorbereitung gestärkten Europäischen Dimension haben landesgrenzen-, sprachen- und kulturübergreifende Mobilität und Kommunikation enorm an Bedeutung gewonnen. Zu dieser Entwicklung muß sich die Grundschule verhalten, sich konzeptionell und praktisch besinnen und neu einstellen.

Der seit 1992 beschleunigte Übergang von einem nur wirtschaftlichen Zusammenschluß zu einer politischen Union kann im Bildungsprozeß heutiger Kinder als Chance zum Aufbau einer international orientierten, auf kulturellen Austausch bezogenen Identität genutzt werden. Damit wird zugleich ein neues Verständnis unserer multikulturellen Gesellschaft und des pädagogischen Umgangs etwa mit Rassismen nahegelegt. Zweisprachiger Unterricht und schulische Berücksichtigung der Kulturen anderer Länder und der kulturellen Vielfalt unserer Gesellschaft sind dann nicht mehr nur kompensatorische Angebote für Migrantenkinder, sondern werden zu geschätzten Bestandteilen der schulischen Bildung aller Kinder.

Programme der Europäischen Union im Bereich des Schulwesens wie z. B. »Comenius«, die Aktivitäten interkultureller und mehrsprachiger Zusammenarbeit zwischen Schulen mehrerer Staaten materiell fördern, sind hier hilfreich. Aber sie genügen nicht dem in dieser großen gesellschaftlichen Transformation notwendigen Bildungsbedarf der Kinder. Dazu sind strukturelle, konzeptionelle und praktische Änderungen in unserem Schulwesen sowie an den einzelnen (Grund-)Schulen selbst vonnöten.

Das vorliegende Buch will zu solchen Änderungen anregen und bereits vorhandene Ansätze unterstützen, indem es Konzeptionen und Unterrichtspraxen bereits existierender Europaschulen aus Sicht ihrer SchulleiterInnen und LehrerInnen vorstellt und aus Sicht von WissenschaftlerInnen kommentiert.

Die Beiträge des Buches gehen großteils auf Vorträge zurück, die auf einer im November 1997 im Berliner Jean-Monnet-Haus durchgeführten Tagung gehalten wurden. Im Zentrum der meisten Beiträge stehen Konzeption und Praxis der Staatlichen Europaschule(n) Berlin, die mit 12 Grundschulstandorten und über 2000 SchülerInnen sowie ihrem ausgesprochen neuartigen und vielschichtigen Konzept eine Vorreiterrolle in der deutschen Grundschullandschaft einnimmt. Vorgestellt werden aber auch andere Konzeptionen wie z. B. die deutsch-italienische Schule Wolfsburg, die Schulen des Projekts Vienna Bilingual Schooling, bilinguale Schulen im allgemeinen sowie die mit zwei Standorten (Karlsruhe, München) auch in Deutschland vertretenen Europäischen Schulen, die in Abgrenzung etwa zum Berliner Modell nach dem Ort des Sitzes ihres Obersten Rates häufig als Brüsseler Modell bezeichnet werden.

Im Anschluß an Zusammenfassungen dieser verschiedenen Konzeptionen bietet das Buch Überlegungen und Ergebnisse zu drei Themen, die den Kern dessen bilden, was eine Europaschule insbesondere des Berliner Modells leisten will und muß: Europäische Dimension und Interkulturelle Erziehung, Zweisprachiger bzw. Partnersprachlicher Unterricht, Schulentwicklung.

Ein so verschiedene Aspekte überdenkendes Buch gewinnt seine Kraft aus der Kompetenz und dem Engagement der vielen Menschen, die zu ihm beigetragen haben. Mein Dank gilt deshalb zunächst den AutorInnen und ihren MitstreiterInnen in den Europaschulen, aber auch Jörg Lehmann (Berliner Institut für Lehrerfort- und weiterbildung und Schulentwicklung), Constanze Bausch und Doris Mallasch (Technische Universität Berlin), ohne deren Mitarbeit in Vorbereitung und Durchführung die Tagung nicht so erfolgreich verlaufen wäre. In anderer Hinsicht danken möchte ich dem Senator für Schulwesen des Landes Berlin, der Europa-Union Berlin, dem Institut für Erziehungswissenschaft der Technischen Universität Berlin, vor allem jedoch der Robert-Bosch-Stiftung Stuttgart, die die Tagung finanziell unterstützt haben und so auch ermöglichten, daß deren Ergebnisse mit dem vorliegenden Buch einer breiteren Öffentlichkeit zugänglich gemacht werden können. Doppelt und besonders herzlich möchte ich Constanze Bausch danken. Ohne ihre tatkräftige und sprachsensible Mitarbeit wäre dieses Buch wohl nie fertiggestellt worden.

Michael Göhlich, im Frühjahr 1998

Modelle im Überblick

Rainer Höttler

Entwicklung und Zukunft der Staatlichen Europa-Schule Berlin

In den Jahren 1984 und 1985 schlugen wir als Referent für KMK- und BLK-Fragen und Vertreter des Landes Berlin in vielen überregionalen Gremien vor, zu einer neuen Fremdsprachendidaktik zu kommen, weil Fremdsprachen unseres Erachtens im vereinten Europa eine andere Funktion haben würden, z. B. als Arbeitssprachen. Im ministeriellen Bereich war jedoch nur Ablehnung, ja Hohn zu ernten, wollte man von der traditionellen Sprachenvermittlung und dem bisherigen Stellenwert einer erlernten Fremdsprache abgehen.

1987 wurden dann schon die ersten Konzeptionen zur Entwicklung einer europäisch orientierten Schule in Berlin gesammelt, Konzeptionen, die oftmals außerhalb des ministeriellen Bereichs durch z. B. die Europa-Union, die Ausländerbeauftragte von Berlin und verschiedene andere Institutionen angedacht wurden. Es begann die spannende Zeit der Abklärung mit dem, was anderswo bereits angeboten wurde, z. B. den vorrangig für Kinder von EG-Mitarbeitern einrichteten Europäischen Schulen oder den deutschen Auslandsschulen, sowie in Berlin selbst dem Französischen Gymnasium oder der John-F.-Kennedy-Schule. Ab 1991 setzte die weniger spannende als vielmehr aufreibende und oft kontroverse Gremienarbeit, die Auseinandersetzung mit verschiedensten pädagogischen und politischen Gruppen um die Gesamtkonzeption der Staatlichen Europa-Schule Berlin (SESB) und dann im Detail um das Grundschulkonzept ein, begleitet von der Rezeption anderer Ansätze in Deutschland und der Abklärung der Berliner Position zu der anderer Bundesländer. 1992 nahmen die ersten Berliner Europaschulklassen ihre Arbeit auf.

Mittlerweile (Ende 1997) haben wir 2060 Schülerinnen und Schüler an 12 Grundschulstandorten für 9 Partnersprachen. Im Endausbau allein dieser Standorte werden wir 3500 Schüler haben.

Natürlich stützt die bundes-, ja, europaweite Anerkennung dieses Berliner Schulmodells auch die Hauptstadtfunktion Berlins sowie den Arbeits- und Wirtschaftsstandort Berlin. Natürlich geben wir mit diesem Modell auch eine der möglichen Antworten zur Integration unserer ausländischen Mitbürger. Und selbstverständlich leisten unsere Lehrerinnen und Lehrer an den SESB einen exzellenten Beitrag zur interkulturellen oder kulturübergreifenden Erziehung, damit auch zum Abbau von destabilisierenden Vorurteilen und der frühzeitigen Verankerung von Verständnis und Akzeptanz des Anderen.

Ich freue mich, daß nun auch im Großraum Kopenhagen Europaschulen gegründet werden sollen, die wesentliche Elemente unseres Berliner Modells aufgreifen werden. Ich bin sicher, daß weitere uns vorliegende Bekundungen aus anderen EU-Mitgliedsstaaten zu zusätzlichen Schulgründungen dieser oder verwandter Art führen werden.

In Berlin bleiben wir vorläufig bei den jetzigen Partnersprachen: Englisch, Französisch, Russisch, Italienisch, Spanisch, Türkisch, Griechisch und Portugiesisch. Wir bedauern, daß in dieser Aufzählung noch nicht das Polnische vorhanden ist, hoffen aber, daß die jüngsten Absprachen mit der polnischen Seite möglichst bald zur Gründung einer deutsch-polnischen SESB führen werden.

Oberstes Ziel ist derzeit für uns die Konsolidierung der SESB im Grundschulbereich bei einem eventuellen Ausbau weiterer Züge an schon bestehenden Standorten und/oder der Eröffnung weiterer Standorte. Dies schon aus regional-strukturellen Gründen möglichst in der Mitte Berlins oder Bezirken im Osten der Stadt. Wir wollen dabei das Konzept der dezentralen Grundschulstandorte beibehalten, d. h. der Anlagerung eines Europaschulzugs an eine schon bestehende Grundschule.

Was den Oberschulbereich angeht, so liegt seit 1997 die Entscheidung über Standorte für die »Pionier«-Sprachen Englisch, Französisch und Russisch vor. Während in diesen Fällen für jede der Sprachen ein Standort ins Auge gefaßt wurde, sind wir durchaus Überlegungen gegenüber offen, bei den weiteren Partnersprachen geeignete Sprachen an einem Oberschulstandorte zusammenzufassen. Wir öffnen uns auch der Idee, dann Oberschulzüge der SESB nicht mehr an schon bestehende Schulen anzugliedern, sondern eine Schule originär nur als SESB zu führen.

Ein Konzept für die Klassen 7 bis 10 der SESB ist inzwischen fachlich entwickelt, wird in den von uns zu beteiligenden Gremien erörtert und steht vor der endgültigen politischen Genehmigung als Schulversuch. In dieses Konzept sind die vielfältigsten Anregungen und Erkenntnisse aus der über fünfjährigen Erfahrung im Grundschulbereich eingeflossen.

Die drei Charakteristika der SESB, die schon die Grundschule geprägt haben, sollen auch in ihrer Fortsetzung in Oberschulen das Fundament bleiben:

- Es wird angestrebt, daß jede Klasse in ausgewogenem Verhältnis aus Schülerinnen und Schülern deutscher und der betreffenden nichtdeutschen Muttersprache gebildet wird. Für freiwerdende Plätze sind Seiteneinsteiger zuzulassen.
- Zu annähernd 50 % soll in der nichtdeutschen Partnersprache unterrichtet werden (nicht nur in zwei Sachfächern). Die Zuordnung der beiden Unterrichtssprachen zu den Fächern ist für alle Standorte gleicher Partnersprache gleich. Die Rahmenpläne der Berliner Schule gelten auch für die Fächer, die in der SESB nicht auf Deutsch unterrichtet werden. Im Sinne der auch von der KMK betonten europäischen Dimension werden sie allerdings für Anregungen aus Lehrplänen der Partnersprach-Nation und die Einbeziehung authentischen Materials offen bleiben.
- Für den Unterricht sind muttersprachliche Lehrer der Regelfall; für die Betreuung im gebundenen Ganztagsbetrieb muttersprachliche Erzieherinnen und Erzieher. Ausnahmsweise können in den Sachfächern, die nicht auf Deutsch erteilt werden, auch deutsche Lehrer mit der Doppelfakultas Sprache plus Sachfach eingesetzt werden.

Das Fach »Partnersprache« gibt es sonst an keiner Schulform. Es tritt nur in der SESB zum Kanon der Regelfächer hinzu. Obwohl es im Sinne des Hamburger Abkommens als erste Fremdsprache gilt, ist es im Volumen analog zu »Muttersprache«, d. h. äquivalent zu »Deutsch« angesetzt. Hierdurch ist über die üblichen Fremdsprachenanforderungen hinaus Fachsprachenkompetenz gesichert und die Gleichgewichtigkeit der Partnersprachen garantiert: ein konstitutives Element der SESB.

Die zweite Fremdsprache ab Klasse 5 ist für die SESB obligatorisch und auf Englisch bzw. (für die deutsch-englischen SESB-Standorte) Französisch festgelegt. Eventuelle Interferenzen werden ertragen. Eine dritte Fremdsprache ist für Realschulen nicht vorgesehen. Hingegen beginnt sie nach einheitlicher Wahl der Schulen gleicher Partnersprache in der Gesamtschule und im Gymnasium entweder ab Klasse 7 oder ab Klasse 9.

Aus Sicht der Verwaltung bleiben wir bei unserem Ziel, im Oberschulbereich der SESB die KMK-anerkannten deutschen Abschlüsse anzubieten. Dies vor allem auch deshalb, um den deutschen wie in Deutschland verbleibenden ausländischen Schülern die unabdingbaren Voraussetzungen für den Zugang zum deutschen Arbeitsmarkt zu garantieren.

Zunehmend stärker ist die Forderung geworden, an der SESB auch einen zweiten Abschluß, z. B. das europäische Abitur, zu vergeben. Als Hochschulzugangsberechtigung ist dies in der Europäischen Union formal gesehen nicht erforderlich. Wir wissen aber, daß ein derartiger Abschluß etwa bei der Vergabe nationaler Stipendien oder beim Erlaß von Sprachprüfungen ausgesprochen hilfreich ist, ja zum Teil vorausgesetzt wird. Daher prüfen wir die angeblichen Vorteile zweier Abschlüsse und untersuchen, ob sie zum Zeitpunkt eines Sek-II-Abschlusses der »Pionierklassen« der SESB, also in ca. sieben Jahren noch erforderlich sein werden, untersuchen aber auch die mit einer derartigen zweiten Abschlußprüfung verbundenen Konsequenzen für unsere Schüler und Schülerinnen. Wollten wir das Europäische Abitur der Europäischen Schulen vergeben, müßten wir mit dieser Organisation ein Abkommen treffen und unsere Schulen deren Inspektoren und Prüfungskommissionen öffnen.[1]

Durchgehend bilingualer Unterricht führt zu spezifischen Belastungen. Da die SESB keine Elite- oder Hochbegabtenschule sein soll, gilt unsere besondere Aufmerksamkeit einer möglichst breit erfolgreichen Wissens- und Sprachvermittlung. Sprachenlernen kann an der SESB nicht mehr in Form des traditionellen Fremdsprachenunterrichts erfolgen. Das Partnersprachen-Modell steht dem m. E. entgegen. Neben dem kontinuierlich und langfristig angelegten Spracherwerbskonzept der SESB ist für uns das angemessene Verhältnis von natürlichem Spracherwerb und unterrichtlich gesteuertem Spracherwerb von zentraler Bedeutung.[2]

Die SESB ist, wie wir von Anfang an gesagt haben, keine Patentlösung. Sie gibt keine erschöpfende Antwort auf alle im Spannungsfeld der »Europäischen Dimension im Bildungswesen« und des europa-angemessenen Sprachenlernens auftretenden Fragen. Die Beiträge des vorliegenden Buches verdeutlichen dies. Mit der SESB ist aber doch wohl durch eine einmalige Kooperation von Lehrerinnen und Lehrern, von Eltern, von Moderatorinnen, von im Schuldienst tätigen »Materialentwicklern«, von Schulaufsichtsbeamten, von Wissenschaftlern und Politikern etwas entstanden, was Kinder auf das vor der Türe stehende Jahrhundert adäquat vorzubereiten in der Lage ist. Mit dem Modell der SESB haben wir in Berlin einen »bildungspolitischen Aufbruch« praktiziert, wie ihn der Bundespräsident jüngst forderte. Verdanken tun wir dieses Ergebnis dem im vorhinein nicht zu erwartenden, ausgesprochen selbstlosen Engagement vieler. Diesen allen sei an dieser Stelle auch von mir Dank gesagt.

---

1 Vgl. hierzu den Beitrag von Pinck im vorliegenden Buch
2 Vgl. hierzu die Beiträge von Doye und Zydatiß im vorliegenden Buch

Inge Sukopp

Rahmenpläne und curriculare Vorgaben für den Unterricht an der Grundschule der Staatlichen Europa-Schule Berlin

Das gemeinsame Lernen und Lehren in zwei Sprachen mit Kindern und Lehrern verschiedener Muttersprachen ist ein herausragendes Kennzeichen der Staatlichen Europaschule Berlin (SESB). Diese Form eines bilingual organisierten Unterrichts wird mit dem Begriff »Partnersprachenunterricht« bezeichnet und betont damit eine Abgrenzung gegen einen früh beginnenden Fremdsprachenunterricht.

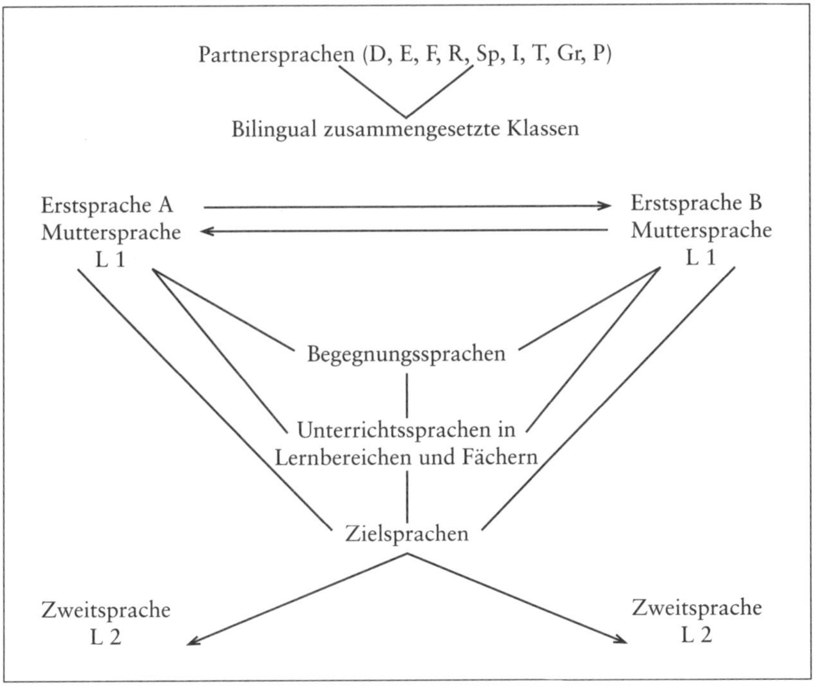

Partnersprachenunterricht kann als eine Form immersions-ähnlichen bilingualen Lernens charakterisiert werden. Die zweisprachig zusammengesetzten Klassen fordern Verständigung, dialogisches Verhalten und ein Aufeinanderzugehen heraus, bevor noch Wortschatz und Syntax lehrend vermittelt worden sind. Das Prinzip »One-Person-One-Language« ist entscheidend für die Sprachlehrfunktion. Es verhindert, daß in den Anfangsstadien eine extrem reduzierte Sprache mit den Kindern gesprochen wird.

Inhalte des Partnersprachenunterrichts ergeben sich aus der spontanen Kommunikation im Schulalltag ebenso wie in der Auseinandersetzung mit Lerninhalten der verschiedenen Lernbereiche. Dabei funktionieren die Erstsprachen beider Lerngruppen einer Klasse sowohl als Begegnungssprache als auch als Unterrichtssprache. Dadurch wird die Erstsprache der einen Gruppe zur Zielsprache der anderen und umgekehrt. Diese Konstruktion bilingualen Lernens wird zutreffend als »Two-Way-Immersion« bezeichnet. Sie stellt spezifische Anforderungen an curriculare Entscheidungen, die als Teil des Schulversuches angesehen werden müssen.

Beteiligte, Gutachter und Kritiker stimmen in ihrem Urteil überein: Die Staatliche Europaschule Berlin (SESB) ist ein in Europa bislang einmaliger Schulversuch, mit einem neuartigen und vielschichtigen Konzept. Es ist nur logisch, daß die Bewältigung einer solchen Neuartigkeit und der damit verbundenen pädagogisch wie fachdidaktisch anspruchsvollen Aufgaben einer fortlaufenden soliden Reflexion sowie einer curricularen Bindung und Steuerung bedarf. Nur geringe Hilfe bei der Lösung curricularer und unterrichtspraktischer Probleme brachte der vom Senator für Schulwesen berufene wissenschaftliche Beirat. Zwei umfassende Gutachten wurden in Auftrag gegeben, aber erst 1996 und 1997 veröffentlicht. Hilfreich sind die vergleichenden Studien zur Theorie und Praxis bilingualen Lernens sowie die detaillierten Empfehlungen für ein Spracherwerbskonzept der SESB im Gutachten von Zydatiß (1997). Das Gutachten von Doye (1996) wertet 50 protokollierte Unterrichtsstunden an verschiedenen Standorten der SESB aus. Beide Gutachten unterstützen jetzt die kritische Reflexion des Schulversuchs, konnten jedoch für die in den Jahren 1993 bis 1996 notwendigen Planungsentscheidungen nicht herangezogen werden.

Bereits im Schuljahr 1992/93 mußten also bei beschränktem wissenschaftlichem Wissen schnelle Entscheidungen getroffen werden. Aus dieser Not halfen motivierte, für Innovationen aufgeschlossene Praktiker und Praktikerinnen. Es waren und sind fachdidaktische Experten für verschiedene Fremdsprachen, einige mit langjährigen Auslandserfahrungen, oder Lehrerinnen mit Erfahrungen mit multilingualen Schülergruppen im Unterricht der Berliner Regelschule. Sie wurden mit einem Deputat von 8 bis 12 Wochenstunden an das damalige Pädagogische Zentrum (heute Berliner Institut für Lehrerfort- und weiterbildung und Schulentwicklung, abgek.: BIL) abgeordnet. In wechselnden Arbeitsgruppen, Moderatorenrunden und Seminaren haben sie vorbereitend und versuchsbegleitend erhebliche Anstrengungen unternommen, um die konzeptionellen Grundlagen, grundschuldidaktischen Prinzipien und Unterrichtseinheiten auszuarbeiten. Dazu wurden u. a.

- Unterrichtspläne aus verschiedenen Ländern, Didaktiken des Zweitspracherwerbs, Lehrbücher und Unterrichtsmaterialien gesichtet und für den Partnersprachenunterricht aufbereitet;
- Vergleiche mit Immersionsprogrammen deutscher und ausländischer Schulen zur Unterstützung der ersten didaktischen und methodischen Entscheidungen herangezogen;
- vom Europarat empfohlene Listen von lexikalischen und grammatischen Redemitteln für den Gebrauch im Partnersprachenunterricht angepaßt, um die Kommunikation mit den Anderssprachigen sicherzustellen und um die sprachliche Kontaktschwelle zu senken;
- außerordentlich wichtig waren Rückmeldungen aus den Versuchsklassen, die mit umfangreichen Katalogen ungelöster Fragen, aber auch mit der Darstellung positiver Ergebnisse die Inhalte der Arbeitsgruppen von Anfang an mitbestimmten.

Mit den ersten Werkverträgen des Senators für Schulwesen begann 1993 offiziell die Erarbeitung von Planungsvorgaben für die Pilotjahrgänge, d. h. für die Partnersprachen Deutsch (D), Englisch (E), Französisch (F), Russisch (R) sowie für die drei nicht deutschen Muttersprachen (E, F, R). Im Vordergrund stand zunächst die Lösung aktueller unterrichtspraktischer Probleme, verständlich aus der Herausforderung an die Lehrerinnen der SESB, zwei Gruppen von überwiegend monolingualen Kindern sozial und sprachlich zusammenzuführen.

Einige Beispiele sollen wichtige Problemlösungen dieser Phase verdeutlichen:

- Zwischen den kulturell unterschiedlichen, aber auch individuell geprägten Erziehungs- und Unterrichtsstilen der ausländischen und der deutschen Lehrerinnen mußte vermittelt werden.

- Eine Angleichung und Harmonisierung von Lerninhalten und Lehrmethoden bei Wahrung nationaler Eigenheiten wurde versucht.
- Dem Mangel an fremdsprachdidaktisch ausgebildeten Lehrerinnen für den deutschen Partnersprachunterricht wurde in Weiterbildungsseminaren begegnet.
- Ohne curriculare Vorbilder wurden für alle Partnersprachen Arbeitspläne aufgestellt. So entstanden Unterrichtseinheiten, die als Modelle bei der Unterrichtsvorbereitung und -durchführung benutzt werden konnten.
- Der Bedarf an Unterrichtshilfen für Themen und Projekte wuchs mit jeder neuen Unterrichtseinheit und jedem neuen Jahrgang. Er mußte schnell befriedigt werden.
- Lese- und Schreiblehrgänge für den elementaren Schriftspracherwerb in den Partnersprachen wurden ausgewählt, ihre Brauchbarkeit geprüft sowie fehlendes Lehrmaterial konstruiert.
- Der Umgang mit »sprachlichen Fehlern« i.w.S., beim Erwerb einer Zweitsprache unumgänglich, wurde lernpsychologisch sowie fremdsprachdidaktisch begründet und »weite Fehlertoleranz« vereinbart.
- Die Bewertung der Schülerleistungen in differenzierender und beschreibender Form, z. B. als individuelle Lernentwicklungsberichte, wurde vereinbart, damit aber als praktisches Problem noch nicht gelöst.
- Kollegiale Kooperation sowie Bereitschaft zur Teamarbeit bei sprach- und lernbereichsübergreifendem Unterricht war als neue Lehrqualität gefordert und mußte geübt werden.

Die Rahmenplankommission und ihre Arbeit

1995 wurde die Kommission zur Erarbeitung von Unterrichtsplänen für die SESB berufen. Ihre Arbeit war an das Schulversuch-Einrichtungsschreiben von 1993 gebunden. Darin werden eine Reihe von Vorgaben rechtsverbindlich festgesetzt, die bei der Entwicklung von Unterrichtsplänen für die SESB von Bedeutung sind.

Dazu gehört u. a., daß die Rahmenpläne und vorläufigen Rahmenpläne der Berliner Schule sowie die allgemeinen für die Grundschule geltenden Rechtsverordnungen und Ausführungsvorschriften auch für die SESB gelten. Allein der Bestand an Grundschul-Rahmenplänen umfaßt: Vorfachlicher Unterricht (VU) Sachkunde Klasse 1–4 (1992), Deutsch Klasse 1–6 (1992), Fach Mathematik Klasse 1–6 (1987), Fach Bildende

Kunst Klasse 1–6 (1992), Fach Musik Klasse 1–6 (1992), Sport Klasse 1–6 (1993/94), Vorläufiger Rahmenplan für die Vorklasse (1993) sowie Pläne für erste Fremdsprachen, Biologie, Erdkunde, Geschichte und Technik in den Klassen 5 und 6.

Ein wichtiger Passus des SESB-Einrichtungsschreibens legt fest, daß für die einzelnen Partnersprachen (E, F, R, I, Sp, T, Gr, P) Curricula für den Muttersprachunterricht sowie Partnersprachpläne für die Zielsprachen (E, F, R, I, Sp, T, Gr, P, D) entwickelt werden sollen. Das Planungswerk wird, nach heutigem Stand der Sprachkombinationen der verschiedenen SESB-Standorte, acht Muttersprachpläne und neun Partnersprachpläne für die Klassen 1 bis 6 umfassen. Für den muttersprachlichen Unterricht der deutschen Kinder gilt der Grundschul-Rahmenplan Deutsch.

Die Stundentafel[3] für die Lernbereiche und Fächer ist maßgebend für eine Einschätzung der Lernanforderungen in Relation zu verfügbaren Lernzeiten, also eine wichtige Bestimmung für curriculare Festlegungen.

Vorfachlicher Unterricht (VU) und Spiralcurriculum

Für die Planungsarbeit hat die Bindung der SESB an Rahmenpläne und Ausführungsvorschriften der Berliner Grundschule mehrere Konsequenzen. Teil A der Rahmenpläne verpflichtet die Berliner Grundschule, den Unterricht in der Unterstufe, d. h. in Klasse 1 bis 4, vorfachlich zu gestalten: »Die Organisation des Unterrichts erfolgt nach den Grundsätzen des VU. Im VU sind unterschiedliche Inhalte verbunden. Ein projekt- und handlungsorientierter Unterricht ist anzustreben, soweit dies sinnvoll ist und einer sachgerechten Behandlung nicht entgegensteht.« (Schulrecht Berlin, Erg.-Lfg. 31 vom 21. Juli 1986) Im folgenden will ich nur auf einzelne, für für die Planung des VU an der SESB relevante Aspekte eingehen.

- VU, eine spezifische Form übergreifender Strukturierung von Unterrichtsinhalten und deren Vermittlung, basiert auf Erkenntnissen der Entwicklungs-, Lern- und Kognitionspsychologie. An der SESB kommen darüber hinaus spracherwerbstheoretische Aspekte, insbesondere Erkenntnisse zur kindlichen Bilingualität, hinzu.
- Im VU werden die Lerninhalte entsprechend dem Denkniveau und Weltverständnis der Kinder fächerübergreifend integriert. Der Er-

3 Als Tabelle in Göhlich's Zusammenfassung der SESB-Konzeption

werb einer zweiten Sprache muß als integratives Prinzip zusätzlich einbezogen werden. Die Verbindung von Sache und Sprache gilt für alle Lernbereiche des partnersprachlich strukturierten Unterrichts und muß konsequent eingehalten werden.

- Aus dem Sachkundeplan der Berliner Grundschule werden Themen lernbereichsübergreifend gebündelt und für den gemeinsamen Unterricht der beiden Sprachgruppen einer Klasse ausgewählt. Sie werden entsprechend den bilingualen Fähigkeiten der Kinder konkret und handlungsorientiert behandelt sowie für den Zweitspracherwerb genutzt.

Den Zusammenhang der Lernbereiche für eine integrative Planung soll ein Modell (s.u.) veranschaulichen, das den spiral-curricularen Aufbau

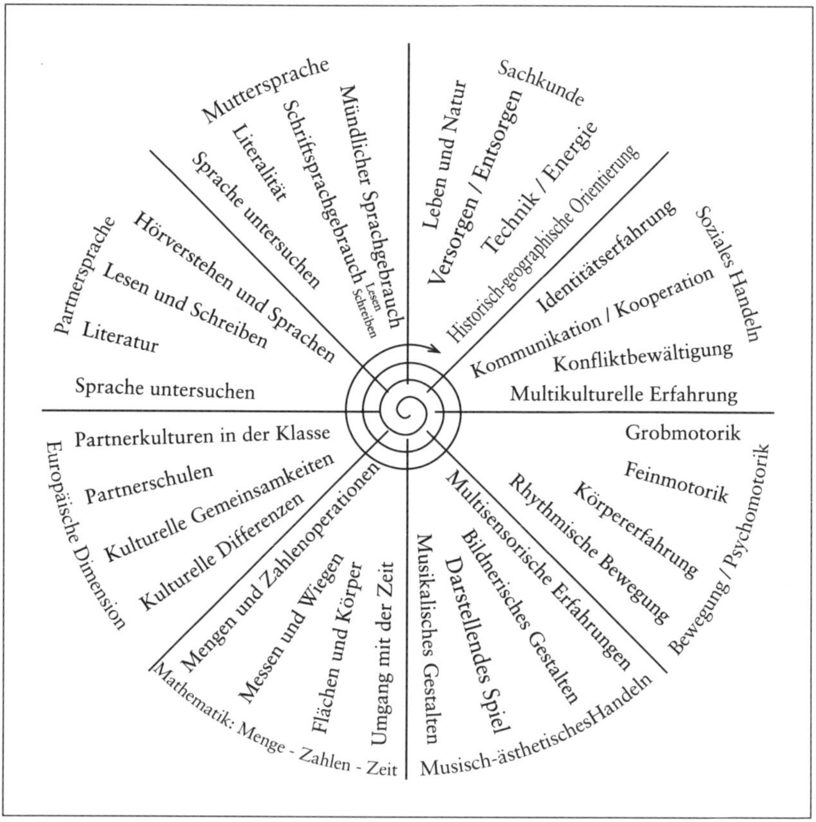

Modell eines spiralcurricularen Aufbaus der Lernbereiche im VU der SESB

der Lernbereiche im VU der SESB vorstellt. Der Unterricht durchläuft in vier Schuljahren mehrfach alle Lernbereiche und ihre Teilgebiete. Er baut dabei auf den Lernergebnissen der Vorjahre auf. Projektartige Verfahren ermöglichen die Integration der Lerninhalte unter den Prinzipien der Ganzheitlichkeit, der Kindgemäßheit und der Zweisprachigkeit. Sie entsprechen dem Konzept des Schulversuchs eher als ein fachlich gegliederter Unterricht.

Rahmenplanarbeit konkret

Lehrpläne ermöglichen es, innovative Ideen, neuartige didaktische Modelle und wissenschaftliche Erkenntnisse relevanter Forschungen in verbindliche Vorgaben für den Unterricht zu fassen. Sie ermöglichen zielgerichteten Unterricht sowie Feststellung und Vergleich der Lernerfolge, indem sie Lernziele, Lerninhalte und Methoden in einen Begründungszusammenhang bringen und für eine bestimmte Lernzeit festlegen. Beim Verfassen curricularer Texte sind Akzeptanz und Adressatenbezug wichtige Kriterien. Sie gehören zu den *Essentials* der Rahmenplankommission. Darum wurden Entscheidungen oftmals erst nach mehrfacher Rücksprache mit und Prüfung durch Mentoren, Lehrer und Lehrerinnen der SESB getroffen. Die Kommission wollte damit dem Vorwurf begegnen, Rahmenpläne entstünden am »Grünen Tisch«, fern jeder Praxis.

Lehrplantheorien und der Wechsel curricularer Modelle während der letzten 30 bis 40 Jahre haben die Konstruktion von Unterrichtsplänen nicht erleichtert. Noch immer kreisen Diskussionen um Fragen wie: Wie offen dürfen Rahmenplanaussagen sein? Wie lassen sich zeitüberdauernde, traditionelle Zielvorstellungen mit stetem Wandel anthropogener Lernvoraussetzungen und wechselnden soziokulturellen Bedingungen verbinden? Kann ein Konsens bei der Festlegung von Minimalzielen (z. B. beim Lernwortschatz der Partnersprachen) ausgehandelt werden, und wie werden diese begründet? Sollen Übungsformen und Übungsinhalte sowie Medien und Lernhilfen verbindlich vorgeschrieben oder nur empfohlen werden? Welche allgemeindidaktische, fachdidaktische und unterrichtspraktische Kompetenzen setzen Curricula bei Lehrern voraus, bzw. müssen und sollen Rahmenpläne auch Weiterbildungsfunktionen übernehmen?

Viele dieser Fragen haben in der Rahmenplankommission kontroverse Diskussionen ausgelöst, und es war nicht immer leicht, Kompromisse zu finden. Innerhalb von drei Jahren hat die Rahmenplankommission in dreißig Sitzungen ungezählte Entwürfe vorgelegt, geändert, verworfen und neu geschrieben. Sie hat sprachdidaktisch unterschiedliche Konzepte bis zur Erschöpfung diskutiert und Differenzen bei Zielvorstellungen, Inhalten und Methoden, die auf nationalen Curricula der verschiedenen Partnersprachen basierten, ausgeglichen, jedoch nicht immer aufgehoben. Ich nenne fünf wichtige Phasen der Kommissionsarbeit beim Ausarbeiten der Partnersprachpläne:

- der Entwurf einer Präambel, um Grundsatzaussagen zur Konzeption des Partnersprachenunterrichts zusammenzufassen und um sprach- und stufenübergreifende, allgemeingültige Aussagen zu bündeln;
- das Erarbeiten einer einheitlichen Gliederung für die Unterrichtspläne der verschiedenen Partnersprachen, um sie im Umfang, im Anspruchsniveau und in der Terminologie anzugleichen und damit vergleichbar zu machen;
- das Zusammenfassen bereits vorliegender Klassenpläne zu Stufenplänen, um einen größeren Spielraum für Teilzielsetzungen und partnersprachspezifische sowie lerngruppenabhängige Entscheidungen zu erleichtern;
- die Beschreibung von spezifischen Strukturen und Funktionen der einzelnen Partnersprache im Hinblick auf die intendierten Lehr/Lernprozesse im Vergleich zur Erstsprache, um auf mögliche Interferenzen und Kongruenzen hinzuweisen;
- die Abstimmung der Lernziele und die Prüfung, ob diese in den vorgegebenen Lernzeiten erreichbar sind;
- die Vereinbarung einer einheitlichen pädagogisch-didaktischen Terminologie und eines gemeinsamen Lay-outs.

Inzwischen hat die Rahmenplankommission Unterrichtspläne für sechs Partnersprachen der 1. und 2. Stufe (Klasse 1 bis 4) abgeschlossen. Weitere Pläne werden bearbeitet. Besonders dringend sind die Unterrichtspläne für die 3. Stufe (Klasse 5 bis 6).

Abschließend sei angemerkt: Das große Engagement und der hohe, mit psychischer und physischer Belastung verbundene Arbeitsaufwand der Kommissionsmitglieder konnte hier nur angedeutet werden. Ihre Einsatzbereitschaft zeigt, wie sehr sie von der Notwendigkeit und Tragweite des Schulversuchs Staatliche Europa-Schule Berlin überzeugt sind. Sie waren zu keiner Zeit so naiv anzunehmen, bilingualer Spracherwerb stelle sich von alleine ein, wenn man nur zwei Sprachengruppen in einer Klasse zusammenführt. Die Leitfrage für die Planungskommission heißt daher nicht, ob eine Zweitsprache von Grundschulkindern eher spontan-situativ oder zielgeleitet erworben wird, sondern welche Ziele und welche Lernwege fünf- bis zehnjährigen Kindern gemäß sind, und in welcher Abfolge und mit welchen Mitteln sie erreicht werden können. Die bisher erarbeiteten curricularen Vorgaben bedürfen weiterhin kritischer Reflexion sowie konstruktiver Ergänzung und Korrektur.

Michael Göhlich

Konzeption der Staatlichen Europa-Schule Berlin

Eine Zusammenfassung

Die Staatliche Europaschule Berlin (SESB), an inzwischen zwölf Grundschulen eingerichtet, ist von der Vorklasse an als »Begegnungsschule« konzipiert. Das gilt zunächst für die Sprache. Die Schule ist durchgängig bilingual. Die Konzeption sieht vor, daß beide »Partnersprachen« (Deutsch und eine andere europäische Sprache) in der Schule gleiches Gewicht erhalten. Diese 50/50-Mischung gilt sowohl in der Stundentafel, als auch in der Zusammensetzung der Schülerschaft jeder Klasse und der LehrerInnen jeder Klasse.

Zur Stundentafel (tabellarisch s.nächste Seite): Während die Alphabetisierung der beiden Muttersprachgruppen in jeder Klasse als Teilungsunterricht getrennt erfolgt, wird Sachkunde ab Klasse 1 für die ganze Klasse gemeinsam in der nicht-deutschen Partnersprache unterrichtet. Umgekehrt wird Mathematik ab Klasse 1 der ganzen Klasse gemeinsam in deutscher Sprache unterrichtet. Mit den anderen Fächern wird unterschiedlich verfahren. Insgesamt soll die Hälfte des der ganzen Klasse gemeinsam erteilten (in Berlin ja bis zur vierten Klasse vorfachlichen) Unterrichts in der einen, die andere Hälfte in der anderen Partnersprache erteilt werden. Zudem sieht die Konzeption (von zwei Stunden in Klasse 1 zu sechs Stunden in Klasse 4) zunehmenden Unterricht in der Partnersprache selbst vor, der zunächst rein mündlich abläuft. Erst Ende der zweiten, Anfang der dritten Klasse, wenn der jeweilige muttersprachliche Lese- und Schreiblernprozeß einen ersten Abschluß gefunden hat, wird der Partnersprachunterricht auch Schriftsprachunterricht. In Klasse 5 beginnt für alle SchülerInnen gemeinsam der Unterricht in einer weiteren Sprache (Englisch; außer an den Standorten, an denen Englisch selbst Partnersprache ist; dort Französisch).

Zur Schülerschaft: Die Begrenzung des Schuleinzugsgebiets ist aufgehoben. Angemeldet werden kann also jede/r Schulanfänger/in, der/die in Berlin wohnt. Pro Klasse gelten 24 SchülerInnen als Richtzahl, wovon zwölf Deutsch als Muttersprache haben sollen und zwölf die an dem betreffenden Standort angebotene nicht-deutsche Sprache. Gibt es mehr Bewerbungen als Plätze, so entscheidet das Los.

Zur Lehrerschaft: Jede Klasse hat eine/n Lehrer/in deutscher Muttersprache und eine/n Lehrer/in der an dem betreffenden Standort angebotenen nicht-deutschen Muttersprache als gleichberechtigte Klassenlehrer. So entsteht in jedem Standort der SESB ein bilinguales und bikulturelles

Stundentafel für die Grundschule der SESB

Lernbereiche	Vorfachlicher Unterricht					Fachunterricht		Unterr.-fächer
	Vkl.	Kl.1	Kl.2	Kl.3	Kl.4	Kl.5	Kl.6	
Erstsprache[1]		7	7	6	6	5	5	Erstsprache[1]
Partnerspr.[1]		3	4	6	6	5	5	Partnerspr.[1]
Mathematik		10[2]	5	5	5	5	5	Mathematik
BK/Musik			3	3	3	3	3	BK/Musik
						2	1	Biologie
Sachkunde			2	3	5	1	2	Erdkunde
						2	2	Geschich./Soz.
						5	5	neue Fremdsp.
Sport		2	2	2	2	2	2	Sport
Stunden insges								
Vorschulerz.	21							
Vorfachl. Unt.		22	23	25	27			
Fachunterricht						30	30	
Förderunt. in allen Kl.stufen[3]		2	2	2	2	2	2	Förderunt. in all. Klassenst.[3]

1 Unterricht in getrennten Gruppen.
2 Mit gleichem Unterrichtsanteil beider Partnersprachen.
3 Vor allem, um Defizite im Erwerb der jeweiligen Muttersprache auszugleichen. Die obige Stundentafel ist eine aktualisierte Fassung der in Sukopp 1996 veröffentlichten.

bzw. (da die MuttersprachlerInnen aus unterschiedlichen Ländern kommen können) multikulturelles Kollegium, in dem schließlich die beiden Partnersprachen zu je 50 % Muttersprachler/innen vertreten sein sollen.

Das Konzept der SESB strebt nicht nur Zweisprachigkeit bzw. frühes Fremdsprachenlernen an. Ziel ist zugleich der Aufbau interkultureller Verständigung und Toleranz und die Förderung eines europäischen Bewußtseins, ohne dabei die Zusammengehörigkeit der einen Welt zu vernachlässigen.

Zwar gelten die Rahmenpläne der Berliner Schule. Sie werden jedoch modifiziert durch eine stärkere Berücksichtigung europäischer Inhalte. Zudem sieht die Konzeption für jeden Standort pro Schuljahr fünf, in Blöcken organisierbare, Projekttage sowie eine Projektwoche am Ende jedes Schuljahres vor, »die der Verstärkung der europäischen Dimension u. a. durch gemeinsame Aktivitäten aller am Schulversuch beteiligten Schulen dienen« (Abgeordnetenhaus, 3).

An Schulbücher und Lehr-Lernmaterialien können neben den im Land Berlin zugelassenen, nach Zustimmung der Schulverwaltung, auch solche aus dem Raum der nichtdeutschen Partnersprache sowie im Schulversuch selbst entwickelte verwendet werden.

Als Ganzes ist das Konzept der SESB bundesweit, wenn nicht europaweit, bisher einzigartig und kann eine Vorreiterrolle spielen, da es auf mehreren Ebenen neue Lösungen sucht und diese bereits von der Vorklasse an umzusetzen sucht. Während sich z. B. die hessischen »Europaschulen« oder die »Schulen mit europäischem Profil« in NRW vorrangig um eine verstärkte Berücksichtigung interkultureller und/oder europäischer Elemente bemühen und umgekehrt z. B. Bayerns »Europäische Gymnasien« und die auch in Berlin vertretenen bilingualen Oberschulen vorrangig auf die Förderung der Zwei- bzw. Mehrsprachigkeit konzentrieren und die meisten dieser Schulen zudem erst im Sekundarbereich ansetzen, vereint das Konzept der Staatlichen Europaschule Berlin interkulturelle Erziehung, europäische Bewußtseinsbildung und Förderung von Mehrsprachigkeit bereits von der Grundschule (genauer: von der Vorklasse) an.

Entwicklung und gegenwärtiger Stand

Der Versuch ist Teil des öffentlichen Schulwesens des Landes Berlins und wurde vor fünf Jahren an zunächst sechs Grundschulen eingerichtet (2 × deutsch-englisch, 2 × deutsch-französisch, 2 × deutsch-russisch). Die

»Pionierklassen« dieser Standorte stehen derzeit also am Ende des fünften Schuljahres.[4] Nachfolgend sind jährlich neue Klassen hochgewachsen. Inzwischen sind sechs weitere Grundschulstandorte dazugekommen (2 × deutsch-spanisch, 1 × deutsch-italienisch, 1 × deutsch-türkisch, 1 × deutsch-griechisch, 1 × deutsch-portugiesisch): Im Herbst 1997 besuchten schon über 2000 SchülerInnen[5] an 12 Standorten[6] die SESB. Nur zwei der Standorte sind in Gänze Europaschulen (deutsch-französisch in Schöneberg, deutsch-türkisch in Kreuzberg). Ansonsten handelt es sich stets um einen ein- oder zweizügigen Europaschulzweig an Schulen, die zugleich einen ein- oder zweizügigen Regelschulzweig haben. Die Nachfrage nach Plätzen an den verschiedenen Standorten der SESB ist, vor allem seitens deutscher und bilingualer Familien, so groß, daß die Platzvergabe per Los längst die Regel ist.

Um den Begegnungscharakter, die Partnersprache und interkulturelle Aktivitäten auch außerunterrichtlich zu stärken und um der Tatsache gerecht zu werden, daß die SchülerInnen zum Teil einen weiten Fahrweg haben, wurde das Konzept auf den ganzen Tag angelegt. Allerdings stellt das Land Berlin aufgrund finanzieller Engpässe derzeit für den Nachmittag nur Erzieherinnen aus dem in Ostberlin entstandenen Überhang zur Verfügung. An vielen SESB-Standorten sind deshalb Elternvereine gegründet worden, die sich um Einstellung und Finanzierung von NachmittagsbetreuerInnen bemühen, deren Muttersprache die betreffende nichtdeutsche Partnersprache ist.

Für die ab 1999 einzurichtenden Oberschulstandorte der SESB hat die Senatsschulverwaltung einen konzeptuellen Rahmen einschließlich Stundentafel, Personalvorgaben u. a. vorgelegt, der derzeit einem Gremium aus Schulverwaltungsmitarbeitern, SchulleiterInnen der (zukünftigen) Oberschul- und der (Pionier-)Grundschulstandorte sowie ElternvertreterInnen zur Beratung vorliegt. Ein Großteil der Elternschaft sowie LehrerInnen und Schulleitungen der Grundschulstandorte haben sich für die Einrichtung eigenständiger Europaoberschulen in ge-

4 Im Bundesland Berlin sind die fünften und sechsten Klassen Teil der Grundschule.

5 Selbst wenn im Grundschulbereich keine weiteren SESB-Standorte gegründet werden sollten, sondern lediglich die existierenden Standorte bis einschließlich zur 6. Klasse hochwachsen, werden zur Jahrtausendwende rund 3.500 SchülerInnen eine SESB-Klasse besuchen.

6 Die offizielle Bezeichnung lautet »Staatliche Europaschule Berlin«, weil alle Standorte zum selben Schulversuch gehören und auf demselben Konzept basieren. Inoffiziell wird jedoch auch von Berliner »Europaschulen« gesprochen, weil sich die einzelnen Standorte in der Realisierung des Konzepts doch unterscheiden.

samtschulähnlicher Form ausgesprochen, an denen mehrere Partnersprachen-Züge gemeinsam beschult werden können. Begründet wird dieser Plan u. a. mit einer dann deutlicher interkulturellen, europäisch dimensionierten und mehrsprachigen Schulidentität und mit Synergien der Personalressourcen. Seitens der Schulverwaltung wird dagegen, zumindest vorerst, wie bei den meisten SESB-Grundschulstandorten die Angliederung an bestehende Schulen favorisiert[7]. Für die Partnersprach-Kombinationen der »Pionierklassen«, die im Sommer 1999 zur Oberschule übergehen, wurden inzwischen zwei Gesamtschulen (eine für deutsch-französisch, eine für deutsch-russisch) sowie ein Gymnasium und eine benachbarte Realschule (für deutsch-englisch) als SESB-Oberschulstandorte ausgewählt.

Literatur

Abgeordnetenhaus von Berlin: Einrichtungsschreiben Staatliche Europa-Schule Berlin; Mitteilung über Erweiterung des Angebots der SESB mit Beginn des Schuljahres 1993/94 (Drucksache 12/2731)

Sukopp, I.: Pädagogische und grundschuldidaktische Grundlagen der Staatlichen Europa-Schule Berlin (Klasse 1–4), Berliner Institut für Lehrerfort- und -weiterbildung 1996

Unterrichtspläne für die Partnersprachen der Staatlichen Europaschule Berlin. Präambel, 1997

7 längerfristig eigenständige SESB-Oberschulen möglich? (vgl. Höttler im vorliegenden Buch)

Vally Valbonesi, Bianca Manusch und Annette Roosen

Deutsch-Italienische Grundschule Wolfsburg

In den letzten Jahren wurde Europa mit Entwicklungen konfrontiert, die bisher kaum vorstellbar waren: Die Umwälzprozesse im Osten haben alte Grenzen aufgelöst, während die Länder der europäischen Gemeinschaft wichtige Schritte auf dem Wege zur Wirtschafts-, Währungs- und Politischen Union gemacht haben. Schulpolitische Entscheidungen müssen sich diesen Veränderungen stellen und darauf eingehen. So sollte in einem vereinten Europa die Vielfalt der Sprachen und Kulturen erhalten bleiben, ein besseres Verständnis füreinander entwickelt und soziale Integration der Kinder anderer Nationalitäten genutzt werden. Die *Deutsch-Italienische Grundschule Wolfsburg* (DIS) ist eine Einrichtung, die sich diesen Aufgaben stellt.

Für die Einrichtung einer deutsch-italienischen Schule bietet sich die Stadt Wolfsburg geradezu an, in der seit ihrer Entstehung Italiener leben und arbeiten (heute ca. 7000). Ihre Kinder, heute fast immer der 2. oder der 3. Generation zugehörig, besuchen gemeinsam mit deutschen und Kindern anderer Nationalität die örtlichen Schulen. Die italienischen Vereine und das italienische Kulturinstitut bereichern das kulturelle Leben der Stadt.

Die DIS ist eine staatliche Schule, die einen rechtlich und faktisch gesicherten Übergang auf eine andere deutsche Schule ermöglicht. Die Grundschule ist eine eigenständige Angebotsschule, die zweizügig geführt wird. Sie hat die Form einer vollen Halbtagsschule, um einerseits den bilingualen Ansatz besser verfolgen zu können, andererseits die Bildung einer schulischen Gemeinschaft zu erleichtern. Ein Schultag dauert von 7.55–13.00 Uhr, im ersten und zweiten Schuljahr bis 12.40 Uhr. Das läßt Zeit für Erziehung, Unterricht und Schulleben im Sinne der vollen Halbtagsschule unter den besonderen Bedingungen, die sich aus dem bilingualen und bikulturellen Ansatz ergeben.

Die DIS wird zur Hälfte von deutschen und italienischen (je 40 %) sowie von einer Gruppe von Kindern aus deutsch-italienischen Familien (20 %) besucht. Die Kinder aus deutschen Familien sprechen und verstehen ausschließlich Deutsch und sind auch über ihre Freunde und Freundinnen wenig mit dem Italienischen oder der italienischen Kultur in Berührung gekommen (vgl. hierzu und zum folgenden: Sprachstandserhebung 1993). Für die Kinder aus deutsch-italienischen Familien ist Deutsch nicht nur die dominante, sondern auch die einzig aktiv verfügbare Sprache. Sie sind als einsprachig Deutsch einzustufen. Nur bei sehr wenigen deutsch-italienischen Kindern sind geringe rezeptive Fertigkeiten im Italienischen vorhanden. Für die Kinder aus italienischen Familien läßt sich festhalten, daß die Primärsprache und Heimsprache für die meisten Kinder ein Italienisch ist, das von dem Dialekt der Herkunftsregion ihrer Eltern, z. B. Kalabrien, Sizilien, Sardinien, geprägt ist. Deutsch als Sprache der Außenwelt, z. B. des Kindergartens, der Schule, tritt erst etwa ab dem 3. Lebensjahr in den Sprachhorizont der Kinder. Eine doppelte Halbsprachigkeit wäre dann ein Problem einer solchen sprachlichen Entwicklung.

Für je zwei Klassen eines Jahrgangs sind drei Lehrerinnen gemeinsam verantwortlich. Eine dieser drei Lehrerinnen ist Italienerin und wird vom italienischen Staat bezahlt. Dieses System der sog. *Moduli didattici* (3 Lehrerinnen für 2 Klassen) haben wir bei Hospitationen in Grundschulen in Italien kennengelernt. Es hat eine Reihe von Vorzügen:

Zusammenarbeit der Kolleginnen

Die besondere Situation der DIS macht es erforderlich, daß alle im Schulversuch tätigen Kolleginnen gemeinsam Verantwortung für eine umfassende interkulturelle Erziehung tragen. Das setzt eine vertrauensvolle Zusammenarbeit gleichberechtigter Partner voraus. Die gleichmäßige Aufteilung der Unterrichtsstunden beider Parallelklassen unter den Lehrkräften eines Moduls schafft dafür günstige Voraussetzungen.

Unterrichtsqualität

Lehrerinnen, die in den Modulen zusammenarbeiten, konzentrieren sich auf Fachbereiche, die in beiden Klassen unterrichtet werden. Vorbereitung und Nachbesinnung können intensiver sein. Durch die Kompetenz der Lehrerin für ein Fach wird das Kind in diesem Bereich vermutlich mehr gefordert, gleichzeitig aber auch mehr gefördert. Da alle Lehrkräfte in beiden Parallelklassen unterrichten, werden Unterschiede in Anforderung und Unterrichtsstil ausgeglichen. Die Klassen werden etwa den gleichen Lernfortschritt zeigen.

Erziehung der Grundschulkinder

Die Tatsache, daß mehrere Lehrerinnen in einem Modul unterrichten, bedeutet im Grunde die Fortführung der häuslichen Situation und der Verhältnisse im Kindergarten. Kinder sind in der Regel gewohnt, sich auf unterschiedliche Personen und Erziehungsstile einzustellen. Durch die Unterschiedlichkeit der Lehrerinnen will die Schule eine gemeinsame Basis geben, in der Widersprüche bewußt ausgetragen und nach praktischen Lösungen gesucht wird. Das Kind hat so die Möglichkeit unter mehreren Bezugspersonen zu wählen oder mehrere Bezugspersonen zu akzeptieren. Zielrichtung ist es jedoch, den Kindern ein Beispiel für positive Kooperation und gemeinsame Verantwortlichkeit zu vermitteln. Urteilsvermögen und Unabhängigkeit werden gefördert, Selbständigkeit damit frühzeitig erreicht. Durch die Beurteilung des Kindes durch verschiedene Lehrkräfte und durch deren ständigen Austausch der Beobachtungen in den Teamgesprächen wird das Kind stets unter verschiedenen Blickwinkeln gesehen. Dies bietet beste Chancen für eine Förderung von Begabungen, aber auch Hilfen bei Defiziten. Die Betreuung durch die Lehrkräfte eines Moduls wird dem Grundschulkind helfen, den komplexen Anforderungen, die eine demokratische Gesellschaft an ihre Mitglieder stellt, besser gerecht zu werden.

Lehrplan und Unterricht

An der DIS wird nicht nach dem bekannten 45-Minuten-Rhythmus gearbeitet, sondern in 75-Minuten-Blöcken (s. Tabelle S. 24).

Alle Kinder haben täglich 30 Minuten Italienisch. Während die eine Klassenhälfte italienischen Sprachunterricht hat, wird die andere Klassenhälfte in Deutsch oder Mathematik unterrichtet. Die Lerngruppen setzen sich aus 12–14 Schülern zusammen, eine Leistungsdifferenzierung findet nicht statt. Im Mittelpunkt des Italienisch-Lehrplans steht zunächst die Entwicklung der Fähigkeit, einfache mündliche Äußerungen zu verstehen und korrekt anzuwenden, wobei die Sprache durch Handeln und in kommunikativen und kindgerechten Situationen in spielerischer und musischer Form erlernt wird. Für diesen Unterricht gibt es einen eigens für diese Formen des Lehrens und Lernens eingerichteten Raum (vgl. Riccó/Sandfuchs 1997).

Neben dem Unterricht in halber Klassenstärke wird in einigen Stunden mit Doppelbesetzung gearbeitet. Doppelbesetzung ist vor allem vorgesehen für die offene Anfangsphase und für den Sachunterricht, sowie

z. T. für die Freiarbeit. Sie ermöglicht eine Vielfalt differenzierender Maßnahmen bis hin zur Einzelförderung und einer effektiven Lernstandsdiagnose.

Zeit	**Montag**	**Dienstag**	**Mittwoch**	**Donnerstag**	**Freitag**
7.55–8.25	Offene Anfangsphase	Offene Anfangsphase	Offene Anfangsphase	Offene Anfangsphase	Offene Anfangsphase
8.25–9.40	Sachunterricht (SU)	Deutsch/ Italienisch	Sport	Deutsch	Deutsch
9.40–10.00	*Pause*	*Pause*	*Pause*	*Pause*	*Pause*
10.–11.15	Deutsch Religion	Mathematik	Deutsch/ Italienisch	Mathematik/ Italienisch	Mathematik/ Italienisch
11.15–11.30	*Pause*	*Pause*	*Pause*	*Pause*	*Pause*
11.30–12.40	Mathematik/ Italienisch	SU Freiarbeit	AG Freiarbeit	Textil Musik	Kunst
12.40–13.00	Spielphase	Spielphase	Spielphase	Spielphase	Spielphase

Exemplarischer Stundenplan einer dritten Klasse

Stuart Simpson

Vienna Bilingual Schooling

Ein bilinguales Schulmodell, das aus gesellschaftlichen Notwendigkeiten gewachsen ist, hat bessere Entwicklungschancen als eines, das »auf dem Reißbrett« künstlich entworfen wurde.

Wien war und ist auf Grund der geschichtlichen und geo-politischen Situation eine Drehscheibe verschiedener europäischer Entwicklungen. Seit vielen Jahren ist es eine der Hauptstädte der Vereinten Nationen, Sitz der UNIDO (United Nations Industrial Development Organisation) und der IAEA (International Atomic Energy Agency). Mit den umwälzenden politischen Veränderungen Anfang der neunziger Jahre in Europa, der sogenannten »Ost-Öffnung«, hat sich die politische und ökonomische Lage Europas nachhaltig verändert. Viele internationale Firmen verlegten ihren Sitz nach Wien. Mit ihnen kamen Kinder nichtdeutscher Muttersprache, darunter viele aus dem englischsprachigen Ausland, in die Stadt. Zudem gab es eine beträchtliche Anzahl von deutsch-englischsprachigen Familien, sowie von Familien, in deren Herkunftsland Englisch als Verkehrssprache verwendet wird, die in Wien beheimatet waren. All diese Kinder benötigten eine englischsprachige Schulausbildung.

Zwei internationale Schulen existierten bereits Anfang der 90iger Jahre in Wien. Auf diesen beiden Privatschulen (Schulgelder) wurde fast ausschließlich in Englisch nach ausländischem Lehrplan unterrichtet. Beide Schulen waren auch überbesetzt.

So wurde es für den Stadtschulrat für Wien, zuständig für alle öffentlichen Schulen und Schultypen, notwendig, ein bilinguales Konzept zu entwerfen. Im September 1992 begann die erste bilinguale Volksschulklasse, parallel dazu ein bilingualer Kindergarten. Mittlerweile bestehen fünf bilinguale Standorte mit insgesamt etwa 340 SchülerInnen. Seit September 1994 gibt es eine bilinguale Mittelschule und in den nächsten beiden Jahren werden zwei weitere entstehen. Diese bilingualen Mittelschulen entstehen in jenen Regionen Wiens, in denen es bereits bilinguale Volksschulen gibt, damit eine lückenlose Weiterführung gewährleistet ist.

Das folgende durchgehende Konzept *Vienna Bilingual Schooling* (VBS) wurde für ein deutsch-englischsprachiges Schulmodell entwickelt, das sich über die gesamte Schullaufbahn eines Schülers/einer Schülerin erstreckt. Für alle Bereiche des Schulversuchs gilt:

- der österreichische Lehrplan (mit Einbeziehung anderer Lehrpläne, z. B. *The National Curriculum for England and Wales*)
- eine Klassenzusammensetzung mit jeweils zur Hälfte deutsch- und zur Hälfte englischsprachigen SchülerInnen. Die englischsprachigen Kinder können entweder bilinguale ›native speaker‹ (Deutsch/ Englisch) oder Kinder anderer Muttersprachen sein, die aber Englisch als Verkehrssprache verwenden.

Bilinguale Volksschule

Das Grundziel der bilingualen Volksschulen ist der Erwerb der Kulturtechniken in der Muttersprache bzw. Erstsprache (Deutsch oder Englisch) und die Aneignung der Zweit-, d. h. Partnersprache (Deutsch oder Englisch) als Arbeitssprache. Nach Abschluß der Volksschule sollen die Schüler ihre Muttersprache beherrschen und die Partnersprache als Arbeitssprache verwenden können.

Der Schwerpunkt der Schulstufen eins und zwei liegt auf dem Erwerb der Kulturtechniken. Die Alphabetisierung erfolgt in der Mutter- bzw. Erstsprache des Kindes. Dazu wird die Klasse für etwa 50 % der Unterrichtszeit in zwei Sprachgruppen geteilt und von zwei Lehrern, einem deutsch- und einem englischsprachigen Lehrer, in der jeweiligen Sprache unterrichtet. Die restliche Unterrichtszeit gilt der Aneignung der Partnersprache durch bilingualen Unterricht (beide Lehrer arbeiten im Team) in den Fächern Sachunterricht, Musikerziehung, Bildnerische Erziehung, Werken und Leibesübungen. Religion wird normalerweise auf Deutsch unterrichtet.

Auf den Schulstufen 3 und 4 wechseln die Gruppen den Lehrer und werden in der Partnersprache alphabetisiert. Zugleich werden der bilinguale Unterricht und der Unterricht in der Muttersprache beibehalten. Am Ende der Grundstufe 2, d. h. nach 4 Jahren Volksschule können die SchülerInnen entweder in die bilinguale Mittelschule oder, da nach dem österreichischen Lehrplan unterrichtet wurde, in jede andere österreichische Schule gehen.

Bilinguale Mittelschule

Analog zu den Volksschulen wird auch die Mittelschule der 10–14jährigen nach dem österreichischen Lehrplan geführt. Hier geht es natürlich nicht um den Erwerb der Kulturtechniken, sondern um den Erwerb von Wissen und Inhalt in einem bilingualen Kontext. Die SchülerInnen der VBS-Mittelschule kommen nicht nur aus den bilingualen Volksschulen; sprachlich begabte SchülerInnen aus anderen Volksschulen können ebenfalls an diesem Schulversuch teilnehmen.

Die Schüler der bilingualen Volksschulen haben die automatische Möglichkeit, stets in dem VBS-Konzept weiterzugehen. Kinder aus anderen Volksschulen werden zu einem sogenannten *Orientierungsgespräch* eingeladen, in dem sie und ihre Eltern über den Schulversuch informiert werden, und für den Lehrer Gelegenheit besteht, das soziale Verhalten der Kinder im Rahmen von Spielen zu beobachten. Die sprachliche Flexibilität der Kinder wird anhand eines kurzen Gespräches in der jeweiligen Partnersprache festgestellt. Am Ende der Orientierungsgesprächswoche entscheidet eine Kommission, bestehend aus Vertretern der Schulaufsicht und der Schule, über die endgültige Aufnahme der Kinder. Für sie wird dann ein *Crashcourse* angeboten, der normalerweise von September bis Jänner dauert. In dieser Zeit werden alle Fächer, mit Ausnahme von Deutsch, auf Englisch unterrichtet.

Fachunterricht in der Partnersprache

Der Unterricht an der Mittelschule erfolgt auf drei Ebenen. In der *sprachlichen Fakultät* werden die Fächer Deutsch bzw. Englisch als Erstsprache sowie Deutsch bzw. Englisch als Zweitsprache monolingual unterrichtet.

Auf der Ebene der *kreativen und sportlichen Fächer* (art, crafts and sport faculties) wird ebenfalls monolingual – von Lehrern entweder deutscher oder englischer Muttersprache – unterrichtet. Dabei wird versucht, eine Ausgewogenheit beider Unterrichtssprachen in der Stundentafel zu gewährleisten.

Der Hauptteil des bilingualen Unterrichtes erfolgt auf der Ebene der *mathematischen, wissenschaftlichen und sozialen Fakultäten* (in den Fächern Mathematik, Geometrisches Zeichnen, Biologie und Umweltkunde, Chemie, Physik, Geschichte und Sozialkunde sowie Geographie und Wirtschaftskunde). Hier wird im Rahmen von Teamarbeit (deutsch-

und englischsprachige Lehrer unterrichten gemeinsam) der Stoff bilingual unterrichtet. Die Lehrstoffverteilung für das ganze Jahr erfolgt nach der sogenannten ›chunk-method‹ (Block-Methode). Dies bedeutet, daß der Jahresstoff gemäß des österreichischen Lehrplanes in sprachliche Blöcke unterteilt wird, wobei ein Block vorwiegend auf Englisch, ein anderer Block vorwiegend auf Deutsch unterrichtet wird. Die Entscheidung, welcher Block in welcher Spache unterrichtet wird, richtet sich nach dem Vorhandensein geeigneter Unterrichtsmaterialien und dem ›feel good factor‹, da manche Unterrichtsabschnitte gefühlsmäßig besser in der einen oder anderen Sprache unterrichtet werden können. Dieses Kriterium greift vor allem in Geschichte und Geographie. Für Sprachblockentscheidungen in anderen Fächer ist normalerweise, unter Beibehaltung eines sprachlichen Inputs für das gesamte Schuljahr von ca. 50/50 %, das Vorhandensein geeigneter Materialien in der betreffenden Sprache entscheidend.

Gemäß dem österreichischen Lehrplan werden auch Schularbeiten und Tests an der VBS-Mittelschule durchgeführt. Hier gilt das Prinzip, daß die Fragen bzw. Aufgaben in der Input-Sprache gestellt werden, die bei dem jeweiligen Block angewendet wurde, die Schüler aber die Antworten entweder in der einen oder anderen Sprache geben können. Es gibt keinen Punkteabzug für sprachliche Fehler, sofern die Beantwortung der Aufgabenstellung in Bezug auf Wissen und Inhalt verständlich ist.

Weiterführung

So wie bei dem Schnittpunkt Volksschule/Mittelschule, gibt es auch bei dem Schnittpunkt Mittelschule/Oberstufe die Möglichkeit, von der bilingualen Mittelschule in eine nicht-bilinguale Schule zu wechseln. Besteht der Wunsch, weiter im Rahmen des VBS-Konzeptes die Schule zu besuchen, kann dies in der bilingualen Oberstufe oder einer bilingualen Handelsakademie geschehen. Beide führen zur Matura (österreichisches Abitur). Desweiteren ist geplant, eine bilinguale Höhere Technische Lehranstalt einzurichten, um den SchülerInnen im Alter von 14 Jahren ein breitgefächertes bilinguales Angebot zur Verfügung zu stellen.

Ausblick

Das Motto des VBS-Konzeptes ist *Taking a World View.* In diesem Gedanken steht die VBS nicht nur für ein bilinguales, sprich vermehrtes Sprachangebot, sondern ebenso für Zielsetzungen wie die Erziehung zu Toleranz, Frieden und Akzeptanz von Andersartigkeit. Mit der Einrichtung dieses zukunftsweisenden Schulversuches soll auch hierzu ein Beitrag geleistet werden.

Gilbert Pinck

Die Europäischen Schulen

Als im Jahre 1951 die erste Europäische Gemeinschaft für Kohle und Stahl, gegründet wurde, stellte sich für diese neue Institution das Problem der Erziehung der Kinder ihrer Beamten, die aus sechs verschiedenen Ländern stammten und damals vier unterschiedliche Sprachen praktizierten. Für die Franzosen, Belgier und Deutschen hegte man den Gedanken, das Problem mittels der Beförderung der Kinder per Autobus zu den benachbarten Schulen zu lösen; für jene, die in ihrem Heimatland verbleiben mußten, Italiener und Holländer, sollten Sonderstipendien gewährt werden. Doch der Vorsitzende der EG für Kohle und Stahl, Jean Monnet, unterbreitete damals den Vorschlag, diese Kinder unterschiedlicher Muttersprache und Nationalität an einer einzigen Schule zu vereinen, damit sie im gegenseitigen Kontakt Nutzen aus einer europäischen Erziehung ziehen könnten. In diesem Projekt war seit Anfang an – unter Berücksichtigung der Förderung und Vertiefung der Muttersprache – vorgesehen, den Kindern frühzeitig eine zweite Sprache anzubieten.

Nach den ermutigenden Ergebnissen, die durch einer Experimentierphase im Primarbereich festgestellt wurden, beschlossen die Bildungsminister und die Minister für Kulturelle Beziehungen der Mitgliedstaaten, die Organisation einer Sekundarschule zu übernehmen. Parallel wurden Verhandlungen zur Gewährung eines regierungsübergreifenden Statuts an der ES Luxemburg geführt, die am 12. April 1957 zur Unterzeichnung eines Sonderstatuts führten. Dieses Statut wurde später dank der Unterzeichnung eines Protokolls am 13. Oktober 1962 auf sieben weitere ES ausgedehnt. Standorte der ES wurden:

- Luxemburg (Luxemburg)
- Brüssel (ES Brüssel I, ES Brüssel II; Belgien)
- Mol (Belgien)
- Varese (Italien)
- Karlsruhe (Deutschland)
- Bergen (Niederlande)
- Culham (Vereinigtes Königreich)

Die neunte ES, die sich in München befindet, ist nicht für die Kinder von europäischen Beamten vorgesehen, sondern für die Kinder der Angestellten des Europäischen Patentamtes. Für die ES München hat man ein Zusatzprotokoll ausarbeiten müssen, da die Finanzierung dieser Schule sich von der der acht anderen Schulen unterscheidet. Das diesbezügliche Protokoll wurde am 15. Dezember 1975 unterzeichnet.

Zur Zeit verzeichnen die neun ES annähernd 16.000 Schüler. Seit der Gründung der ersten Europäischen Schule erlangten 17.000 Schüler das nur an diesen Schulen vergebene *Europäische Abitur.*

Exkurs: Europäisches Abitur

Da seitens verschiedener Vertreter der Staatlichen Europaschule Berlin eine Anerkennung ihrer Oberschul-Abschlüsse als Europäisches Abitur gewünscht wird, will ich auf den Zusammenhang zwischen Europäischem Abitur und Statut der Europäischen Schulen näher eingehen.

Seit Gründung der Berliner Europaschulen bestehen Kontakte mit unserer Organisation. Mein Vorgänger, Herr Jorgen Olsen, hat sich mehrmals nach Berlin begeben. Ich weiß, daß sich die Planer der Berliner Europaschulen von unseren Lehrplänen haben leiten lassen, und daß die Struktur der Berliner Europaschulen auf der Ebene des Sekundarbereichs noch sehr offen ist. Ich weiß auch, daß die Staatliche Europaschule Berlin von Anfang an – unter Berücksichtigung der Niederlassung der Dienststellen des Europäischen Patentamtes und des CDFOP ursprünglich dazu bestimmt war, als Standort für eine ES in Betracht zu kommen. Doch die Bundesregierung hat keinen Antrag auf die Gründung einer ES in Berlin gestellt. Die dort seit 1992 im Grundschulbereich und ab 1999 im Sekundarbereich bestehenden Schulen tragen die Bezeichnung »Staatliche Europa-Schule Berlin«. Es handelt sich also um staatliche Schulen.

Das Statut der ES und das Protokoll bezüglich der Gründung von ES schreiben in Artikel 1 deutlich vor: »Für die gemeinsame Erziehung und den gemeinsamen Unterricht von Kindern der Bediensteten der Europäischen Gemeinschaften können im Hoheitsgebiet der Vertragsparteien Anstalten mit dem Namen ›Europäische Schule‹ gegründet werden. Andere Kinder jeglicher Nationalität können ebenfalls zugelassen werden. Für diese Anstalten gelten vorbehaltlich der folgenden Artikel die Bestimmungen der am 12. April 1957 in Luxemburg unterzeichneten Satzung der ES und der am 15. Juli 1957 in Luxemburg unterzeichneten

›Prüfungsordnung für die Europäische Abiturprüfung‹.« Artikel 2 besagt: »Der Oberste Rat beschließt einstimmig die Gründung neuer Europäischer Schulen und bestimmt ihren Sitz.« Aus diesen beiden Artikeln geht hervor, daß nur der Oberste Rat befähigt ist, eine ES zu gründen, sowie, daß das Europäische Abitur integraler Bestandteil des Statuts der ES ist. Unter Artikel 4 der Europäischen Abiturordnung ist allerdings zu lesen: »Zur Europäischen Abiturprüfung können sich diejenigen Schüler melden, die wenigstens die beiden obersten Klassen der Sekundarschule der ES ordnungsgemäß besucht haben.«

Dieser Einblick in verschiedene Artikel läßt erkennen, daß die Prüfungen, die zum Abschluß des Besuchs einer Berliner Europa-(Ober-)Schule veranstaltet werden, nicht mit dem – von den ES ausgestellten – Europäischen Abitur gleichzustellen sind. Die Mitgliedsstaaten, die das Statut der ES ratifiziert haben, erkennen unter der Bezeichnung »Europäisches Abitur« nur den Abschluß an, der von einer ES ausgestellt wird.

Die Frage bleibt, ob denn eine Anerkennung der Berliner Europa-Oberschul-Abschlüsse als Europäisches Abitur wünschenswert und notwendig ist, wo doch das deutsche Abitur in allen Mitgliedsstaaten anerkannt wird. Wir bzw. die ES mußten ja das Europäische Abitur nur deshalb als besondere Abschlußform einführen und im Statut verankern, weil die Schulform der ES nicht unmittelbar den Schulformen in den Mitgliedsstaaten entspricht.

Europäische Dimension

Die Kommission der Europäischen Gemeinschaften veröffentlichte 1993 ein ›Grünbuch‹ über die europäische Dimension im Bildungswesen, nachdem der Gemeinschaft infolge des »Vertrags über die Europäische Gemeinschaft«, abgeändert durch den »Vertrag über die Europäische Union«, unter Artikel 126 neue Zuständigkeiten im Erziehungsbereich eingeräumt worden waren. Diesem ›Grünbuch‹ ist zu entnehmen, daß die erforderliche Aufmerksamkeit, die dem Respekt der Identitäten, der kulturellen und ethnischen Differenzen, und dem Stellenwert der Bekämpfung jeglicher Form des Nationalismus' und der Ausländerfeindlichkeit zu widmen ist, grundlegendes Element der Erziehungsaktion ist.

Die Erziehungssysteme tragen nicht nur die Verantwortung für die Gewährleistung der einfachen kulturellen Reproduktion, sie müssen die Jugendlichen auch zu Demokratie, Bekämpfung der Ungleichheiten,

Toleranz und Respekt der Diversität ausbilden: Sie müssen die Bildung zur Bürgerschaft gewährleisten. In diesem Zusammenhang ist die Einbindung Europas als eine Dimension aufzufassen, die sich den anderen Einzelkulturen nicht überordnet, sondern sie bereichert.

Im Sinne der Erreichung dieser Zielsetzungen hat man sich auf den Erfahrungsaustausch in der europäischen Dimension zu stützen, die mittels der Erlernung von Sprachen, der Zusammenarbeit an gemeinsamen grenzüberschreitenden Projekten, der Kenntnis der anderen Länder sowie mittels Informationen erlebt wird, die zur Festigung und Stimulierung dieser Erfahrungen dienen.

Diese Empfehlungen spiegeln sich im Alltag der *Europäischen Schulen* (ES) wieder. Die Pergamentrolle, die in den verschiedenen Grundsteinen unserer Schulen eingemauert ist, enthält ein Zitat von Jean Monnet, der 1953 bei der Eröffnung der ES Luxemburg erklärte: »Zusammen erzogen, von Kindheit an von den trennenden Vorurteilen unbelastet, vertraut mit allem, was groß und gut in den verschiedenen Kulturen ist, wird ihnen, während sie heranwachsen, in die Seele geschrieben, daß sie zusammengehören. Ohne aufzuhören, ihr eigenes Land mit Liebe und Stolz zu betrachten, werden sie Europäer, geschult und bereit, die Arbeit ihrer Väter zu vollenden und zu verfestigen, um ein vereintes und blühendes Europa entstehen zu lassen.«

Diese Wunschvorstellung leitet die ES, an denen:

- Die Schüler der fünfzehn Mitgliedstaaten der Union sich in Gruppen zusammenfinden, die die Kluften zwischen Sprachabteilungen bereits ab dem Kindergarten überbrücken, indem zusammen Lieder gesungen und Handarbeiten verrichtet werden und Hand in Hand im Kreis zusammen gespielt wird.
- Diese Schüler bereichern sich anschließend gegenseitig in den mehrsprachigen Gruppen, die zum Zweck des Unterrichts in der zweiten Sprache eingerichtet werden, sowie durch gemeinsame Aktivitäten, die *Europäische Stunden* genannt werden.
- Die Aktivitäten, die bei weitem den Begriff der Sprachabteilung übertreffen, werden im Sekundarbereich mittels der Unterrichtserteilung in einem Fach in einer Fremdsprache fortgesetzt und vertieft, wie dies u. a. der Fall ist für den Unterricht in Geschichte, Geographie und Wirtschaftskunde.
- Unter Leitung ihrer Lehrkräfte organisieren die Schüler kulturelle und politische Veranstaltungen, die ein Bild von dem zeichnen, was das Europa von morgen sein könnte, wenn wir statt fünfzehn und

mehr Mitgliedstaaten nur über eine einzige föderale Regierung verfügen würden, in der der Justizminister z. B. ein Engländer wäre, und der Finanzminister deutscher Staatsangehörigkeit. In den ES zeugen das *Modell European Parliament* (MEP), das *Modell European Council* (MEC) oder die *Jugendkulturtage* von Ernsthaftigkeit dieses Anspruches der ES.
- Alle zwei Jahre werden Sportwettbewerbe veranstaltet, bei denen sich über sechshundert Schüler aus den neun Schulen in den unterschiedlichen athletischen Disziplinen messen. Diese Veranstaltung nennt sich ›Eurosport‹.

Zahlreich sind auch die Austauschveranstaltungen auf lokaler Ebene der verschiedenen Schulen. Die Direktoren stellen jährlich eine detaillierte Beschreibung dieser Aktivitäten auf, die sie dem Obersten Rat unterbreiten, um zu veranschaulichen, daß die ES – entgegen bestimmter Vorstellungen – nicht in einem europäischen Ghetto leben, sondern vielmehr auf der Suche nach Kontakten sind. Dies nicht nur um zu zeigen, was sie leisten, sondern vor allem um zu erkunden, was sich anderweitig tut. Es liegt auf der Hand, daß die europäische Dimension in unserem Erziehungssystem noch lange nicht ausgeschöpft ist.

Interkulturelle Toleranz

Unsere Schüler werden sich sehr schnell und auf natürlichem Wege der Tragweite des kulturellen Beitrags bewußt, den ein jeder durch die Anwesenheit des anderen nutzen kann. Es kommt nicht in Frage, sie vergessen zu lassen, daß sie Franzosen, Deutsche oder Dänen sind. In den Unterrichtsbeiträgen über die griechische Zivilisation wird der Begriff des griechischen Volkes zu einer konkreten Realität, da alle einen griechischen Klassenkameraden kennen. Sie lernen sehr schnell, die Besonderheiten ihrer Klassenkameraden aus einem anderen Land zu entdekken. Unter ein- und demselben Dach wohnend (bzw. lernend) werden sie sich der Mentalitätsunterschiede bewußt und bereichern sich gegenseitig mit diesen Differenzen. Diese interkulturelle Toleranz ist fortschreitender Natur. Sie erreicht ihren Höhepunkt in den Abschlußklassen der Sekundarstufe.

Auch auf Ebene des Lehrpersonals ist die Toleranz bemerkenswert. Die Anwesenheit lebendiger Zeugen einer Kultur kann nur von Vorteil sein. Die Lehrkräfte tauschen ihre Gedanken aus, besprechen philosophische und politische Themen, diskutieren über Ereignisse in den verschiedenen Ländern und informieren sich über Hintergründe und Auswirkungen. Gleichzeitig haben sie die Möglichkeit, ihre eigene Kultur durch Informationen und Dokumentationen zu festigen, die ihnen direkt von ihren Gesprächspartnern übermittelt werden. Kurzum, statt von interkultureller Toleranz zu reden, wäre ich vielmehr dazu geneigt zu behaupten, daß *Schüler und Lehrkräfte an den* ES lernen, den Reichtum der europäischen Kulturen zu teilen.

Linguistische Fähigkeiten

Ab dem Kindergarten kommen die Schüler mit einer Fremdsprache in Kontakt. An der *Grundschule* wird diese sogenannte ›zweite Sprache‹ (begrenzt auf Französisch, Deutsch und Englisch) unterrichtet, und zwar zu jeweils:

- 5 x 30 Minuten wöchentlich in der 1. und 2. Klasse
- 5 x 45 Minuten wöchentlich in der 3., 4. und 5. Klasse.

Zu diesen Unterrichtsstunden gesellt sich der Sachkunde-Unterricht, der in der zweiten Sprache erteilt wird, und zwar zu jeweils:

- 2 x 30 Minuten wöchentlich in der 1. und 2. Klasse
- 3 x 45 Minuten wöchentlich in der 3., 4. und 5. Klasse.

Im *Sekundarbereich* wird der Unterricht der zweiten Sprache bis zum Abschluß der Sekundarstufe fortgesetzt, und zwar zu jeweils 5 Stunden in der 1. Klasse, dann zu 4 Stunden in der 2. und 3. Klasse, und anschließend zu 3 Stunden in der 4., 5., 6. und 7. Klasse. Diese zweite Sprache wird ab der 3. Sekundarschulklasse zur Hauptsprache im Geschichts- und Geographieunterricht sowie ab der 4. Sekundarschulklasse im Wahlfach Wirtschaftskunde. Diesem Sprachunterricht wird noch die verpflichtende Erlernung einer dritten Sprache ab der 2. Sekundarschulklasse zu jeweils 3 Wochenstunden und das freie Studium einer vierten Sprache ab der 4. Sekundarschulklasse zu jeweils 4 Wochenstunden hinzugefügt.

Hier stellt sich die Frage, ob dieses Angebot die Schüler nicht überfordert. Auf den ersten Blick könnte man diesen Eindruck gewinnen. Doch es darf nicht vergessen werden, daß die Erlernung einer zweiten und dann einer dritten Fremdsprache weitgehend durch die umfeldbedingte Aneignung und Verwendung einer ersten Fremdsprache erleichtert wird. Die Schüler sind mit dem Übergang von einem Kommunikationsmodus zum anderen vertraut, da sie geistig bereits darauf eingestellt sind. Die Erfahrung hat gezeigt, daß der Schüler eine dritte Sprache schneller erlernt als eine zweite, und daß er seine Muttersprache dank der Erlernung einer Fremdsprache besser versteht und erfaßt. Eine wirksame Spracherlernung kann hierbei nur unter zwei Voraussetzungen erfolgen:

- Einerseits, indem die Lehrkraft nie auf die Muttersprache des Schülers zurückgreift, um ihm bei der Erlernung der Fremdsprache zu helfen.
- Andererseits, indem der Unterricht von Lehrkräften erteilt wird, die diese unterrichtete Sprache als Muttersprache beherrschen.

Harmonisierung der Lehrpläne

Der Unterricht erfolgt auf Grundlage fachbezogener Curricula, die von den Vertretern der Mitgliedstaaten in den Inspektionsausschüssen für den Primar- und Sekundarbereich in sektionsübergreifender Zusammenarbeit mit Inspektoren und mit Fachlehrern der ES entwickelt wurden und im Sinne eines fortschreitenden Optimierungsprozesses weiterentwickelt werden. Das Angebot gleichbleibend qualitätvoller, bis zur Europäischen Abiturprüfung führender und von den Mitgliedstaaten anerkannter Schullaufbahnprofile wird durch die gemeinsame Arbeit der in den Inspektionsausschüssen vertretenen nationalen Inspektoren gesichert. Deren Aufmerksamkeit gilt, über die curriculare Arbeit hinaus, insbesondere:

- der Harmonisierung fachlicher und pädagogischer Normen zwischen den verschiedenen Sprachabteilungen (z. B. durch Gruppeninspektionen);
- der Betreuung und Beratung der an den ES tätigen abgeordneten Lehrkräfte;
- der Verbesserung der Rahmenbedingungen des Unterrichts;
- der Weckung und Förderung von Innovationsbereitschaft und Innovationsfähigkeit in der Zusammenarbeit unter allen am Schulleben der ES Beteiligten (d. h. der Schüler, Eltern und Lehrer).

Die im Inspektorenkreis erarbeiteten und abgestimmten Vorschläge für den fachlichen und pädagogischen Rahmen der Arbeit an den ES werden im *Obersten Rat,* dem höchsten beschlußfassenden Organ der ES, in dem die Vertreter der Regierungen der Mitgliedstaaten mit der Kommission der Europäischen Union repräsentiert sind, beraten. Sie bilden die Grundlage für Beschlüsse in wichtigen pädagogischen Fragen. Jeder Inspektor trägt die Verantwortung für ein bestimmtes Fach. Sie setzen Arbeitsgruppen ein, die sich aus Lehrkräften der verschiedenen Mitgliedstaaten zusammensetzen, und nehmen mit ihnen die erforderlichen Abänderungen an den Lehrplänen vor, damit diese stets an die neuesten Entwicklungen in den jeweiligen Heimatländern angepaßt sind.

Die Lehrpläne werden regelmäßig an die pädagogischen Entwicklungen in den verschiedenen Mitgliedstaaten angepaßt. So sind die wissenschaftlichen Lehrpläne beispielsweise anläßlich des Beitritts des Vereinigten Königreichs, Dänemarks und Irlands im Jahre 1972 gründlich überarbeitet worden, um den Unterrichtsstoff somit an die Einschreibungsanforderungen an einer Universität dieser Länder anzupassen.

Daher ist es von größter Bedeutung, daß wir nicht über ein Inspektoren-Team verfügen, das ausschließlich im Dienste der ES stände. Die einzelnen Inspektoren halten sehr enge Beziehungen mit ihren jeweiligen Ländern aufrecht, damit die unerläßliche Kontinuität zwischen dem nationalen Bildungssystem und dem Unterricht an unseren Schulen gewährleistet bleibt. Andererseits stellt die Begrenzung der Abordnungsdauer der Lehrkräfte auf neun Jahre sicher, daß der Lehrkörper regelmäßig ausgetauscht wird und die Lehrpläne nicht erstarren.

Zusammenarbeit der Europäischen Schulen mit nationalen und internationalen Schulen

Um den Bekanntheitsgrad der ES zu stärken, der Behauptung einer elitistischen Schule vorzubeugen und uns mittels Erfahrungen mit anderen zu bereichern, ist Vernetzung dringend geboten. Dies geschieht, indem wir:

- möglichst viele Beziehungen zu Schulen vor Ort knüpfen;
- kulturelle und sportliche Aktivitäten in Zusammenarbeit mit den nationalen und internationalen Schulen veranstalten;
- ›Tage der offenen Tür‹ organisieren, die wir mit der größtmöglichen Öffentlichkeitsarbeit versehen;
- mittels Schüler- und Klassenaustauschs Kontakte knüpfen;
- Artikel in pädagogischen Mitteilungsblättern veröffentlichen;

- Lehrergruppen und Direktoren zu unseren Schulen sowie zur Teilnahme am Unterrichtsgeschehen einladen;
- Praktikanten aus den verschiedenen Mitgliedstaaten an unseren Schulen aufnehmen, auch Berufsanwärter aus den Vereinigten Staaten.

Welche Hindernisse auf dem Weg zur Zusammenarbeit zu überwinden sind, sei abschließend an einem Paradox der von der Europäischen Gemeinschaft geförderten Programme dargestellt (*Comenius* u. a.). Ausgerechnet die ES sind nicht berechtigt, eine Koordinationsrolle in einem Comenius-Projekt zu übernehmen. Wenn wir als *Partner* an Programmen für die nationalen Schulen teilnehmen, sind die nationalen Agenturen nicht befähigt, uns Subsidien zukommen zu lassen. Daher haben wir ein eigenes Programm eingeführt, das wir *Plato* nennen und für das wir Subventionsmittel in Höhe von 50.000 ECU jährlich vom *Obersten Rat* erhalten. Leider müssen sich zwei der nationalen Partnerschulen aus den von der ES Karlsruhe ins Leben gerufenen Projekten demnächst aus dem Projekt zurückziehen, da die nationalen Agenturen auch nicht befähigt sind, Subsidien an ihre eigenen Schulen auszuschütten, die am Plato-Projekt der ES teilnehmen möchten.

All dies wird uns jedoch nicht daran hindern, uns weiterhin der Außenwelt zu öffnen, Interessierte zum Erfahrungsaustausch einzuladen und Schüler- oder Lehreraustauschinitiativen zu initiieren, um den europäischen Gedanken weiterzutragen.

Peter H. Stoldt

Bilinguale Schulen im In- und Ausland

Strukturen, Ziele und Fragen der Anerkennung ihrer Abschlüsse

Der Begriff ›bilingual‹ lädt leicht zu Mißverständnissen ein. Ich folge deshalb Ingeborg Christ (Düsseldorf), die von »sogenannten bilingualen« Bildungsgängen in Deutschland spricht; handelt es sich ja keineswegs um vollkommene oder natürliche Bilingualität wie z. B. in Teilen der Immersions-Programme in Kanada. Wir in Deutschland verstehen unter bilingualen Angeboten i.a.R. ›fremdsprachlichen Unterricht in Sachfächern‹, in Berlin ›partnersprachlicher Unterricht‹, im Auslandsschulbereich ›landessprachlicher Unterricht in Sachfächern‹ genannt. Über die Ziele so verstandener bilingualer schulischer Angebote besteht breiter Konsens:

- Verstärkung der allgemeinen fremdsprachlichen Kompetenz,
- Aufbau einer fachsprachlichen Kompetenz in der Fremdsprache,
- Entwicklung einer interkulturellen Kompetenz bzw. Sensibilität.

Bilinguale Angebote innerhalb Deutschlands

Innerhalb Deutschlands finden sich sogenannte bilinguale Angebote in Form fremdsprachlichen Fachunterrichts mittlerweile in fast allen Bundesländern. In relativ bunter Palette an Fächerbreite und Intensität existieren bilinguale Angebote an ca. 300 Schulen. Bei den Partner- oder Begegnungssprachen des bilingualen Unterrichts stellen Englisch und Französisch den Löwenanteil. Die Sachfächer streuen, doch dominiert die gesellschaftswissenschaftliche Fächergruppe; dies mit Sicherheit auch wegen der vorhandenen bzw. nicht vorhandenen Lehrerqualifikationen. Sogenannte ›native speakers‹ werden m. E. noch zu wenig und auch zu wenig konsequent eingesetzt; im Bereich der Ausbildung der Lehrkräfte an Universitäten und Studienseminaren herrscht in Deutschland noch breiter Tiefschlaf, abgesehen von einzelnen erfreulichen Entwicklungen, so z. B. in Nordrhein-Westfalen, Hessen und Rheinland-Pfalz; in Planung auch in Bremen.

Wie steht es mit dem Zugewinn an Abschlußqualifikation nach Absolvierung eines sogenannten bilingualen Bildungsganges mit Abiturprüfung? Die Teilnahme wird im Abiturzeugnis vermerkt, vor allem die Absolvierung von Prüfungsfächern in der Fremdsprache, das gesamte Zeugnis wird i.d.R. doppelsprachig ausgestellt. Mit Frankreich ist die Befreiung von der bei einem Auslandsstudium fälligen Spracheingangsprüfung vertraglich vereinbart. Im Falle Großbritanniens und der Vereinigten Staaten hat die hohe Autonomie der Universitäten bislang eine vergleichbare zwischenstaatliche Vereinbarung verhindert, so daß Schülerinnen und Schüler sich gern die Zusatzqualifikation eines ausländischen Sprachzertifikates sichern: Cambridge-Zertifikate, amerikanische Zertifikate, das französische DELF-DALF System, spanische Diplomas.

Bikulturelle deutsche Auslandsschulen

Bei dem Blick auf die bikulturellen deutschen Auslandsschulen oder Begegnungsschulen blicken wir innerhalb Europas u. a. auf Italien, Skandinavien und Mittelosteuropa; außerhalb Europas auf Ägypten, Süd- und Mittelamerika sowie das südliche Afrika. Verallgemeinernd ist festzustellen, daß sich an den bikulturellen deutschen Auslandsschulen die Schülerschaft aus den Landeskindern, aus deutsch-muttersprachigen Kindern sowie Kindern aus Drittstaaten zusammensetzt. Je nach den zwischenstaatlich ausgehandelten Vereinbarungen verteilen sich der deutschsprachige und der landessprachige Fachunterricht auf die einzelnen Jahrgangsstufen. Wiederum verallgemeinernd findet sich in der Fächergruppe Geschichte/Gemeinschaftskunde/Sozialkunde in der Regel echter bilingualer Fachunterricht, allerdings mit unterschiedlichen Inhalten; dies hängt mit der Anerkennung der Abschlußzeugnisse im Sitzland und in Deutschland zusammen. In den Naturwissenschaften dominiert der deutschsprachige Fachunterricht, dasselbe gilt für den musisch-künstlerischen Bereich. Der Begegnungscharakter spiegelt sich in den Inhalten der Fachlehrpläne. Die Fachunterrichtsmethoden klaffen indes in der Regel stark auseinander; kompromißhaftes Aufeinanderzugehen findet zunehmend in gemeinsamen Lehrerfortbildungsveranstaltungen vor Ort statt.

Die Abschlußziele sind trotz weltweit gestreuter Präsenz unserer bikulturellen deutschen Auslandsschulen überall dieselben: Kombination einheimischer Hochschulzugangsberechtigung oder Berechtigung zur Teilnahme an den einheimischen Hochschuleingangs- oder Hochschulzugangsprüfungen auf der einen Seite, Erwerb eines Zeugnisses der allgemeinen deutschen Hochschulreife auf der anderen Seite – mit den Unterschriften eines KMK-Prüfungsbeauftragten und des jeweiligen diplomatischen Vertreters der Bundesrepublik Deutschland; ein verfassungsrechtliches Unikum! Um diese Doppelqualifikation abzusichern, entsenden die Länder in der Bundesrepublik Deutschland insgesamt ca. 2000 Lehrkräfte ins Ausland, bezahlt vom Auswärtigen Amt.

Deutschsprachige Auslandsschulen

Deutschsprachige Auslandsschulen finden sich neben Westeuropa und mehreren afrikanischen Ländern schwerpunktmäßig im mittel- und ostasiatischen Raum sowie in den Vereinigten Staaten und Australien. An diesen deutschsprachigen Auslandsschulen für vornehmlich deutschmuttersprachige und deutschsprachige Kinder gibt es neben verbindlichem oder wahlfreiem Unterricht in der jeweiligen Landessprache Ansätze zur Einführung sogenannter bilingualer Unterrichtsangebote in Fächern des gesellschaftswissenschaftlichen Feldes. So bspw. das Fach Geschichte oder Geographie in Toulouse und Paris – eingeführt aus Wettbewerbs- und Attraktivitätsgründen –, in Nairobi als Unterrichtsversuch in begrenztem Umfang, in Washington u. a. auch zur Erfüllung amerikanischer Auflagen. Die Genehmigung solcher Versuche mit bilingualen Angeboten liegt beim Bund-Länder-Ausschuß für schulische Arbeit im Ausland.

Bilingualer Fachunterricht

Die meisten mitteleuropäischen Länder haben die Bundesrepublik Deutschland nach der Wende um intensive Hilfe beim Aufbau eines modernen demokratischen Schulwesens in ihren Ländern gebeten. Hieraus sind – nach entsprechenden zwischenstaatlichen Vereinbarungen – umfangreiche Programme zur Förderung der deutschen Sprache in MOE- und GUS-Staaten entstanden. Diese Programme beinhalten Lehrerentsendung, Lehreraus- und -fortbildung, Curriculumentwicklung, Übernahme von Deutsch-als-Fremdsprache-Unterricht sowie deutschsprachigen Fachunterricht, Aufbau schulischer und außerschulischer

Abschlußprüfungen. Dieses integrierte Förderprogramm wird vom Bund, von verschiedenen Mittlerorganisationen und von den Ländern gemeinsam getragen.
Bilingualer Fachunterricht in deutscher Sprache existiert in zwei Strukturformen

- als Teil der Vorbereitung auf eine zwischenstaatlich vereinbarte gemeinsame Schulabschlußprüfung mit doppelt-qualifizierender Hochschulzugangsberechtigung – so in Prag, Liberec, Poprad, Bukarest, Sofia, im Aufbau an zwei staatlichen Schulen in Estland;
- als Vorbereitung auf die sprachliche Abschlußprüfung des Deutschen Sprachdiploms der Kultusministerkonferenz – so in fast zwanzig MOE- und GUS-Staaten.

Neben diesem MOE-Intensivprogramm gibt es deutschsprachigen Fachunterricht an staatlichen Schulen in Frankreich, der auf der Grundlage zwischenstaatlicher Vereinbarungen in Form der *Double Délivrance* oder in Form der *Option Internationale du Baccalauréat* (OIB) zu einer echten Doppelqualifikation aufgrund zweier originärer Zeugnisse führt.

Sehr viel bescheidenere Ansätze verhandeln wir zur Zeit in und mit Italien (Bologna, Florenz, Tarent), wo aufgrund deutschsprachigen Fachunterrichts das Ziel der Befreiung von der deutschen Sprachprüfung bei Studiumsaufnahme in Deutschland angestrebt wird; ähnliche Ansätze gibt es in Madrid. Zwischenstaatliche Verhandlungen führen wir mit Dänemark mit dem Ziel des Erwerbs der deutschen allgemeinen Hochschulzugangsberechtigung für Absolventen eines mathematisch-naturwissenschaftlichen Zweiges in Kopenhagen.

Anerkennung von Zeugnissen, Abschlüssen und Berechtigungen

Mit dem Begriff *Anerkennung* verknüpfen sich unterschiedliche Erwartungen und Konzepte. Das Instrument der Anerkennung eines von einer nicht-staatlichen Schule erteilten Zeugnisses oder auch der gesamten Schule durch die dafür in den Ländern zuständigen Stellen stammt aus dem Privatschulrecht. Ein staatlich anerkanntes Zeugnis beinhaltet dieselben Berechtigungen wie das von staatlichen Schulen erteilte; von einer staatlich anerkannten – und nicht nur genehmigten – privaten Schule im Inland und im Auslandsschulbereich wird erwartet, daß sie auf Dauer die Vergleichbarkeit mit staatlichen Unterrichts- und Schulzielen garantieren kann; Gleichwertigkeit, nicht unbedingt Gleichartigkeit aller Schulinhalte vorausgesetzt. Bei einer nur genehmigten Privatschule bedürfen die Zeugnisse, vor allem die Abschlußzeugnisse, staatlicher Überprüfung.

Übertragen auf das Ausland: Das Instrument der Anerkennung einer Schule gibt es ausschließlich im Bereich der deutschen Schulen im Ausland; zuständig dafür ist der Bund-Länder-Ausschuß, der für die Kultusministerkonferenz die fachliche Prüfung und die Vergabe dieses begehrten Gütesiegels vornimmt. Es gibt insgesamt 36 anerkannte Deutsche Schulen im Ausland, die zur deutschen allgemeinen Hochschulreife führen, und 12 anerkannte Deutsche Schulen im Ausland mit Abschlüssen im Sekundarbereich I; unter der erstgenannten Gruppe sowohl deutschsprachige als auch bikulturelle Schulen, in der Gruppe der Sekundarstufen-I-Schulen ausschließlich deutschsprachige Auslandsschulen.

Unabdingbare Anerkennungsvoraussetzungen sind folgende: Es muß ein öffentliches Interesse auswärtiger Kulturpolitik bestehen; die Arbeit der Schule muß wesentlich auch von deutschen fachlichen und pädagogischen Vorstellungen geprägt sein; die Schule muß über eine definierte Anzahl voll qualifizierter deutscher Entsandtlehrkräfte verfügen; sie muß wirtschaftlich gesichert sein; die Trägerschaft muß auch dem Vereinsrecht des Sitzlandes entsprechen. Der Träger stellt einen Antrag an die Kultusministerkonferenz, das Auswärtige Amt und der KMK-Beauftragte für die Region prüfen, der Bund-Länder-Ausschuß entscheidet über die von Bund und Ländern eingebrachte Empfehlung. Innerhalb der anerkannten Begegnungsschulen ist geregelt, welche und wieviele Fächer in der deutschen Abschlußprüfung mit allgemeiner Hochschulreife-Berechtigung in der jeweiligen Landessprache unterrichtet und geprüft werden.

Neben dem Instrument der Anerkennung einer Schule – und damit der Gleichstellung aller Zeugnisse und Berechtigungen mit denen der vergleichbaren Schulart in Deutschland – gibt es die *Bewertung* ausländischer Zeugnisse oder Bildungsnachweise, und zwar im Hinblick auf die Berechtigung zum Hochschulzugang oder zum Eintritt ins qualifizierte Berufsleben oder zum Eintritt in eine Jahrgangsstufe einer staatlichen Sekundarschule in Deutschland.

Für die Entscheidungsebene des Hochschulzugangs haben sich die 16 Länder eine Koordinierungsstelle im Sekretariat der KMK in Bonn eingerichtet – die *Zentralstelle für ausländisches Bildungswesen* (ZAB) – sowie ein eigenes Gremium geschaffen, in dem der Sachverstand aller Länderministerien, des Auswärtigen Amtes, der Hochschulrektorenkonferenz und des DAAD zusammenkommt. Für alle Staaten und deren Sekundarabschlußzeugnisse gibt es Bewertungsempfehlungen der Zentralstelle an die Länder. Da Schule sich überall ständig weiterentwickelt, wie wir im letzten halben Jahrzehnt in den MOE/GUS-Staaten erlebt haben, wie wir es aber auch in Deutschland erleben, sind ständige Überpüfungen der Einstufungsempfehlungen nötig. Das Verfahren: Die Experten in der Zentralstelle mit Hilfe der deutschen Auslandsvertretungen und mit Hilfe von Experten in den Ländern überprüfen ständig die Angemessenheit der Einstufungsempfehlungen. Bei signifikanten Veränderungen in einem Land macht das zuständige Gremium den höheren Gremien der KMK gegenüber, also Schulausschuß und Amtschefskonferenz, Vorschläge für eine neue Einstufungsempfehlung an die Länderverwaltungen und Hochschulen.

Eine Reihe von Beispielen aus der jüngsten Vergangenheit:

- 1995 wurden die Bedingungen für die Einstufung des *International Baccalaureate* (IB) auf der Grundlage eines Expertengruppen-Gutachtens neu beschrieben.
- 1996 und 1997 wurden Zeugnisse aus Großbritannien und den USA mit einer neuen Bewertungsgrundlage versehen.
- 1996 wurde der Umrechnungsschlüssel für französische Baccalauréat-Noten in deutsche Durchschnittsnoten aufgrund umfangreicher statistischer Überprüfungen und Analysen neu festgelegt.
- 1997 wurden die Zeugnisse aus einer ganzen Reihe von zwölfjährigen Sekundarschulsystemen außerhalb der EU aufgewertet.

Mit dem IB ist ein insofern interessantes Beispiel der Anerkennungs- und Bewertungspraxis benannt, als es sich bei dem Prüfungsabschluß des IB der Genfer Prüfungszentrale nicht um einen ausländischen Bildungsnachweis im juristischen Sinne handelt. Entsprechend ist die Bewertungsempfehlung formuliert: Das IB wird unter bestimmten Bedingungen wie ein ausländischer Bildungsnachweis behandelt und anerkannt.

Ein weiteres interessantes Beispiel ist die Behandlung des *Europäischen Abiturs* der Absolventen der *Europäischen Schulen* in Ländern der EU; dies Abitur oder Baccalauréat wird in allen EU-Mitgliedstaaten als Hochschulzugangsberechtigung anerkannt. Jede andere Entscheidung wäre äußerst verwunderlich; haben doch die EU-Staaten untereinander einen Staatsvertrag zur gemeinsamen Betreibung der Europäischen Schulen abgeschlossen.

Auf einer völlig anderen Verfahrensschiene spielt sich die gegenseitige Anerkennung von Zeugnissen inklusive Abschlußzeugnissen unter den

16 Ländern innerhalb der Bundesrepublik Deutschland ab, ebenso das Verfahren zur gegenseitigen Anerkennung von ungewöhnlichen Fremdsprachenfolgen und von anderen Abweichungen von den zwischen den Kultusministern der Länder vereinbarten Schularten oder Schulformen. Dies Inlands-Verfahren gegenseitiger Anerkennungen ist vor dem folgenden Hintergrund zu sehen: Vereinbarungen der Kultusministerkonferenz und auch Staatsverträge zwischen den Ländern (z. B. zur Gründung der Zentralstelle für die Vergabe von Studienplätzen ZVS) müssen dafür Sorge tragen, daß in den Ländern grundsätzlich von den gleichen Lebensverhältnissen ausgegangen werden kann. Hierzu gehört als ältestes das sogenannte Hamburger Abkommen aus den 60er Jahren, ebenso aber die Vereinbarung über Bildungsgänge und -abschlüsse im Sekundarbereich I aus 1993, die Vereinbarung über die Berufsschule aus 1991, die neueste Vereinbarung zur Gymnasialen Oberstufe und zur Gymnasialschuldauer aus 1997.

Diese Vereinbarungen bilden den Hintergrund für Verfahren zur gegenseitigen Anerkennung zwischen den Ländern. Wenn ein Land von den vereinbarten Schularten bezüglich Fremdsprachen oder anderer Fächerfolgen deutlich abweichen will, meldet es bei der KMK einen Schulversuch zwecks Anerkennung der Zeugnisse und vor allem der Abschlüsse an. Der Schulausschuß – das ist das für das Inlands-Schulwesen zuständige Fachgremium – berät und entscheidet, und zwar unter dem 1990 von den Kultusministern beschlossenen Grundsatz »künftig Schulversuche großzügig zuzulassen«, wobei sie sich leiten lassen von dem Ziel, »einerseits die Einheitlichkeit und Durchlässigkeit des Schulwesens zu wahren, andererseits eine Weiterentwicklung des Schulwesens und eine Verbesserung pädagogischer Förderung durch Schulversuche zu ermöglichen« (sogenannter *Frankfurter Toleranzbeschluß* von 1990).

Zum Abschluß möchte ich zurückkehren zu dem bilingualen Aspekt des Themas und die Frage aufgreifen, wie sich die KMK oder auch die einzelnen Länder gegenüber fremdsprachlich unterrichteten Fächern in Schulversuchen verhalten. Ich fasse meine Erfahrungen und meine eigene Position zusammen:

- Solange die bilingual unterrichteten Fächer mit dem Fächerrahmen der S-I-Vereinbarung grundsätzlich übereinstimmen – und der Rahmen ist weit,
- solange die Inhalte der bilingual unterrichteten Fächer einer grundsätzlichen Vergleichbarkeitsüberprüfung standhalten – und die

Weiterentwicklung von Lehrplänen ist ohnehin eine ständige Aufgabe,

solange ist die Tatsache, daß das Fach oder die Fächer in einer Fremdsprache unterrichtet werden, kein Hinderungsgrund für eine gegenseitige Anerkennung. Dies schon deshalb nicht, weil die übergreifenden Ziele der Schule von heute in allen Ländern und auch in KMK-Vereinbarungen mit Mehrsprachigkeit und Europafähigkeit beschrieben sind. Hierüber besteht Konsens.

In diesem Sinne wünsche ich dem Berliner Schulversuch ein gutes Gedeihen, eine umfassende Anpassungsfähigkeit an sich wandelnde Umstände und ein langes Leben.

Partnersprachlicher Unterricht

Michael Göhlich

Partnersprachlicher Unterricht als Europaschul-Baustein

Einführung in die Thematik der nachfolgenden Beiträge

Das Buch geht drei Aspekten nach, die allesamt Bausteine der Europaschulen insbesondere des Berliner Modells sind: Europäische Dimension und Interkulturelle Erziehung, Partnersprachlicher Unterricht, Schulentwicklung. Innerhalb dieser innovativen Aspekte lassen sich Dominanzen erkennen. Als echtes Novum der Staatlichen Europaschule Berlin (SESB) besonders weit ausgebaut sind Idee und Praxis des Partnersprachlichen Unterrichts. Zu diesem Aspekt liegen ausführliche wissenschaftliche Gutachten vor (Doye 1996, Zydatiß 1997).

Seine Berechtigung findet die Vorrangstellung des sprachlichen Aspektes an der SESB in der Bedeutung, die Sprache für Kultur und Sprachverständnis für kulturellen Austausch haben. Dabei geht es keineswegs nur und schulpraktisch auch nicht primär um ein Sprachenlernen im Vorgriff auf zukünftige, etwa beruflich bedingte interkulturelle Verständigungsnotwendigkeiten. Sondern es geht um schulisch gelebte Zweisprachigkeit, um muttersprachliche Förderung durch Muttersprachler von Schulanfang an, um eine von Schulbeginn an organisatorisch, curricular und durch entsprechende muttersprachliche LehrerInnen auch personell gesicherte Förderung einer zweiten Sprache, um eine durch die Bezeichnung »Partnersprachen« postulierte und schulisch gelebte gleiche Wertschätzung beider Sprachen, kurz: um die Überwindung des, von Gogolin so treffend formulierten, »monolingualen Habitus der multilingualen Schule«.

Wichtig ist hier zunächst, die Eigenart partnersprachlichen Unterrichts zu erkennen. So ist partnersprachlicher Unterricht einerseits nicht identisch mit frühem Fremdsprachenunterricht, weil er mittels der muttersprachlichen LehrerInnen und SchülerInnen aus dem Sprachraum der Partnersprache neben Sprache stets auch kulturelle Spezifika transportiert und generiert und weil auch der vorfachliche Unterricht, also der sachbezogene Lehr-Lern-Prozeß, in der Partnersprache stattfindet (und auch im außerunterrichtlichen Schulalltag beide Partnersprachen präsent sind), was im wissenschaftlichen Diskurs als Immersion bzw. Immersionsunterricht bezeichnet wird. Andererseits ist partnersprachlicher Unterricht nicht identisch mit vorliegenden Konzepten und Praxen zweisprachiger Alphabetisierung (die sich als Aufgabe und Möglichkeit nur an Angehörige der Minorität, nicht an die der Majorität richteten), weil er auf der Gleichwertigkeit der beiden Partnersprachen für alle SchülerInnen der Klasse besteht (also auch umgekehrt die SchülerInnen deutscher Muttersprache in der entsprechenden nicht-deutschen Sprache und Schriftsprache unterrichtet werden). Beide Sprachen gelten als Partnersprachen: die in der jeweiligen Europaschule des Berliner Modells angebotene nicht-deutsche Sprache (also entweder Englisch oder Französisch oder Russisch oder Spanisch oder Italienisch oder Türkisch oder Griechisch oder Portugiesisch) und die deutsche Sprache selbst.

Die Vorzüge partnersprachlichen Unterrichts, wie er im Berliner Europaschulmodell konzipiert und praktiziert wird, liegen auf der Hand und werden in den nachfolgenden Beiträgen von Doye, Zydatiß und Steinmüller betont: enge Verbindung von Sprach- und Kulturlernen; hohe Wertschätzung der Partnersprache; in beiden Partnersprachen authentische Lehrer-Schüler- und Schüler-Schüler-Dialoge; schließlich, die SESB-Standorte als Netzwerk betrachtet, Förderung der (etwa im Vergleich zu Amerika) für den europäischen Raum charakteristischen Sprachenvielfalt.

Die Beiträge weisen zugleich auf neuralgische Punkte hin:

So deutet sich in den von Doye konstatierten Sprachlernstand-Unterschieden wie auch in den von Zydatiß hervorgehobenen unterschiedlichen sprachlichen Eingangsvoraussetzungen der Europaschulanfänger die bei partnersprachlichem Unterricht besondere Notwendigkeit der Binnendifferenzierung an.

Nicht nur angesichts der unterschiedlichen sprachlichen Voraussetzungen in der Schülerschaft, sondern auch angesichts der Ergebnisse kanadischer Immersionsprogramme und psycholinguistischer Studien wird in den nachfolgenden Beiträgen von Zydatiß und Steinmüller davor gewarnt, Immersion mit »natürlichem« Spracherwerb gleichzusetzen und sich auf die Wirkung eines bloßen Miteinanders von Kindern und Erwachsenen unterschiedlicher Muttersprachen zu verlassen. Immersion funktioniert jedoch auch nicht einfach, indem eine Sache in der betreffenden zweiten Sprache vermittelt wird.

Folgerichtig fordert Zydatiß, den partnersprachlichen Unterricht der

SESB zumindest in Teilen als frühes Fremdsprachenlernen zu realisieren, um möglichst früh die untere Schwelle der Sprachfähigkeit zu erreichen, oberhalb derer der eigentliche Immersionsunterricht, also der in der zweiten Sprache durchgeführte vorfachliche (Sach-)Unterricht bzw. Fachunterricht seine Wirkung voll entfalten kann. Ich teile diese Forderung, der ja auch die Änderung der Stundentafel der SESB, in der jetzt von der ersten Klasse an drei Stunden wöchentlich für Sprachunterricht in der Partnersprache vorgesehen sind, entgegenkommt, weise jedoch darauf hin, daß diese fremdsprachdidaktisch orientierte Forderung die – im partnersprachlich durchgeführten vorfachlichen Sachunterricht einzusetzende – allgemeine Grundschuldidaktik außer acht läßt. So kann die notwendige untere Schwelle der Sprachfähigkeit gesenkt werden, indem der partnersprachlich moderierte vorfachliche Sachunterricht zumindest in den Grundschuljahren strikt handlungsorientiert, selbstentdeckend und in sprachenübergreifender Partnerarbeit der SchülerInnen durchgeführt wird.

In den anschließenden Beiträgen von EuropaschullehrerInnen werden Unterrichtseinheiten aus einer spanisch-deutschen Europaschule (Balan) und aus einer russisch-deutschen Europaschule (Woderich) beschrieben, in denen solche unterrichtspraktischen Möglichkeiten zu erkennen sind. Der letzte Beitrag zur Problematik zweisprachigen Unterrichts stammt von LehrerInnen der deutsch-italienischen Grundschule Wolfsburg und skizziert ein Sprachlernschwierigkeiten antizipierendes und minimierendes Förderkonzept.

Abschließend sei zum Partnersprachlichen Unterricht der Europaschule des Berliner Modells festgehalten, daß es bei allen offenkundig noch zu lösenden Schwierigkeiten fasziniert, wie selbstverständlich Grundschüler an der SESB schon nach kurzer Zeit zuhörend und zunehmend dann auch sprechend und (eigene Geschichten) schreibend mit der jeweiligen Partnersprache umgehen. Die Forderung ist an der Zeit, allen Kindern solche Erfahrungen zu ermöglichen. Die Grenze sollte hier nicht die Organisation des Bildungswesens, sondern die Nachfrage nach Plätzen an solchen Schulen sein.

Literatur

Doyé, P. u. a.: Untersuchung des zweisprachigen Unterrichts an der Staatlichen Europaschule Berlin, BIL 1996

Doyé, P.: Bilinguale Grundschulen, in: ZFF Bd. 8, 1997, H.2, S. 161–195

Gogolin, I.: Der monolinguale Habitus der multilingualen Schule, Münster 1994
Senatsverwaltung für Schule, Berufsbildung und Sport: Staatliche Europa-Schule Berlin, Broschüre, Berlin 1993
Zydatiß, W.: Umrisse eines Spracherwerbskonzepts für den zweisprachigen Unterricht bilingualer Lerngruppen in der Berliner Grundschule. Gutachten für den Schulversuch SESB, BIL 1997

Peter Doyé

Eine Untersuchung zum Hörverstehen der Schülerinnen und Schüler der Staatlichen Europa-Schule Berlin

Für die Evaluation des Schulversuchs Staatliche Europa-Schule Berlin (SESB) ist es von großer Bedeutung, Antworten auf zwei zentrale Fragen zu finden:

1. Wie gestaltet sich die Vermittlung der Partnersprache in der Praxis?
2. Welche Ergebnisse werden dabei erzielt?

Auf die erste Frage habe ich mit meinem Gutachten »Untersuchung des zweisprachigen Unterrichts an der SESB« (Doyé 1996) Antworten zu geben versucht. Meine Mitarbeiter und ich haben insgesamt 80 Unterrichtsstunden an den zu der Zeit 11 SESB-Standorten beobachtet, protokolliert und analysiert. Die Protokolle wurden den Lehrerinnen und Lehrern, die den Unterricht erteilt hatten, aber auch anderen interessierten Lehrkräften der Europa-Schule zur Verfügung gestellt. Den einen dienten sie als Feedback, den anderen als Anregung für die eigene weitere Arbeit. Die 80 Protokolle dokumentieren die ganze Vielfalt des Unterrichts an der SESB, demonstrieren aber auch dessen wesentliche Charakteristika.

Darüber hinaus wurden diese Unterrichtsstunden nach einem Katalog, bestehend aus 20 konsensfähigen Gütekriterien bewertet. Dieser Kriterienkatalog ist in Zusammenarbeit mit den Moderatorinnen und interessierten Lehrkräften der SESB entstanden, ist wissenschaftlich fundiert und hat die Zustimmung (fast) aller Beteiligten, also der Unterrichtenden wie der Bewerter, gefunden (Doyé, 1997).

Der im folgenden vorgelegte Bericht konzentriert sich nun auf die zweite Frage, die nach den Ergebnissen. Wünschenswert wäre eine regelmäßige systematische Erfassung des Lernfortschritts aller Schülerinnen und Schüler der Europa-Schule in der Partnersprache, möglichst am Ende eines jeden Schuljahres. Eine solche Erfassung war bisher aus verschiedenen, hauptsächlich finanziellen Gründen, nicht möglich. Die langfristige Planung des Partnersprachenlernens ist jedoch auf Sand gebaut, wenn man sich nicht wenigstens alle zwei Jahre über die bisher erzielten Ergebnisse dieses Lernens Rechenschaft ablegt. Im Laufe der Grundschulzeit müßte eine solche Sprachstandserhebung also mindestens dreimal stattfinden: am Ende des zweiten, des vierten und des sechsten Schuljahres. Sie ist in dreifacher Hinsicht erforderlich:

- um den individuellen Fortschritt der Kinder festzustellen,
- um eine längerfristige Planung des Unterrichts zu ermöglichen, und
- um die Ergebnisse des Schulversuchs Staatliche Europa-Schule Berlin zu dokumentieren.

Prüfung des Hörverständnisses

Ein erster Schritt in der genannten Richtung wurde im vergangenen Jahr mit einer Prüfung der Kinder im Hörverstehen in ihrer Partnersprache getan. Es wurde die Hörverständniskompetenz aller Schülerinnen und Schüler der zweiten Klassen an den deutsch-englischen, deutsch-russischen, deutsch-französischen, deutsch-italienischen und deutsch-spanischen Standorten geprüft. Insgesamt wurden 317 Schülerinnen und Schüler geprüft, und zwar in folgenden 10 Gruppen:

Englischsprachige Kinder in Deutsch	E => d	n= 32
Deutschsprachige Kinder in Englisch	D => e	n= 29
Französischsprachige Kinder in Deutsch	F => d	n= 36
Deutschsprachige Kinder in Französisch	D => f	n= 52
Russischsprachige Kinder in Deutsch	R => d	n= 29
Deutschsprachige Kinder in Russisch	D => r	n= 34
Spanischsprachige Kinder in Deutsch	S => d	n= 29
Deutschsprachige Kinder in Spanisch	D => s	n= 32
Italienischsprachige Kinder in Deutsch	I => d	n= 20
Deutschsprachige Kinder in Italienisch	D => i	n= 24

Als Meßinstrumente dienten Adaptationen des LEU 3, eines ursprünglich für den Englischunterricht an deutschen Grundschulen entwickelten und standardisierten Tests (Doyé/Lüttge 1973). Sein Hörverständnisteil besteht aus 18 Multiple Choice-Aufgaben, bei denen die Probanden jeweils einen ihnen vorgesprochenen Satz einem von vier Bildern zuordnen müssen. Das Verfahren ist relativ einfach und ökonomisch: Kleine Gruppen von Kindern (in der Regel drei) hören die von einem Muttersprachler gesprochenen Sätze und kreuzen auf einem ihnen vorliegenden Testbogen die den Sätzen entsprechenden Bilder an. Inhaltlich ist der Test für die Prüfung des Hörverstehens der Kinder gegen Ende des 2. Schuljahres hervorragend geeignet, weil er ziemlich genau die in den ersten beiden Jahren behandelten Gegenstände abdeckt und die dabei vermittelten Wörter und Satzstrukturen der Partnersprache erfaßt.

Die Übersetzungen wurden von Personen angefertigt, die selbst im engeren Sinne bilingual sind, d. h. beide jeweils benötigten Sprachen sehr gut beherrschen. Adaptationen wurden hauptsächlich bei den Bildern nötig: Einige der Zeichnungen enthielten Personen in kulturspezifischer Kleidung (Polizisten, Briefträger), andere zeigten speziell britische Verhaltens- und Verkehrsnormen (Linksverkehr). Die Änderungen wurden jedoch auf das Nötigste beschränkt, um auch eine Vergleichbarkeit der verschiedensprachigen Gruppen zu gewährleisten.

Die Durchführung der Tests erwies sich als unproblematisch. Sie wurde jeweils rechtzeitig angekündigt. Schulleitungen und Lehrkräfte zeigten sich sehr kooperativ. Geeignete Räume standen zur Verfügung, und der vorgesehene Zeitplan (eine Klasse pro Unterrichtsstunde) konnte in allen Fällen eingehalten werden. Die Kinder absolvierten die Tests mit Interesse und Spannung. Nur eine genaue Buchführung der Testleiter konnte verhindern, daß sich einige Kinder, hochmotiviert wie sie waren, zweimal prüfen ließen. Die Testbögen wurden an der Universität Braunschweig ausgewertet, und die Ergebnisse in Gestalt von Rohpunkten wurden den Lehrkräften etwa drei Wochen nach der Testdurchführung zugesandt. Sie lieferten ihnen Informationen über den Leistungsstand der einzelnen Schüler und über das Abschneiden ihrer Klassen.

Für unsere Untersuchung waren aber vor allem folgende Fragen zu stellen:

- die nach den Unterschieden der Testergebnisse zwischen verschiedenen Gruppierungen von Schülern und
- die nach der Korrelation der Testergebnisse mit anderen potentiell die Schülerleistungen mitbestimmenden Faktoren.

Testergebnisse der verschiedenen Schülergruppierungen im Vergleich

Eine Aufschlüsselung der Frage nach den Unterschieden in vier Teilfragen erscheint zweckmäßig. Unterscheiden sich die Hörverständnisleistungen der Schüler

- innerhalb der Standorte?
- zwischen den Standorten der gleichen Sprachkombination?
- zwischen den verschiedenen Sprachkombinationen?
- zwischen den beiden Großgruppen: den deutschen eine andere Sprache lernenden und den anderssprachigen deutschlernenden Kindern?

Unterschiede innerhalb der Standorte

Die Testergebnisse in den einzelnen Klassen und zwischen den Klassen der neun untersuchten Standorte der SESB variieren beträchtlich. Sie geben demjenigen, der die Verhältnisse vor Ort kennt, hochinteressante Aufschlüsse. Es wäre allerdings eine Verletzung der Intimsphäre der Schulen, würde man die Testergebnisse ihrer Schüler hier im Detail öffentlich berichten.

Der Nutzen solcher Detailfeststellungen liegt anderswo. Die Lehrkräfte erhalten durch sie Informationen über die Stärken und Schwächen der einzelnen Schüler sowie über die Leistungen ihrer Klassen im Vergleich zu anderen Klassen. Klassenintern ergänzen die Testergebnisse die eigenen Schülerbeobachtungen der Lehrkräfte. Klassenvergleichend ermöglichen die Testergebnisse den Lehrkräften Rückschlüsse auf die Effektivität ihrer eigenen Unterrichtsmethoden. Auf der Grundlage dieser Informationen können sie ihre weiteren didaktischen Maßnahmen besser planen.

Unterschiede zwischen den beiden Standorten der gleichen Sprachkombination

Außer der Sprachkombination deutsch / italienisch (ein Standort) sind alle von uns bisher getesteten Sprachkombinationen an je zwei Standorten vertreten. Es liegt nahe zu ermitteln, ob es Unterschiede zwischen den beiden Standorten der gleichen Sprachkombination gibt. Dies ist in der Tat zur Hälfte der Fall. Während es bei zwei Kombinationen keine signifikanten Unterschiede von Schule zu Schule gibt, sind die Differenzen bei den anderen zwei Kombinationen hoch signifikant. An jeweils einer der beiden Schulen werden deutlich bessere Ergebnisse erzielt als an der anderen. Diese auffälligen Unterschiede angemessen zu interpretieren, ist kaum möglich, weil die dazu nötigen sozialen Hintergrundinformationen fehlen. Diese zu erheben war aus Gründen des Datenschutzes nicht möglich. Jedoch erscheint es gänzlich unangebracht, die festgestellten Unterschiede allein auf soziale Faktoren wie soziales Umfeld, Einschulungsbezirk, Elternschaft usw. zurückzuführen. Vielmehr spielen mindestens die beiden folgenden Faktoren eine Rolle: die Qualität des Unterrichts und das pädagogische Profil der Schule.

Der erste Faktor konnte von uns durch die schon erwähnten Unterrichtsbeobachtungen erfaßt werden. Über seinen Einfluß wird im folgenden Kapitel berichtet. Den zweiten Faktor objektiv zu ermitteln und seine Wirkung richtig einzuschätzen, ist schwer. Andere Untersuchungen, z. B. in Großbritannien, legen jedoch die Annahme nahe, daß er in jedweder pädagogischen Konstellation wirksam ist. Die Ergebnisse der neueren Schulqualitätsforschung zusammenfassend, nennt Sandfuchs (Keck/Sandfuchs 1994, 302) sechs Merkmale guter Schulen, deren wichtigste hier zitiert werden sollen: »1. Die gute Schule hat eine Schulleitung, die sich nicht im Büro hinter Erlassen verschanzt, sondern in Kooperation mit Lehrern, Schülern und Eltern für das pädagogische Profil und Klima der Schule sorgt. 2. Die gute Schule hat ein Kollegium, das gemeinsam eine pädagogische Konzeption erarbeitet, beschließt und vertritt, so daß allen Lehrern, den Schülern und den Eltern klar vor Augen steht, was an der Schule gilt und was nicht.«

Genau diese beiden Qualitäten weisen nun diejenigen Schulen auf, deren Schülerinnen und Schüler bei unserem Test besonders erfolgreich waren: Das pädagogische Klima an diesen Schulen ist freundlich und sachlich; die Schulleitung arbeitet eng mit allen Gruppen zusammen; die Kooperation unter den Lehrkräften ist eng und intensiv; es gibt prinzipielle Übereinstimmungen in der pädagogischen Gesamtkonzeption sowie speziell in der Vorstellung von den Aufgaben einer Europa-Schule mit gleich starker Repräsentanz zweier Sprachen und Kulturen. Wer immer diese Schulen besucht, ist beeindruckt von dem Engagement, mit dem die dort arbeitenden Lehrkräfte sich bemühen, ihre gemeinsame Konzeption zu realisieren.

Unterschiede zwischen den verschiedenen Sprachkombinationen

Wie schon erwähnt, wurde in allen Schulen und Sprachkombinationen, bis auf wenige kulturspezifisch erforderliche Variationen, der gleiche Hörverständnistest verwendet. Die Bilder waren in fast allen Fällen gleich; die Struktur der Sätze zu den Bildern wurde in allen sechs Sprachen weitestgehend parallelisiert. Ein Beispiel: Sie hat einen Hut, aber keinen Regenschirm. She has a hat, but no umbrella. Elle a un chapeau, mais pas de parapluie. Lei ha un cappello, ma è senza ombrello. Ella tiene un sombrero, pero no un paraguas.[1]

Der Grund für diese weitgehende Parallelisierung war der Wunsch, die Vergleichbarkeit der Testergebnisse zu wahren. Sicher haben für viele deutsche Schüler entsprechende Sätze z. B. in der italienischen und der russischen Sprache unterschiedliche Schwierigkeitsgrade, wie auch umgekehrt italienische und russische Kinder unterschiedliche Schwierigkeiten beim Hörverstehen der gleichen deutschen Sätze zu bewältigen haben. Doch sollten diese Unterschiede in der Aufgabenstellung durch die genannte Parallelisierung möglichst gering gehalten werden. Wie verhalten sich also die Testergebnisse der zehn Schülergruppen zueinander? Die folgende Tabelle gibt darüber Auskunft.

Englischsprachige Kinder in Deutsch	E => d	X = 17,16
Deutschsprachige Kinder in Englisch	D => e	X = 15,52
Französischsprachige Kinder in Deutsch	F => d	X = 16,92
Deutschsprachige Kinder in Französisch	D => f	X = 13,35
Russischsprachige Kinder in Deutsch	R => d	X = 15,86
Deutschsprachige Kinder in Russisch	D => r	X = 10,35
Spanischsprachige Kinder in Deutsch	S => d	X = 16,62
Deutschsprachige Kinder in Spanisch	D => s	X = 12,53
Italienischsprachige Kinder in Deutsch	I => d	X = 16,85
Deutschsprachige Kinder in Italienisch	D => i	X = 12,92

An diesen Ergebnissen fallen drei Dinge auf:

- Die arithmetischen Mittel der deutschen Kinder in den anderen Sprachen liegen durchweg unter denen der Leistungen der ausländischen Kinder im Deutschen. Sogar die Gruppe der erfolgreichsten deutschsprachigen Schüler (in Englisch) liegt noch unter der

1 Mangels kyrillischer Schriftzeichen im hier verwendeten Textverarbeitungsprogramm fehlt im vorliegenden Text der entsprechende russische Satz.

am wenigsten erfolgreichen Gruppe (der russischsprachigen) in Deutsch.

- Die Variation der Mittelwerte der deutschsprachigen Gruppen ist größer (zwischen 15,52 und 10,35) als die der Mittelwerte der anderssprachigen Gruppen (zwischen 17,16 und 15,86).
- Die Rangfolge der Mittelwerte der deutschsprachigen Gruppen in den fünf anderen Sprachen ist die gleiche wie die der fünf nichtdeutschen Gruppen im Deutschen.

Unterschiede zwischen den beiden Großgruppen

Auch im Vergleich der beiden Großgruppen zeigt sich eine Überlegenheit der ausländischen Kinder in Deutsch über die deutschen Kinder in der jeweiligen Partnersprache. Das arithmetische Mittel der Hörverstehensleistungen der ausländischen Kinder in ihrer Partnersprache Deutsch liegt insgesamt höher als das der Hörverstehensleistungen der deutschen Kinder in ihrer jeweiligen (anderen) Partnersprache. Ersteres liegt bei 16,69 Punkten; letzteres beträgt 12,91 Punkte. Dieser Unterschied ist hochsignifikant und verdient nähere Betrachtung. Zwei Interpretationen sind möglich: Die erste, naheliegende ist die, daß die ausländischen Kinder in einer deutschen Umwelt leben und der deutschen Sprache wesentlich häufiger begegnen als die deutschen Kinder ihrer jeweiligen Partnersprache. Ob diese Interpretation aber ausreicht, den großen Unterschied zwischen beiden Großgruppen zu erklären, erscheint fraglich. Eine zweite Interpretation sollte daher in Erwägung gezogen werden: nämlich die, daß der Unterschied auf die geringe Systematik im partnersprachlichen Unterricht eines Teils der Lehrkräfte zurückzuführen ist. Die gerade von der Rahmenplankommission für die Partnersprachen vorgelegten Unterrichtspläne sehen durchaus ein hohes Maß an Systematik vor. Jedoch haben unsere Unterrichtsbeobachtungen gezeigt, daß in der Praxis etlicher Lehrkräfte eben diese Systematik nicht anzutreffen ist.

Natürlich gelten diese Überlegungen auch für die ausländischen deutschlernenden Kinder. Doch sind diese nicht so sehr auf die Strukturierung ihres Partnersprachenerwerbs angewiesen, da die Partnersprache, die sie zu lernen haben, die Sprache ihrer Umwelt ist.

Die Korrelation der Testergebnisse mit anderen personalen Faktoren

Außer dem Vergleich der Ergebnisse der verschiedenen Schülergruppierungen ist der Zusammenhang der Testresultate mit anderen Variablen interessant, die diese Resultate mit Wahrscheinlichkeit beeinflussen. Hypothetisch kommen folgende Faktoren in Frage: Bilingualität der Eltern, Aufenthalt der Kinder im Land der Partnersprache, Dauer des Besuchs der Europa-Schule, Qualität des Unterrichts. Genauer formuliert lauten unsere Hypthesen

- zum Faktor Bilingualität (BIL): Kinder mit einem Elternteil, der die Partnersprache als Muttersprache bzw. dominante Sprache spricht, sind im HV-Test erfolgreicher als die ohne einen solchen Elternteil.

Begründung: Es gibt an der SESB eine beträchtliche Zahl von Kindern aus bilingualen Elternhäusern. Bei den von uns getesteten Kindern waren es genau 30 %. Wir präzisierten das Merkmal Bilingualität, indem wir als Bedingung setzten, daß ein Elternteil die Partnersprache als Muttersprache bzw. dominante Sprache spricht. Auf diese Weise erhielten wir eine klar abgegrenzte Gruppe: Sie umfaßt Kinder, deren Mutter oder Vater *native speaker* der Partnersprache ist, ebenso wie Kinder mit einer alleinerziehenden Mutter oder einem alleinerziehenden Vater wie auch solche, deren Eltern beide bilingual sind. Es liegt nun nahe anzunehmen, daß die Schüler dieser Gruppe im HV Test besser abschneiden als die Kinder monolingualer Eltern, da erstere der Partnersprache häufiger begegnen als letztere.

- zum Faktor Aufenthalt (AUF): Kinder mit mehrjährigem Aufenthalt in einem Land der Partnersprache sind im Test erfolgreicher als Kinder ohne einen solchen Aufenthalt.

Begründung: Als untere Grenze für mehrjährigen Aufenthalt setzten wir zweieinhalb Jahre. Auf diese Weise erhielten wir ebenfalls zwei klar abgegrenzte Gruppen: zum einen diejenigen ausländischen Kinder, die schon vor ihrem Eintritt in die Europa-Schule in Deutschland gelebt hatten, und die deutschen Kinder, die längere Zeit in einem englischsprachigen (französischsprachigen usw.) Land gelebt hatten; zum anderen diejenigen ausländischen Kinder, die erst später nach Deutschland gekommen waren und diejenigen deutschen Kinder, die nur kurzfristig oder gar nicht in einem englischsprachigen (französischsprachigen usw.) Land gewesen waren. Es liegt nahe anzunehmen, daß die Kinder der ersten Gruppe im HV-Test besser abschneiden als die der zweiten.

- zum Faktor Europaschule (ESB): Kinder, die die Europa-Schule von der Vorklasse an besucht haben, sind im HV-Test erfolgreicher als die, die später in die Europa-Schule eingetreten sind.

Begründung: Es lohnte sich, als weiteren Faktor die Dauer der Zugehörigkeit der Kinder zur SESB in Betracht zu ziehen; denn dieser Faktor ist nicht mit dem Faktor B identisch. Schülerinnen und Schüler der Europa-Schule können vor ihrem Eintritt in diese Schule sehr wohl andere pädagogische Institutionen besucht haben. Besonders unter den ausländischen Kindern gibt es eine beträchtliche Zahl, die zunächst in eine andere Schule gingen und erst später an die SESB kamen. Und es ist der Mühe wert zu untersuchen, ob denn diese »Seiteneinsteiger«, wie oft vermutet wurde, in ihrem Hörverständnis weniger erfolgreich sind als die, die von der Vorklasse an dabei waren.

- zum Faktor Unterrichtsqualität (UNT): Kinder, die einen Unterricht erhalten haben, welcher den Gütekriterien der SESB im wesentlichen entspricht, sind im HV-Test erfolgreicher als die, die keinen solchen Unterricht erhalten haben.

Begründung: In Zusammenarbeit mit einer Gruppe von Lehrkräften und Moderatorinnen der SESB hat der Verfasser 1995 einen Katalog von Gütekriterien entwickelt, der als Maßstab für die Qualität des beobachteten und dokumentierten Unterrichts in den Klassen der Europa-Schule dienen sollte. Er basiert auf den verlautbarten Prinzipien dieser Schule, den Erkenntnissen der einschlägigen Wissenschaften (Allgemeine Pädagogik, Grundschulpädagogik, Lernpsychologie, Fremdsprachendidaktik) und einem Konsens aller Beteiligten. Da er an anderer Stelle bereits publiziert worden ist, genügt hier eine kurze Erwähnung (Doyé 1997, S. 182 ff.). Für unsere Evaluation war er insofern sehr nützlich, als er uns gestattete, die Qualität des Unterrichts mit den Resultaten des HV-Tests in Beziehung zu setzen. Wir dichotomisierten den Faktor Unterrichtsqualität in der Weise, daß wir dem Unterricht, in dem die Lehrkräfte die aufgestellten Kriterien zu mindestens 75 % erfüllten, einen solchen gegenüberstellten, in dem dies nicht der Fall war. Um die Subjektivität der Bewertung so weit wie möglich zu reduzieren, wurde die Einschätzung der Unterrichtsqualität in der Regel durch ein *rating* von drei unabhängigen Personen vorgenommen. Es ist zu erwarten, daß Kinder nach einem den Prinzipien der SESB weitgehend entsprechenden Unterricht auch in unserem Test gut abschneiden und Kinder, deren Unterricht von diesen Prinzipien abweicht, weniger gute Resultate erzielen. In welchem Maße dies der Fall ist, sollte statistisch errechnet werden.

Der Zusammenhang der Testergebnisse mit den vier Faktoren

Als statistisches Verfahren zur Berechnung des Zusammenhanges zwischen den genannten vier Faktoren (BIL, AUF, ESB, UNT) und den Ergebnissen des Hörverstehenstests (HV) bot sich die tetrachorische Korrelation an. Sie ermöglichte uns, auf ökonomischem Wege die Enge des Zusammenhangs zu ermitteln. »A tetrachoric r is computed from data in which both X and Y have been reduced artificially to two categories. Under the appropriate conditions it gives a coefficient that is numerically equivilant to a Pearson r and may regarded as an approximation to it.« (Guilford, 1965, S. 326). Da wir bereits die ersten vier Variablen in dichotomisierter Form vorliegen hatten, brauchten wir nur noch die Testergebnisse auf zwei Kategorien zu reduzieren. Wir taten dies in der Weise, daß wir die beiden Großgruppen von Schülern in zwei Kategorien gliederten, in je eine Obergruppe und eine Untergruppe. Als Grenze zwischen Obergruppe und Untergruppe diente der Median, d.h. der Zentralwert, oberhalb dessen die gleiche Anzahl von Fällen rangiert wie unterhalb desselben. (Aus praktischen Gründen beschränkten wir uns aber auf die oberen 45 % und die unteren 45 %.) Da wir wegen der festgestellten Differenzen und der verschiedenen Lernbedingungen die ausländischen deutsch lernenden Kinder (A => d) und die deutschen eine andere Sprache lernenden Kinder (D => a) getrennt behandeln wollten, mußten wir acht tetrachorische Korrelationen berechnen. Die folgende Tabelle gewährt eine Übersicht über die acht Korrelationen.

A => d	D => a
BIL: HV =.35	BIL: HV =.65
AUF: HV =.39	AUF: HV =.13
ESB: HV =.20	ESB: HV =.16
UNT: HV =.40	UNT: HV =.40

Zu den beiden Korrelationen **BIL: HV** ist eine Vorbemerkung erforderlich. Bei der Einschulung in die SESB werden die Kinder einer von zwei Gruppen zugeteilt. »Die Vorklassen und die Klassen 1 bis 6 ... werden je zur Hälfte von Schülern mit der Muttersprache Deutsch und von Schülern mit einer der anderen Muttersprachen besucht.« (Abgeordnetenhaus 1993, 2). Eine Kategorie »Bilinguale Kinder« wie in Wolfsburg (Riccò/Sandfuchs 1997) gibt es nicht, was Zydatiß zu der kritischen

Bemerkung veranlaßt, man habe sie in der SESB-Konzeption schlicht »vergessen« (Zydatiß, 1997, S. 124). Nun gibt es aber auch an der SESB durchaus Kinder, die bereits bei Schuleintritt bilingual sind. Allerdings fehlen Informationen darüber, wieviele es sind und wie sie sich verteilen. Um so wichtiger wird daher der Faktor Bilinguale Eltern und sein Zusammenhang mit den Testergebnissen. Die Korrelation ist bei den deutschen eine andere Sprache lernenden Kindern besonders hoch (.65). Das bedeutet, daß als deutsch eingruppierte Kinder mit einem Elternteil, der die Partnersprache als Muttersprache spricht, in der Regel im Hörverstehenstest erfolgreich waren (wobei nur sehr wenige Kinder der deutsch eingruppierten Kinder bilinguale Eltern haben). Aber auch bei den ausländischen deutschlernenden Kindern ist die Korrelation BIL : HV noch relativ hoch (.35).

Eine Erklärung der unterschiedlich hohen Korrelationen BIL : HV bei den beiden Großgruppen liefert möglicherweise ein Blick auf die Korrelationen **AUF : HV.** Hier ist der Zusammenhang bei den ausländischen Kindern wesentlich stärker (.39) als bei den deutschen (.13). Dies zeigt, daß die Dauer des Aufenthaltes der ausländischen Kinder in Deutschland einen gewichtigen Faktor darstellt, der dem Faktor Bilingualität etwa gleichwertig zur Seite steht, während ein entsprechender Auslandsaufenthalt bei den deutschen Kindern kaum eine Rolle spielt.

Auffällig niedrig ist auch die Korrelation **ESB : HV,** und zwar bei beiden Großgruppen. Das heißt, daß die Dauer der Zugehörigkeit zur Europa-Schule ebenfalls nur eine geringe Rolle spielt, jedenfalls bis zur 2. Klasse. Diese Feststellung ist wichtig für die Entscheidung, ob in Zukunft Seiteneinsteiger in die Europa-Klassen aufgenommen werden sollten. An der SESB scheiden immer wieder, insbesondere ausländische, Schüler durch den Umzug ihrer Familien aus. Es stellt sich die Frage, ob sie durch Seiteneinsteiger ersetzt werden sollten. Dafür spricht die Wahrung des zahlenmäßigen Gleichgewichts der beiden Sprachgruppen (vgl. Abgeordnetenhaus 1993). Dagegen sprechen Schwierigkeiten bei der Eingliederung der Neuzugänge. Je später solche Kinder in die SESB eintreten, um so mehr müssen sie nachholen.

Wenn wir nun aber feststellen, daß die im Laufe des ersten oder zweiten Schuljahres Hinzugekommenen (in einem wichtigen Bereich wie dem Hörverständnis der Partnersprache) am Ende des 2. Schuljahres im Durchschnitt nicht schlechter abschneiden als diejenigen, die die SESB von der Vorklasse an besucht haben, dann kann dies zu der Konsequenz führen, Seiteneinsteiger großzügig zuzulassen. Offen bleibt die Frage, bis zu welchem Zeitpunkt, also ob noch über das zweite Schuljahr hinaus, und in welcher Zahl. Bisher sind es weniger als ein Drittel. Diese einzugliedern ist den Lehrkräften durch unterschiedliche Differenzierungsmaßnahmen gelungen.

Besonders interessant sind die beiden Korrelationen **UNT:HV**, – zum einen in ihrer Höhe, zum anderen in ihrer Gleichheit. In beiden Großgruppen beträgt r tet =.40. Dies deutet auf einen starken Zusammenhang der Hörverstehenskompetenz der Kinder und der Qualität des Unterrichts, den sie erhalten haben, hin und gilt für die ausländischen deutschlernenden wie für die deutschen eine andere Sprache lernenden gleichermaßen. Bei ihrer Einschätzung des beobachteten Unterrichts waren die drei Bewerter bei 16 Lehrkräften zu der Auffassung gelangt, daß ihr Unterricht den aufgestellten Gütekriterien zu mindestens 75 % entspricht, bei 14 Lehrkräften dagegen nicht. Die Zuordnung zu den beiden Kategorien war in den meisten Fällen unproblematisch; es gab kaum Zweifel oder Unterschiede in der Einschätzung zwischen den drei Bewertern.

Korrelationen von r tet =.40 und von der Art, wie wir sie ermittelt haben, werden in der sozialwissenschaftlichen Forschung als relativ hoch angesehen (vgl. Clauß/Ebner 1970, 110). Damit hat unsere Feststellung des Zusammenhanges UNT : HV großes Gewicht. Sie bedeutet nicht mehr und nicht weniger, als daß überall dort, wo gut, d. h. gemäß den Prinzipien der SESB und den Erkenntnissen der pädagogischen Wissenschaften unterrichtet wird, in der Regel auch Erfolge im Hörverständnis der Kinder anzutreffen sind. Auch wenn man die Mahnung der Statistiker ernst nimmt, daß ein statistischer Zusammenhang kein kausaler sein muß (Kellerer 1965, 185), bleibt unser Untersuchungsergebnis bedeutsam.

Ein Zusammenhang zwischen Unterrichtsqualität und Lernerfolg wird in der pädagogischen Literatur immer wieder behauptet, ohne daß man den Beweis für diese Behauptung liefert. Für das Partnersprachenlernen der Kinder der zweiten Klassen der Europa-Schule konnten wir ihn nachweisen. Zwar ist das Hörverständnis der Schülerinnen und Schüler der SESB nur ein Teilbereich in ihrer partnersprachlichen Kompetenz, jedoch ein sehr wichtiger. Wenn der Zusammenhang sich auch in den anderen Teilbereichen nachweisen ließe, wäre viel gewonnen.

Literatur

Abgeordnetenhaus von Berlin: Erweiterung der Staatlichen Europa-Schule Berlin mit Beginn des Schuljahres 1993/94, Drucksache 12/2731, Berlin 1993

Baker, C.: Foundations of Bilingual Education and Bilingualism. Clevedon 1993
Clauß, G./Ebner, H.: Grundlagen der Statistik für Psychologen, Pädagogen und Soziologen. Frankfurt/M 1970
Curtain, H./Pesola, C. A.: Languages and children, making the match: foreign language instruction for an early start grades K-8, New York 1993
Doyé, P./Lüttge, D.: Leistungstest für den Englischunterricht der 3. Klasse. LEU 3, München 1973
Doyé, P.: Untersuchung des zweisprachigen Unterrichts an der Staatlichen Europa-Schule Berlin, Berliner Institut für Lehrerfort- und -weiterbildung und Schulentwicklung 1996 a
Doyé, P.: Vorläufige Beschreibung einer Konzeption des Partnersprachlichen Unterrichts an der SESB, Berliner Inst. f. Lehrerfort- und -weiterbildung und Schulentwicklung 1996 b
Doyé, P.: Bilinguale Grundschulen, in: Zeitschr. f. Fremdsprachenforschung 8 (2) 1997, 161–196
Fthenakis, Wassilios u. a.: Bilingual-bikulturelle Entwicklung des Kindes, München 1985
James, C./Garrett, P.: Language awareness in the classroom, London/ New York 1992
Genesee, F.: Learning through two languages, Cambridge, Mass. 1987
Guilford, J. P.: Fundamental statistics in psychology and education, New York 1965
Keck, R. W./Sandfuchs, U. (Hrsg.): Wörterbuch Schulpädagogik, Bad Heilbrunn 1994
Kellerer, H.: Statistik im modernen Wirtschafts- und Sozialleben, Hamburg 1965
Riccò, A./Sandfuchs, U.: Konzeption und Erfahrungen der deutsch-italienischen Grundschule Wolfsburg, in: Bildung und Erziehung 50 (1) 1997, 51–60
Zydatiß, W.: Umrisse eines Spracherwerbskonzeptes für den zweisprachigen Unterricht bilingualer Lerngruppen in der Berliner Grundschule, Berliner Institut für Lehrerfort- und weiterbildung und Schulentwicklung 1997

Wolfgang Zydatiß

Ein Spracherwerbskonzept für die Staatliche Europa-Schule Berlin

Die Staatliche Europa-Schule Berlin (SESB) braucht ein differenziertes und strukturiertes Spracherwerbskonzept, da zum einen eine zweite Sprache als Arbeitssprache im themenbezogenen Unterricht eingesetzt wird und zum anderen bilingual zusammengesetzte Lerngruppen gemeinsam unterrichtet werden, deren Mitglieder sich durch die unterschiedlichen Grade von Zweisprachigkeit durch eine beträchtliche Heterogenität auszeichnen. Der Schulversuch der SESB repräsentiert einen eigenständigen Spracherwerbstyp, der keinen natürlichen Zweitspracherwerb, sondern einen schulisch vermittelten Spracherwerb darstellt. Er ist weder identisch mit den diversen Ausprägungen

- des natürlichen Spracherwerbs der Kinder von Arbeitsmigranten oder
- der Kinder in gemischtsprachigen Familien,

noch ist er gleichzusetzen mit

- den Ansätzen der kanadischen Immersionstradition (»Bereicherungs»programm für monolinguale Kinder der anglophonen Bevölkerungsmehrheit für die Zielsprache Französisch) oder
- den konventionellen Konzepten und Methoden eines »Frühbeginns« des Fremdsprachenunterrichts vergangener Zeiten.

Trotz seiner grundsätzlichen Eigenständigkeit kann und muss ein Spracherwerbskonzept der SESB diese anderen Spracherwerbstypen zur Kenntnis nehmen und Teile davon konstruktiv für seine eigenen Ziele, Inhalte und Methoden adaptieren. Da ein Teil der Inhalte des Curriculums in der für das jeweilige Kind »schwächeren« Sprache (der Partnersprache) vermittelt wird, muss das Spracherwerbskonzept der SESB den Ansprüchen des Sach- und des Sprachunterrichts gerecht werden. Die nachfolgende Darstellung stützt sich vor allem auf drei Argumentationsstränge; und zwar auf:

- die zentrale Rolle genuin sprachlich-kommunikativer Faktoren in einem Spracherwerbskonzept für die SESB,

- den hohen Stellenwert sprachlich-kommunikativer Faktoren in ihrer Funktion als intervenierende Variable im Gesamtzusammenhang von Sprache und Sache, Sprache und Denken, Sprache und Handeln sowie Sprache und Schulerfolg,
- die enge Verschränkung von Sprache und Kultur in ihrer Bedeutung für interkulturelles Lernen als übergeordneter Zielvorstellung an der SESB.

Funktionales Sprachkönnen

Um eine größere Transparenz der Argumentation zu gewährleisten, sollen die konstitutiven Komponenten eines SESB-spezifischen Spracherwerbskonzepts in die Form einer Metapher gekleidet werden, die die SESB als ein besonderes »Haus des Lernens« ausweist. Hierbei ist die Tempel-Metapher (s. Abb.1) im Sinne einer hier graphisch nicht darstellbaren Einbettung von Lernen, Unterricht und Erziehung in eine schulinterne Öffentlichkeit zu verstehen (Marktplatz oder *agora*).

Gemäß diesem Modell sollte ein integriertes Spracherwerbskonzept der SESB darauf ausgerichtet sein, zuallererst und vorrangig (in der Vorschule und in den Klassen 1 bis 4) das Fundament eines funktionalen Sprachkönnens in der Zweitsprache (= L 2) zu legen. Der partnersprachliche Unterricht (= PSU) sollte somit – zumindest in Teilen – als kind- und grundschulgerechtes Fremdsprachenlernen modelliert werden. Es muss mit anderen Worten für die monolingualen Kinder an der SESB eine eigenständige Komponente frühen und ergebnisorientierten Fremdsprachenlernens geben. Bildungssysteme, die sich durch erfolgreiche Wege zu einer schulisch vermittelbaren Zwei- und Mehrsprachigkeit auszeichnen, verfügen über eine derartige Komponente: z. B. die kanadischen Immersionsschulen, die Europäischen Schulen der Europäischen Union, das Schulsystem Luxemburgs. Die didaktisch-methodischen Konzeptionen und Realisierungen eines kindgemäßen Fremdsprachenlernens auf der Primarstufe (vgl. dazu Hellwig 1995) haben nichts mehr gemein mit den strukturalistisch und behavioristisch begründeten Methoden des sogenannten »Frühbeginns« der 60er und 70er Jahre.

Jeder Schulversuch, der eine Komponente von Immersion beinhaltet (und zwar in der neueren – weiten – Definition von Wode[2] also auch die

2 Immersion »bezeichnet die Methode, eine Fremdsprache als Unterrichtssprache zur Vermittlung von Fachinhalten zu verwenden« (Wode 1995, 12).

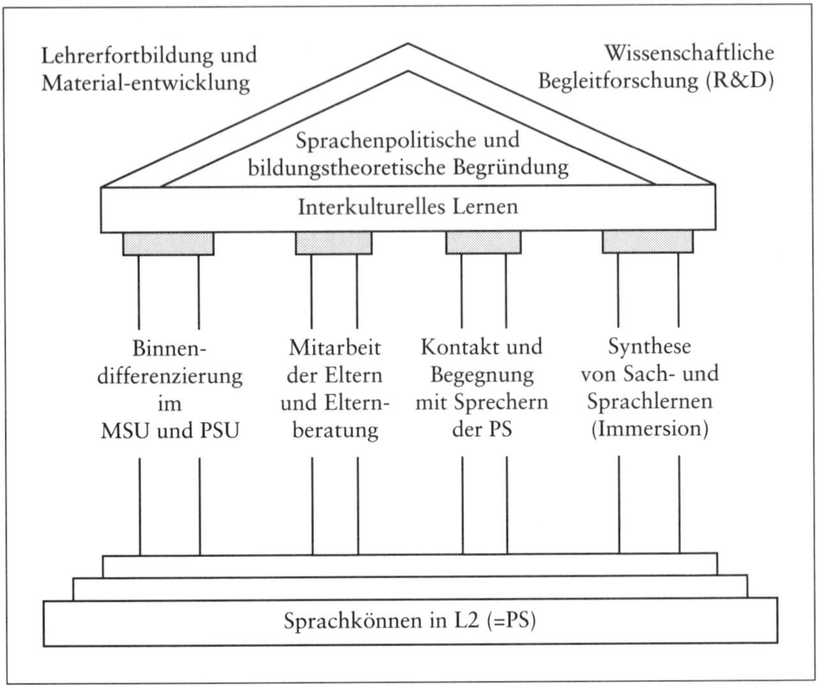

Abb. 1: Konstitutive Komponenten eines SESB-spezifischen Spracherwerbskonzepts

SESB, hat ein zentrales, konstitutives Charakteristikum der Immersion zur Kenntnis zu nehmen: Für einen pädagogisch und inhaltlich fruchtbaren Unterricht in einer Zweitsprache (*content-based second language instruction)* muß eine gewisse untere Schwelle der Sprachfähigkeit in dieser Arbeitssprache erreicht sein (*second language proficiency*). Ein Unterricht in einer Zweitsprache unterhalb dieser Schwelle (die sich »objektiv«, in quantitativer Hinsicht, nicht exakt bestimmen läßt) richtet für die Kinder, was ihre Teilnahme am und Identifikation mit Unterricht sowie längerfristig ihre Schulleistungen und ihren Schulerfolg angeht, eher Schaden als Nutzen an.

Binnendifferenzierung

Die Lerngruppen an der SESB zeichnen sich, bedingt durch das Nebeneinander von Mutter- und Partnersprache sowie die unterschiedlich ausgeprägten Kompetenzgrade von »stärkerer« und »schwächerer« Sprache, durch eine relativ große Heterogenität aus. In Ergänzung zur Ausbildung einer elementaren kommunikativen Interaktionsfähigkeit in der Zweitsprache wird das Spracherwerbskonzept der SESB deshalb als eine ›tragende Säule‹ ein Höchstmaß an Binnendifferenzierung im Mutter- und im Partnersprachunterricht (MSU bzw. PSU) zu etablieren versuchen. Es ist mit anderen Worten ein didaktisch reflektierter und methodisch differenzierter Sprachunterricht für die rezeptiv zweisprachigen und die produktiv zweisprachigen Kinder zu realisieren. Gerade die bei Schuleintritt bereits ausgewogen bilingualen Kinder dürfen im Spracherwerbskonzept der SESB nicht einfach vergessen werden, sondern brauchen besondere Angebote im Partnersprachunterricht (einschließlich des Schreibens).

Synthese von Sach- und Sprachlernen

Längerfristiges Ziel des Unterrichts an der SESB ist die geglückte Synthese von Sach- und Sprachlernen. Dies ist das spezifische Merkmal von Immersion: eine nicht als Muttersprache gelernte Sprache wird als sogenannte Vehikular- oder Arbeitssprache im fachbezogenen Unterricht eingesetzt. An der SESB wird diese »Säule« in der Weise realisiert, daß die Sachkunde vorwiegend in der nicht-deutschen Partnersprache und die Mathematik vorwiegend in deutscher Sprache unterrichtet werden (Musik, Bildende Kunst und Sport je nach den schul- und lehrerseitigen Voraussetzungen in der einen oder der anderen Sprache). Die Integration von themenbezogenem Unterricht und systematischem Erwerb einer Zweitsprache muss curricular geplant werden, setzt folglich ein hohes Maß an didaktischer Strukturiertheit (gerade auch des inhaltsbezogenen Spracherwerbs) voraus.

Die auf den Immersionsunterricht der Primarstufe projizierte Curriculumentwicklung (vgl. Met 1991) unterscheidet dabei zwischen sprachlichen Lernzielen, die für das jeweilige Thema obligatorisch sind, weil ohne diese sprachlichen Mittel kein Inhalt gelernt werden kann *(content-obligatory languages objectives)*, und solchen, die für das jeweilige Vorhaben fakultativ, wenngleich mit dem spezifischen Inhalt verträglich sind *(content-compatible language objectives)*. Die Verzahnung von Sache und Sprache setzt längerfristige curriculare Planung und koordinierte Absprachen bei den Lehrkräften voraus. Der zur Zeit gültige Rahmenplan für die Sachkunde in der Berliner Grundschule ist in dieser Hinsicht keine Hilfe, denn er macht keine Angaben zu den sprachlichen Implikationen der jeweiligen Themen. Bestimmte Inhalte können ohne spezielle sprachliche Kenntnisse (vor allem im Wortschatz und Struktureninventar) und ohne fundierte funktional-kommunikative Fähigkeiten (in Bezug auf Mitteilungsabsichten, textgebundene Darstellungsverfahren und Ausdruck semantisch-logischer Beziehungen) sprachlich nicht bewältigt werden. Dies gilt bereits für den vorfachlichen Sachunterricht und spitzt sich im Sachfachunterricht in einer Fremdsprache zu.

Sache, Sprache und Denken bilden eine unauflösbare Einheit. Deshalb ist in der Immersions»säule« der SESB eine sach(fach)bezogene konzeptuelle Sprachhandlungsfähigkeit systematisch und mit längerfristigen Lernperspektiven aufzubauen. Hier sind vor allem die Ansprüche zu sehen, mit denen die Schülerinnen und Schüler in der fünften und sechsten Klasse konfrontiert sein werden, wenn sie im Zuge des Sachfachunterrichts rezeptiv wie produktiv mit textgebundener Sprache umgehen müssen.

Elternmitarbeit und außerunterrichtliche Zweitsprachbegegnung

Zwei weitere »Säulen« des Spracherwerbskonzepts der SESB, die in der Graphik bewußt etwas schmaler gehalten sind, sind die der Mitarbeit und Beratung der Eltern sowie die über den Kontakt mit der Lehrperson hinausgehende Begegnung mit anderen Sprechern der Partnersprache. Innovative Schulen binden die Eltern in vielfältigster Form in die schulische Arbeit ein, was gerade bei einer sprachbetonten Variante wie der SESB absolut notwendig ist (nicht zuletzt wegen der kulturellen Vermitteltheit von Spracherwerb und Sprache-in-Gebrauch). Die Elternhäuser können den Erwerb von zwei Sprachen auf vielerlei Art stützen, sind aber umgekehrt auch auf eine qualifizierte Beratung bezüglich zweitspracherwerbsbezogener Fragen angewiesen.

Sowohl im Unterricht als auch darüber hinaus muss es an der SESB Möglichkeiten für Kontakt und Begegnung mit weiteren Repräsentanten der L2-Kultur geben. Derlei Kontakte bringen den Kindern ein Erfolgserlebnis bei der kommunikativen Verwendung der Partnersprache in außerunterrichtlichen Kontexten, und sie setzen andere (als die im Unterricht gefragten) Sprachhandlungskompetenzen frei. Es sollten deshalb handlungsbetonte Arbeitsgemeinschaften eingerichtet sowie Kontakte zu anderen Standorten der SESB, zu Institutionen, Betrieben, Personen und sozialen Zirkeln hergestellt werden, die sich der jeweiligen Partnersprache als Kommunikationsmedium bedienen. Erkundungs-, Begegnungs- und Korrespondenzprojekte sind ebenso angesagt wie Projekttage oder eine Projektwoche, die u. a. auch Muttersprachler der Partnersprache in die Schule holen. Ohne Kontakt und Begegnung mit Muttersprachlern (über die engere Unterrichtssituation hinaus) läuft jede Immersion Gefahr, nach einigen Jahren schulischer Vermittlung der Zweitsprache in sprachlich-kommunikativer Hinsicht zu fossilieren. Selbst wenn das Interaktionsverhalten im Unterricht mehr oder weniger bewältigt wird (und dieses ist in funktionaler Hinsicht relativ begrenzt), kann die vertiefte und differenzierte Entwicklung der Zweitsprachenkompetenz zum Stillstand kommen.

Erfahrbarkeit und story approach

Wann immer es die familiäre oder die schulische Situation erlaubt, sollten deshalb den Kindern die weiteren Horizonte des Erwerbs einer zweiten (»fremden«) Sprache erfahrbar gemacht werden. Sprache-in-Gebrauch liegen immer erfahrungsbasierte Konzeptualisierungen und Handlungssysteme zugrunde, die ihrerseits in einen kulturellen Kontext eingebettet sind. Schule und Eltern sollten deshalb jede nur denkbare Chance nutzen (innerhalb und außerhalb des Unterrichts), konkrete Wahrnehmungen und Erfahrungen bezüglich der wechselseitigen Abhängigkeit von Sprache und Kultur zu gewinnen. Ein didaktisch-methodischer Weg zu diesem Ziel ist der reichhaltige und differenzierte Einsatz der Literatur der Mutter- bzw. Partnersprache der beiden Lerngruppen. Sowohl fiktionale Texte als auch Sachtexte der Kinder- und Jugendliteratur des jeweiligen Kulturkreises können den Partner- und den muttersprachlichen Unterricht über weite Strecken strukturieren. Ein nach narrativen Prinzipien aufgebauter Gesamtunterricht entspricht in besonderem Maße dem spezifischen »narrativen Denken« des Grundschulkindes (vgl. Bruner 1978). Die britische Grundschulpädagogik hat hierfür den sogenannten *storyline*-Ansatz entwickelt; ähnlich der *topic web*-Ansatz als Grundmuster eines themenzentrierten Primarstufenunterrichts (Bell 1995, Egan 1988). Diese eher auf der Makroebene des integrierten Gesamtunterrichts angesiedelten Konzeptionen sind bestens vereinbar mit dem sogenannten *story approach* des heutigen frühen Fremdsprachenlernens (Ellis/Brewster 1991, Wright 1995). Der rezeptive wie produktive Umgang mit Geschichten und authentischen Kinderbüchern ist ein zentrales Moment der Förderung der kindlichen Sprachentwicklung überhaupt und ist deshalb intensiv im Partnersprachunterricht zu nutzen. Geschichten bereichern das Sprachangebot und induzieren aufgrund der hochstrukturierten Sprachgebung der Texte vielfältiges (oft implizites) Sprachlernen. Dies macht einen binnendifferenzierenden, nach verschiedenen sprachlich-kommunikativen Anspruchsniveaus gestuften Spachunterricht für die monolingualen und die rezeptiv oder produktiv bilingualen Kinder möglich. Geschichten transportieren soziokulturelle Inhalte und sensibilisieren damit für Fremdverstehen. Sie verweisen auf anthropologische Grundkategorien menschlicher Erfahrung und bahnen (über die Freude am Zuhören oder Lesen) eine Identifikation mit der Zielsprachenkultur an.

Bilingualität und Interkulturalität

Bilingualität (als Fähigkeit eines Individuums sowie als Ziel und Prinzip unterrichtlichen Lernens) ist nicht nur eine Frage der Sprache, sondern bezieht sich darüber hinaus auf die Themen und Inhalte des Curriculums sowie die Lehr- und Lerntraditionen eines spezifischen kulturellen Kontextes. In der interkulturellen Begegnung von (mindestens) zwei Kulturkreisen ist ein wechselseitiges Geben und Nehmen der beiden Seiten erforderlich. Der im Sinne des an der SESB angestrebten Ziels des interkulturellen Lernens einzulösende Sichtwechsel, d. h. die Relativierung des eigenen Ordnungsrahmens, erscheint deshalb auch für die Inhalte und Methoden des Curriculums notwendig. Lehrkräfte und Curriculum (und zunehmend auch die »bilingual« werdenden Kinder) müssen sich ihrer Rolle als Kulturmittler bewußt werden. Gegenüber der traditionellen, eher national akzentuierten identitätsbildenden Kraft des Curriculums sollten die Rahmenpläne der SESB sehr viel stärker die bilateralen Wechselbeziehungen zwischen den Kulturen und die zum Teil unterschiedlichen Perspektiven betonen (Geografie und Geschichte aus deutscher Sicht ist eben nicht identisch mit der britischen, französischen oder russischen Sicht bestimmter Inhalte).

Sprachenpolitische und bildungstheoretische Begründung

Die SESB durchbricht mit ihrem Konzept des bilingualen Unterrichts in multikulturell zusammengesetzten Lerngruppen den bisher tradierten »monolingualen Habitus« (Gogolin 1995) der deutschen Schule, insbesondere den der Grundschulen. Sie sieht damit (zumindest potentiell) das zweit- und fremdsprachliche Element nicht als »störenden Faktor« eines kindgemäßen Unterrichts der Primarstufe, sondern nimmt die Auseinandersetzung mit »dem Fremden« und den Blick für die Bedeutung des Eigenen inmitten des Anderen als konkret gelebte interkulturelle Praxis konstruktiv auf.

Mit den an der SESB fließenden Übergängen zwischen Fremd- und Zweitsprache werden bilinguale Sprachkompetenzen »basale Fähigkeiten« (Huber 1985) einer sprachlichen Grundbildung für die Welt von heute und morgen, die ganz selbstverständlich einen Platz im primaren Curriculum haben müssen; neben der muttersprachlichen Kompetenz, dem Verständnis grundlegender Zusammenhänge in der Mathematik und Sachkunde sowie dem musisch-ästhetischen und dem psychomotorischen Ausdrucksbereich. Als Komponente einer europäisch (und im weiteren Sinne interkulturell) dimensionierten allgemeinen, schulisch vermittelbaren Bildung hat der Erwerb einer Fremd- bzw. Zweitsprache immer auch persönlichkeitsbildende Momente, die in der Tat am besten bereits in der Primarstufe grundgelegt werden müssen: Offenheit und Empathie gegenüber »den« und »dem Fremden«, interkulturelle Sensibilität u.v. a.m.

Die bildungstheoretischen Begründungen für ein frühes Fremd- bzw. Zweitsprachenlernen sind unabweisbar mit der Konsequenz verbunden, daß jede nach der Muttersprache erworbene ›fremde Sprache‹ (als ›Eingangssprache‹ eines heutzutage notwendigen lebenslangen Weiterlernens) das Fundament für den Erwerb weiterer Sprachen legen muss. Indem die Kinder das Fremdsprachenlernen lernen, werden Dispositionen geschaffen, die das Erreichen des gesellschafts- und sprachenpolitisch notwendigen Ziels der Ausbildung einer individuellen Mehrsprachigkeit begünstigen. Bei aller Eigenständigkeit der Primarstufe darf sich die Grundschule nicht vom weiterführenden Schulsystem abkoppeln. Die Anforderungen an das Sprachenlernen verlangen nach stufenübergreifenden Ansätzen und Konzepten.

Einige Hypothesen zur bilingualen Sprachkompetenz

Der Erfolg oder Mißerfolg einer schulischen Immersionserziehung steht oder fällt in erheblichem Maße mit einer ganzen Reihe *genuin sprachlich-kommunikativer Faktoren* (was andere Parameter wie Sozialschicht und Einstellungen der Eltern, Sozialprestige der Sprachen, Motivation der Lehrer u.dgl. keineswegs in Abrede stellt). In Bezug auf das Sprachkönnen müssen zwei grundlegende Funktionen von Sprache unterschieden werden:

- die Geläufigkeit eines elementaren Sprachgebrauchs, d. h. eine kommunikative Interaktionsfähigkeit in kontextuell eingebetteten und kognitiv wenig anspruchsvollen Sprachverwendungssituationen *(Basic Interpersonal Communicative Skills/BICS*, Cummins 1979),
- der Einsatz von Sprache als Werkzeug des verbalen Denkens, d. h. eine abstraktere, konzeptuell verankerte Sprachhandlungskompetenz in kognitiv anspruchsvollen und kontextreduzierten Sprachgebrauchssituationen, in denen eine meist textgebundene Aussage über sprachlich explizite Mittel transportiert wird (*Cognitive Academic Language Proficiency/CALP*, Cummins 1979).

Im schulisch-unterrichtlichen Kontext ist *CALP* fest im Umgang mit der Schriftsprache verankert: Lernziel Literalität/*literacy* in einem weiten Sinne, inkl. des rezeptiven wie produktiven Umgangs mit Texten und Inhalten des Sachlernens. *BICS* ist somit eine notwendige, keinesfalls aber eine hinreichende Bedingung für ein funktionales Sprachkönnen in einer bilingualen Unterrichtssituation (und damit für den längerfristigen Schulerfolg eines Kindes). Aber selbst im Hinblick auf diesen elementaren kommunikativen (meist mündlichen) Sprachgebrauch ist eine weitere Einschränkung nötig: Ein restringiertes Sprachkönnen in der Zweitsprache nimmt einem Schüler die Chance, in der bestmöglichen Weise vom Unterricht in dieser »fremden« Arbeitssprache zu profitieren. Wer unter einer gewissen unteren Schwelle der zweitsprachlichen Kompetenz bleibt *(lower proficiency threshold)* riskiert, gemessen an seinen Möglichkeiten oder im Vergleich zu anderen, sprachlich kompetenteren Mitschülern, ein Zurückbleiben in der Schulleistung. Betrifft das eingeschränkte Sprachkönnen eine ganze Gruppe von Lernenden, kann eigentlich nur der Sachanspruch des Unterrichts gesenkt werden. Die SESB steht deshalb in der unabweisbaren Pflicht, dieses Fundamentum an zweitsprachlicher Kompetenz (vgl. Abb. 1) so gezielt und effizient wie möglich auszubilden.

Die positiven Effekte für die sprachlich-konzeptuelle und kognitiv-intellektuelle Entwicklung eines Menschen, die nicht selten mit der Zweisprachigkeit assoziiert werden, können in der Regel erst dann wirksam werden, wenn eine zweite, ›höhere Ebene‹ der bilingualen Kompetenz erreicht worden ist *(higher proficiency threshold)*. Dies ist ein langwieriger, an erhebliche, kontinuierliche Lernanstrengungen geknüpfter Prozeß, der eine konsequente Fortführung der SESB auf den beiden Sekundarstufen zwingend notwendig macht.

Zum Wechselspiel von wissenschaftlicher Begleituntersuchung, Lehrerfortbildung und Materialentwicklung

Ohne die sich gegenseitig stützenden Dachflächen einer seriösen wissenschaftlichen Begleituntersuchung auf der einen Seite und einer umfassenden Lehrerfortbildung und Materialentwicklung auf der anderen Seite bleibt die SESB ein unvollendeter ›Bau des Lernens‹. Die Lehrkräfte haben einen Anspruch auf Fortbildungsmaßnahmen zur Zweitspracherwerbsforschung, zum Diskursverhalten in seiner Rolle als Sprachlehrmedium, zu Konzepten und Methoden frühen Fremdsprachenlernens, zur curricular geplanten Verzahnung von Sache und Sprache sowie zum sprachlichen Anforderungsprofil fachsprachlicher Texte für die Sachkunde der Primarstufe und die Sachfächer der 5. und 6. Klasse.

Die Eltern und die Öffentlichkeit haben ein Recht darauf, über die Erfolge und die eventuellen Schwierigkeiten des Schulversuchs angemessen informiert zu werden. Eine fundierte wissenschaftliche Begleitforschung sollte bezüglich des Spracherwerbs vor allem folgende Fragen verfolgen:

- Fallstudien von bestimmten Klassen und/oder Lehrern,
- Sprachstandsanalysen: besonders in Bezug auf Wortschatz und Grammatik,
- Untersuchungen der Kommunikationsfähigkeit, besonders in Bezug auf Hör-/Leseverstehen und Sprechen/Schreiben,
- Analysen der Lehrer-Schüler Interaktionen,
- Untersuchungen der Einstellungen von Schülern, Lehrern und Eltern,
- gegenstandsbezogene Arbeiten zu den sprachlichen Voraussetzungen und Anforderungen einer sachfachbezogenen Literalität.

Ohne eine wissenschaftliche Begleitforschung bleibt die SESB ein schulpolitischer Torso, der politische Angriffsflächen freilegt, die man bei

Offenheit, Transparenz und kontrollierter, d. h. wissenschaftlich evaluierter Experimentierfreudigkeit (Beispiele: ergebnisorientiertes frühes Fremdsprachenlernen, Binnendifferenzierung) vermutlich nicht riskieren würde. Gerade die innovativen Bildungsveranstaltungen einer Gesellschaft unterliegen in besonderem Maße der Pflicht zur Rechenschaftslegung hinsichtlich ihrer Effizienz und Validität.

Literatur

Abgeordnetenhaus von Berlin: Erweiterung des Angebots der Staatlichen Europa-Schule Berlin (SESB) mit Beginn des Schuljahres 1993/94, Drucksache 12/2731, Berlin 1993

Bell, St.: Storyline as an approach to language teaching, in: Die Neueren Sprachen 94, 5–25

Bruner, J. S.: Learning how to do things with words, in: Bruner, J. S./Garton, R. A. (Hrsg.): Human Growth and Development, Oxford 1978, 62–94.

Cummins, J.: Linguistic interdependence and the educational development of bilingual children, in: Review of Educational Research 49/1979, 222–251.

Egan, K.: Teaching as Storytelling, London 1988

Ellis, G./Brewster, J. (Hrsg.): The Storytelling Handbook. A Guide for Primary Teachers of English, Harmondsworth 1991

Genesee, F.: Learning Through Two Languages, Boston/Mass. 1987

Hellwig, K.: Fremdsprachen an Grundschulen als Spielen und Lernen, München 1995

Huber, L.: Was ist Bildung?, in: DIE ZEIT 27/1995, 34.

Met, M.: Learning language through content: learning content through language, Foreign Language Annals 24/1991, 281–295.

Swain, M./Lapkin, S.: Evaluating Bilingual Education. A Canadian Case Study. Clevedon, Avon 1982

Wode, H.: Lernen in der Fremdsprache. Grundzüge von Immersion und bilingualem Unterricht, München 1995

Wright, A.: Storytelling with Children. Oxford 1995

Zydatiß, W.: Umrisse eines Spracherwerbskonzepts für den zweisprachigen Unterricht bilingualer Lerngruppen in der Berliner Grundschule. Gutachten für den Schulversuch der »SESB«, Berliner Institut für Lehrerfort- und weiterbildung und Schulentwicklung 1997

Ulrich Steinmüller

Deutsch als Zweitsprache, Deutsch als Partnersprache

Seit Olims Zeiten wird in Deutschland darüber gerechtet, ob es möglich, denkbar oder gar wünschenswert sei, daß Kinder zwei- und gar mehrsprachig aufwachsen. Die Diskussion hierüber gipfelt in so abstrusen Positionen wie z. B. der von Leo Weisgerber, der in zweisprachigen Menschen Desorientierung und potentielle Charakterschwäche meint ausmachen zu müssen und für den Zweisprachigkeit gleichbedeutend ist mit moralischem Verfall und geistiger Leistungsunfähigkeit. Nur gefestigte Charaktere und die von ihm postulierte geistige Elite eines Volkes seien imstande, die Probleme der Zweisprachigkeit beherrschen zu können. Wenn auch diese Position in ihrer Zuspitzung heute nicht mehr explizit vertreten wird, so sind doch Anklänge und Anlehnungen an sie nach wie vor erkennbar, z. B. in der Frage, ob Kinder durch eine zweisprachige Erziehung in ihrer Entwicklung beeinträchtigt und geistig überfordert werden. Allerdings sind die historische und die gesellschaftliche Entwicklung in Deutschland, aber auch in den meisten anderen westeuropäischen Ländern über diese Position hinweggegangen und haben Fakten geschaffen, mit denen eine Auseinandersetzung zu erfolgen hatte.

Bedingt durch die Arbeitermigration vor allem der sechziger und siebziger Jahre dieses Jahrhunderts und die ihr folgenden verschiedenen Fluchtbewegungen ist in den meisten west-europäischen Ländern eine multikulturelle Gesellschaft entstanden. Eine Konsequenz hieraus ist, daß das mit der Idee des Nationalstaates verbundene Konstrukt der Einsprachigkeit dieser Gesellschaften aufgegeben werden muß, auch wenn es der jeweils aufnehmenden Gesellschaft schwer fällt, dieses Faktum zu akzeptieren.

Träger der aus dieser Situation resultierenden Mehrsprachigkeit sind vor allem die nachwachsenden Generationen der ursprünglichen Migranten – es sei denn, daß der Verlust der Erstsprache explizit oder implizit zum Bildungsziel des aufnehmenden Landes erhoben wird.

Das deutsche und vor allem auch das Berliner Bildungssystem hat sich sehr schwer getan, sich mit der Zwei- und Mehrsprachigkeit eines großen Teils seiner Klientel angemessen auseinanderzusetzen. Lange Jahre der Vernachlässigung haben hier endlich einen Handlungsdruck erzeugt, dem sich auch die hiesige Schul- und Bildungspolitik nicht länger verschließen konnte. Die unendlichen Diskussionen über das Für und Wider von Zwei- und Mehrsprachigkeit in der Berliner Schule sind sattsam bekannt. Vor fast auf den Tag genau 16 Jahren, nämlich am 11. und 12. Dezember 1981, veranstaltete die Gewerkschaft Erziehung und Wissenschaft unter dem Titel *Ausländische Kinder in Berliner Schulen* einen Kongreß, in dem es schon damals auch um diese Frage, nämlich die zweisprachige Erziehung im Rahmen der Berliner Schulen ging. Einen Höhepunkt fand diese Diskussion dann in der mit aller Polemik geführten Auseinandersetzung um die Ergebnisse des Schulversuchs zur zweisprachigen Alphabetisierung in einigen Berliner Schulen, die im Jahre 1993 geführt wurde.

Zweitsprache, Fremdsprache

Wesentliche Bezugsgrößen in den Diskussionen um Zwei- und Mehrsprachigkeit stellen die Begriffstrias Erst- bzw. Muttersprache, Zweitsprache und Fremdsprache dar. Die Begriffe Zweit- und Fremdsprache unterscheiden sich vor allem unter den Gesichtspunkten von Erwerbssituationen, kommunikativer Reichweite und Funktion bei der Identitätsbildung des Sprachenlerners.

Als *Fremdsprache* ist eine Sprache anzusehen, die in Unterrichtssituationen, kontrolliert vom Lehrer unter Verwendung bestimmter Lehrmethoden und -materialien vermittelt wird; in dieser Form wird an deutschen Schulen üblicherweise Russisch, Englisch, Französisch, Lateinisch usw. unterrichtet. Kommunikationsanlässe, d. h. die Notwendigkeit für den Lerner, die Sprache anzuwenden, sind vornehmlich oder völlig auf die wenigen Unterrichtsstunden pro Woche beschränkt. Kommunikationspartner ist in der Regel nur der Lehrer und bei fortgeschrittenem Unterricht noch die Mitschüler. Die Prozesse der Sozialisation, der Kognition und der Persönlichkeitsbildung laufen außerhalb dieser Sprache ab. Gesellschaftliche Handlungsfähigkeit in dieser Sprache ist nicht erforderlich.

Demgegenüber wird eine *Zweitsprache* sowohl außerschulisch und ungesteuert als auch in Unterrichtssituationen erworben. Die Sprache ist das Kommunikationsmedium der Umwelt und bereits im Moment des

Erwerbens das Medium des Lerners für den Kontakt mit dieser Umwelt. Die Notwendigkeit des Gebrauchs ist nicht auf wenige Unterrichtsstunden beschränkt, sondern ist in allen sozialen Situationen außerhalb der Familie gegeben. Die Prozesse schulischer Sozialisation, der unterrichtlichen Kommunikation und damit auch der Kognition sind an diese zu erlernende Sprache gebunden. Durch den so gesellschaftlich auferlegten Zwang zur Zweisprachigkeit erhält diese zweite Sprache auch eine nicht zu unterschätzende Funktion bei der Identitätsbildung und der Entwicklung der Persönlichkeit. Die Handlungsfähigkeit in unserer Gesellschaft ist in sehr weitgehendem Maße von der Beherrschung dieser Sprache abhängig, und auch damit erhält sie eine wesentliche Funktion bei der Persönlichkeitsbildung.

Fremdsprache, die auch für die Migrantenkinder in den deutschen Schulen Unterrichtsgegenstand ist, kommt somit noch als dritte Sprache hinzu, die noch dazu im Medium der Zweitsprache als Unterrichtssprache vermittelt wird.

Die mit den sprachlichen Aspekten der Migration befaßte Zweitspracherwerbsforschung hat sich, vor allem auch seit ihrer Etablierung in Deutschland, im besonderen Maße mit der Beschreibung der Ergebnisse des Zweitspracherwerbsprozesses beschäftigt. Von Bedeutung sind hier vor allem die Arbeiten von Meisel, Pienemann und Clahsen, sowie die Untersuchungen von Wode und Felix. Während in einer früheren Phase die Frage der Entstehung einer von der akzeptierten deutschen Norm abweichenden, festen sprachlichen Struktur diskutiert wurde (vgl. z. B. die Arbeiten des *Heidelberger Forschungsprojektes Pidgin-Deutsch,* Meisel, Steinmüller), rückten in der folgenden Zeit Untersuchungen zum Deutsch einzelner Nationalitätengruppen ins Zentrum (z. B. Meyer-Ingwersen, Pienemann, Meisel, Stölting für Türkisch, Spanisch, Italienisch, Serbokroatisch). Unter psycholinguistischer Perspektive trat zunehmend die Frage nach einer Erklärung des Zweitspracherwerbsprozesses in den Vordergrund sowie Fragen nach den Ursachen der sehr unterschiedlichen Ergebnisse dieses Prozesses.

In diesem Zusammenhang wurden die sogenannten ›drei großen Hypothesen‹ breit diskutiert (z. B. Bausch und Kaspar, Felix, Steinmüller): Die *Interferenzhypothese,* derzufolge eine zweite Sprache nach dem Vorbild und Muster der in der ersten Sprache bereits erworbenen Strukturen und Elemente erlernt wird, die *Identitätshypothese,* die den Zweitspracherwerb durch vorgegebene Stufen und Abfolgen der Aneignung geprägt sieht, und der *Interlanguage-Ansatz,* bei dem das Konzept der individuellen Lernervarietäten und der Übergangsgrammatiken im Zentrum stehen.

Mit keiner dieser drei Hypothesen ist es bisher gelungen, ein wirklich beweisbares und überzeugendes Erklärungsmodell für die beim Zweitspracherwerb zu beobachtenden Phänomene zu entwickeln; allerdings mehrten sich die Arbeiten, die als Stütze für den Interlanguage-Ansatz gesehen werden können. Als Konsequenz daraus wird in der Zweitspracherwerbsforschung die Hypothese diskutiert, daß die gesicherte und differenzierte Beherrschung der Erstsprache eine notwendige Voraussetzung für eine differenziert und differenzierende Beherrschung der Zweitsprache sei (z. B. Cummins, Skutnabb-Kangas, Steinmüller, Swain).

Auch der Versuch, den Erwerb der Zweitsprache in *Korrelation zu biographischen Entwicklungen* und dort erkennbaren Einflußfaktoren bei den Lernern zu setzen, um auf diesem Wege die beim Zweitspracherwerb ablaufenden Prozesse erklärbar zu machen, kann nicht als völlig erfolgreich betrachtet werden. Ganz offensichtlich bieten bestimmte biographische Merkmalskombinationen (z. B. Einreisealter, Stellung in der Geschwisterreihe, Schulbesuch in Deutschland oder im Herkunftsland), von denen häufig angenommen wurde, daß sie den Zweitspracherwerb positiv oder negativ beeinflussen könnten, keineswegs eine Garantie für einen guten oder schlechten Sprachstand. Ein Ergebnis dieses Strangs der Zweitspracherwerbsforschung ist, daß bei zukünftigen Untersuchungen verstärkt Faktoren aus dem Bereich der Psychologie und der Lernmotivation zu berücksichtigen sein werden. Ob dadurch jedoch die Vergleichbarkeit biographischer Daten hinsichtlich der Erstellung typisierter Spracherwerbsbiographien aussichtsreicher zu verfolgen ist, bleibt fraglich.

Den bisherigen Erkenntnissen zufolge dürfte es sich aufgrund der Heterogenität der Zielgruppe als äußerst schwierig erweisen, verallgemeinerbare Aussagen über den Zweitspracherwerb zu machen. Für den Mißerfolg oder Erfolg in der Zweitsprache gibt es vielfältige Gründe. Bei jedem Schüler gestalten sich die Zusammenhänge anders. Diese unterschiedlichen Strukturen gilt es dann über *Einzelfallanalysen* zu erkennen und zu formulieren. Nur so kann der Individualität des Spracherwerbs einigermaßen Rechnung getragen werden (Steinmüller). Inwieweit dieser wissenschaftliche Vorlauf für das Zweisprachigkeitskonzept der Staatlichen Europaschule Berlin Bedeutung hat, kann ich z. Z. nicht ermessen.

Der *Begriff Zweitsprache*, und hierin folge ich Heidi Rösch (Rösch), war und ist *psycholinguistisch* zu verstehen. Trotz der Zahlenangabe geht es nicht in erster Linie darum, eine Reihenfolge zu bestimmen, in der ein Mensch im Verlauf seines Lebens eine oder mehrere Sprachen erwirbt. Wichtig ist jedoch, daß der Erwerb einer Sprache thematisiert wird, der deutlich abgesetzt von dem Erwerb der eigenen Erstsprache geschieht.

Während sich die linguistische Zweitspracherwerbsforschung mit der Analyse der Ergebnisse dieses Prozesses und Ansätzen zu seiner Erklärung beschäftigte, führte das soziale und pädagogische Interesse an der Situation der Zweitsprachenlerner zu Veränderungen bzw. der Weiterentwicklung im Rahmen der Deutschdidaktik in Richtung auf eine Zweitsprachdidaktik. Diese sieht ihre Aufgabe darin, den ungesteuerten Spracherwerbsprozess zu unterstützen, vorhandene Kenntnisse weiterzuentwickeln und Fossilisierungen zu verhindern. Idealtypischerweise strebt sie eine Synchronisation des ungesteuerten und gesteuerten Zweitspracherwerbs an (Rösch). Auch wenn inzwischen eine kaum mehr überschaubare Anzahl von Lehr- und Unterrichtsmaterialien, Handreichungen für den Lehrer sowie unterrichtliche Konzepte im Bereich der Zweitsprachdidaktik vorliegen, kann nicht behauptet werden, daß damit die Situation der betroffenen Schülerinnen und Schüler sowie ihrer Lehrerinnen und Lehrer endgültig geklärt sei. Nach wie vor ist ein hohes Maß an Unsicherheiten, sogar an Unkenntnis in diesem Kontext zu beobachten, so daß es noch immer erforderlich ist, dem Zweitspracherwerb und dem ihn unterstützenden Unterricht eine besondere Aufmerksamkeit zuzuwenden.

Partnersprache

Vor diesem Hintergrund nun sehe ich mich mit dem durch die *Staatlichen Europaschulen Berlin* (SESB) in die Berliner Diskussion um zweisprachige Erziehung neu eingeführten Begriff der Partnersprache konfrontiert. Diese neue Entwicklung hin zu einer zweisprachigen Erziehung nehme ich nach jahrelangem Ringen um die Etablierung zweisprachiger Erziehung in das Berliner Schulsystem mit einer großen Erleichterung zur Kenntnis. Diese Erleichterung wird allerdings von einer gewissen Bedenklichkeit begleitet. Ich begrüße die Hinwendung der Berliner Schule zur europäischen Idee, ich begrüße die sich daraus notwendig ergebenden curricularen und inhaltlichen Veränderungen, die die Berliner Schule zu verarbeiten haben wird. Ich begrüße die systematische Etablierung von Zweisprachigkeit in der Berliner Schule. Wenn wir den Gedanken eines vereinten Europas ernstnehmen, muß es als eine Selbstverständlichkeit erscheinen, daß sich Inhalte von Erziehung und Ausbildung wie auch die Sprachfähigkeiten diesem veränderten, diesem erweiterten Europa anpassen. Mit allen Befürwortern dieser Konzeption hoffe ich darauf, daß eine so veränderte Schule ihren wesentlichen Beitrag zur Bekämpfung von Ethnozentrismus und Rassismus leisten wird. Oder wie Inge Sukopp ausführt: »Die mit der Herkunft der Kinder aus verschiedenen nationalen und ethnischen Kulturen und zwei Sprachkulturen verbundenen Erfahrungen im gemeinsamen Unterricht und die engen zwischenmenschlichen Beziehungen der Kinder untereinander im täglichen Beisammensein ermöglichen eine Erziehung zur Akzeptanz anderer Lebensweisen, zu Toleranz sowie zu Respekt vor dem anderen« (Sukopp). Wie dankbar wäre ich, wenn all die Hindernisse und Widerstände, die den Konzepten einer interkulturellen Erziehung mit den gleichen Zielen entgegengestellt wurden, nun bei dem Konzept der staatlichen Europaschule Berlin der Vergangenheit angehören würden. (Ich verwende hier nicht ohne Grund den Konjunktiv!)

Das Partnersprachenkonzept ist zu begrüßen: »In der Staatlichen Europaschule Berlin sollen Kinder unterschiedlicher Muttersprachen gemeinsam lernen. In jeder Klasse begegnen Kinder einander in zwei Sprachen, um allmählich eine zweite Sprache zu verstehen, zu sprechen, zu lesen und zu schreiben. Ihre Muttersprachen sind gleichberechtigte Partnersprachen.« (Sukopp) Diese Gleichberechtigung der Sprachen war es, die in der Konzeption des Zweitsprachenerwerbs und des Zweitsprachenunterrichts in der Vergangenheit immer gefehlt hat. Die Zweisprachigkeit war eine Aufgabe, die von den Angehörigen der Minorität zu bewältigen war, nicht jedoch von denen der Majorität. Darüber hinaus war, zumindest mit Bezug auf Angehörige aus Migrantenfamilien, ein deutliches Gefälle im Prestige zwischen den beiden Sprachen Deutsch und Migrantensprache nicht zu übersehen, mit den bekannten sozialen, emotionalen und affektiven Auswirkungen für die Sprecher dieser Sprachen.

Eine wesentliche Grundsatzentscheidung im Partnersprachenkonzept, durch das dieses ebenfalls von der Zweitsprachensituation unterschieden ist, ist dies, daß die Zweisprachigkeit der Kinder und auch der Lehrerinnen und Lehrer als Ausgangspunkt des Lernens und des Lebens in der Schule vorausgesetzt und anerkannt ist – ein eklatanter Unterschied zur Zweitsprachsituation, in der die Zweisprachigen als Minderheit sich sozusagen in einer permanenten Entschuldigungshaltung befinden und das Ziel des Unterrichts, wenn auch unausgesprochen, die Einsprachigkeit in der Zweitsprache ist.

Die in der Staatlichen Europaschule Berlin gegebene ›naturwüchsige‹ zweisprachige Situation wird durch die Unterrichtsorganisation und die Stundentafel entscheidend unterstützt:

- »im Rahmen des vorfachlichen Unterrichtes an sachkundlichen Themen, der im Klassenverband in einer nichtdeutschen Partnersprache erteilt wird;
- als Partnersprachunterricht, der in Gruppen für die beiden Muttersprachen getrennt durchgeführt wird;
- als Förderunterricht, durchgehend mit zwei Wochenstunden in allen Klassenstufen für Kinder mit Förderbedarf in den jeweiligen Muttersprachen.« (Sukopp)

Wichtig ist auch die grundsätzliche Entscheidung, daß 50 % des Unterrichts in Deutsch und 50 % in der jeweiligen Partnersprache unterrichtet werden, wobei der muttersprachliche Unterricht durch qualifiziertes muttersprachliches Lehrpersonal durchgeführt wird. Mit der Aussage: »Partnersprach- und Sachunterricht bilden didaktisch eine Einheit« (Sukopp) entspricht das Partnersprachenkonzept in seiner didaktischen Umsetzung im Rahmen der Staatlichen Europaschule Berlin einer Forderung, wie sie z. B. auch von Rösch aufgestellt wurde, wonach der Erwerb der anderen Sprache nicht kognitiv abstrakt, sondern durch den konkreten Gebrauch erfolgen muß, um tatsächlich eine echte Kommunikationsfähigkeit der Lerner in dieser Sprache zu erreichen.

Dieses Prinzip des Partnersprachenunterrichtes gilt es mit der größten Sorgfalt zu verfolgen und umzusetzen. Die Partnersprache darf nicht, wie es die Fremdsprache ist, reiner Lerngegenstand bleiben, sondern sie muß für die Schülerinnen und Schüler in ihrem alltäglichen Erfahren in der Schule und möglichst auch außerhalb der Schule eine Bedeutung haben, den Lernerinnen und Lernern muß die Funktion dieser Sprache deutlich werden, und sie müssen ihren ›Gebrauchswert‹ daran erkennen, daß in Situationen und zur Lösung von Aufgaben dieser Sprache eine ausdrückliche Bedeutung zukommt. Das hat zur Konsequenz, daß mit fortschreitendem Alter der Schülerinnen und Schüler die Partnersprache zunehmend zur Unterrichtssprache werden muß in den verschiedenen, vor allem den nicht sprachlichen Fächern. Dies entspricht einer Konzeption wie sie von Guido Schmitt (Schmitt) auch für den Zweitsprachenunterricht entwickelt wurde, nämlich die sogenannte didaktische Schleife aus dem Fachunterricht heraus, durch den der Erwerb und die Verwendung der zweiten Sprache bezogen auf Gegenstände und Inhalte gefestigt werden kann.

Ich wiederhole also meine Position: Das Partnersprachenkonzept, so wie es in den Staatlichen Europaschulen Berlin verfolgt wird, klingt überzeugend. Meine vorhin angesprochene Bedenklichkeit bezieht sich vor allem darauf, daß ich auf einige Fragen bezüglich der Realisierung des Partnersprachenkonzeptes bisher noch keine Antworten habe:

- Haben wir wirklich genügend aus der Diskussion um das Für oder Wider von Zweisprachigkeit gelernt, um sie als einen positiven Wert gesellschaftlich akzeptabel zu machen?
- Haben wir die Erfahrungen aus den Diskussionen, den Widerständen und auch Irrwegen mit Deutsch als Zweitsprache genügend analysiert, um für das Konzept der Partnersprache entsprechende Konsequenzen ziehen zu können?
- Haben wir nicht vielmehr das Konzept Deutsch als Zweitsprache, zumindest bezogen auf die Berliner Schule, unvollendet ad acta gelegt, um nun mit einem neuen Konzept einen erneuten Versuch zu beginnen?
- Sind die curricularen Anforderungen an den Partnersprachenunterricht genügend deutlich formuliert? Sind die erforderlichen Unterrichtsmaterialien vorhanden bzw. werden die Lehrerinnen und Lehrer angemessen unterstützt bei der Entwicklung dieser notwendigen Unterrichtsmaterialien?
- Sind die Qualifikationsanforderungen an Lehrerinnen und Lehrer in inhaltlicher, didaktischer und methodischer Art für das Partnersprachenkonzept genügend präzisiert und bekommen diese Lehrerinnen und Lehrer in genügender Intensität Unterstützung und Fortbildungsmöglichkeiten, um dieses Konzept optimal umsetzen zu können?
- Müssen wir nicht auch und gerade bei den Lehrkräften des vorfachlichen Unterrichts und der nicht-sprachlichen Fächer eine zweitsprachdidaktische Qualifikation verlangen, damit sie dem Postulat der didaktischen Einheit von Partnersprach- und Sachunterricht entsprechen?

  Diese und auch andere Fragen sind nicht als Kritik an dem Partnersprachenkonzept zu verstehen, sondern entspringen dem Wunsch, diesem Konzept eine Realisierungschance zu eröffnen.

Daß meine Sorge nicht völlig unbegründet ist, möchte ich mit einem weiteren Zitat von Sukopp belegen. Demzufolge basiert der Schulversuch »auf der Einsicht, daß der Zweitspracherwerb von jungen Kindern fast spielerisch bewältigt wird« (Sukopp). Gerade diese ›Einsicht‹ war es, die jahrelang den Zweitsprachenunterricht ins Desaster geführt hat. Es genügt eben nicht, Kinder miteinander spielen zu lassen, um auf diese Weise Spracherwerb zu unterstützen. Ein *Spracherwerb per Osmose,* also dadurch, daß man Kinder unterschiedlicher Herkunftssprachen nebeneinander an einen Tisch setzt, wie er in den frühen siebziger Jahren für Migrantenkinder für möglich gehalten wurde, *gelingt eben nicht.* Hier kommt vielmehr der didaktischen Einsicht Bedeutung zu, daß Partnersprach- und Sachunterricht eine Einheit bilden müssen: Wenn das spielerische Umgehen mit den beiden Sprachen im Vorschulbereich und auch in der Eingangsstufe noch seine Berechtigung hat, muß mit zunehmenden kognitiven Anforderungen des Unterrichts der Spracherwerb in beiden Sprachen systematisch durch Unterricht gestützt werden.

Im übrigen ist mir nicht schlüssig begründet, weshalb der Schriftspracherwerb in der Partnersprache so spät, wie vorgesehen, nämlich erst in der vierten Klassenstufe abgeschlossen werden soll. Wo bleibt hier die postulierte und auch notwendige Gleichberechtigung der beiden Sprachen? Erste Beobachtungen zeigen denn auch schon, daß hier ein Mangel zu erkennen ist, der abgestellt werden muß. Immerhin wissen wir aus dem Schulversuch zur zweisprachigen Alphabetisierung, daß eine parallele Alphabetisierung in zwei Sprachen möglich und erfolgreich sein kann, warum also nicht auch im Konzept der Partnersprachen?

Noch ein Wort zur Partnersprache Deutsch. So richtig der Grundsatz ist, daß Mutter- und Partnersprache gleichberechtigt sein sollen, so sehr ist in Zweifel zu ziehen, daß dies für die Partnersprache Deutsch tatsächlich gelten wird. Immerhin ist Deutsch die Sprache der umgebenden Majorität. Sie ist die Sprache des Alltags der Schüler außerhalb der Schule, sie ist die Sprache, in der eine Vielzahl von sozialen, kulturellen und anderen Aktivitäten den Schülern präsentiert wird. Ihr Einfluß ist von daher nicht zu vergleichen mit dem, den andere Partnersprachen im Kontext der deutschsprachigen Mehrheitsgesellschaft haben könne. Daher liegt eine besondere Verantwortung bei den pädagogisch Zuständigen dafür, daß die Gleichberechtigung der Partnersprachen mit Bezug zur deutschen Sprache tatsächlich erreicht wird.

Unter diesen Voraussetzungen und mit diesen Überlegungen wünsche ich dem Konzept der Staatlichen Europaschulen Berlin und ihrem Sprachkonzept der Partnersprache einen durchschlagenden Erfolg.

Literatur

Clahsen, Harald; Meisel J. und Pienemann, Manfred, Deutsch als Zweitsprache, Der Spracherwerb ausländischer Arbeiter, Tübingen 1983

Cummins, J., Linguistic Interdependence and the Educational Development of Bilingual Children, in: Review of Educational Research, Vol. 49C29, 1979

Felix, S., Natürlicher Zweitspracherwerb: Ein Überblick, in: Studium Linguistik 4/1977

Kaspar; Bausch, Der Zweitspracherwerb, Möglichkeiten und Grenzen der großen Hypothesen, in: Linguistische Berichte 64/1979

Meisel, J.; Clahsen, Harald und Pienemann, Manfred, On Determining Development Stages in Natural Language Acquisition, in: Wuppertaler Arbeitshefte für Sprachwissenschaft 2/1979

Meyer-Ingwersen, J.; Neumann, R. und Kummer, M., Zur Sprachentwicklung türkischer Schüler in der Bundesrepublik, Kronberg/Ts. 1977

Rösch, H., Deutsch als Zweitsprache und interkultureller Deutschunterricht – ein Blick zurück in die Zukunft der Deutschdidaktik, in: Deutsch international und interkulturell, herausgegeben von U. Steinmüller, Frankfurt/Main 1993

Skutnabb-Kangas, T.; Toukoumaa, P., The Intensive Teaching of the Mother Tongue to Migrant Children at Pre School Age, Tampere 1977

Steinmüller, U., Ein Argument für den muttersprachlichen Unterricht, in: Ausländische Kinder in Berliner Schulen, Materialien des Kongresses vom 11./12. 12. 1981, herausgegeben von GEW Berlin, Berlin 1981 a

Steinmüller, U., Sprachentwicklung und Sprachunterricht türkischer Schüler, in: Gesamtschulinformationen, Sonderheft 1/1987

Steinmüller, U., Spracherwerbsbiographie und Zweisprachigkeit, in: Wissenschaftliche Zeitschrift der Humboldt-Universität zu Berlin, Reihe Geistes- und Sozialwissenschaften, 41, 5/1992

Stoelting, W., Die Entwicklung der Zweisprachigkeit bei ausländischen Schülern, in: Praxis Deutsch, Sonderheft »Deutsch als Zweitsprache«, 1980

Sukopp, I., Pädagogische und grundschuldidaktische Grundlagen der Staatlichen Europa-Schule Berlin (Klasse 1–4), in: Berliner Institut für Lehrerfort- und -weiterbildung und Schulentwicklung Berlin (Hrsg.), Berlin 1996

Swain, M. (Hrsg.), Bilingual Schooling: Some Experiences in Canada and the United States, Toronto 1972

Weisgerber, L., Vorteile und Gefahren der Zweisprachigkeit, in: Wirkendes Wort 3/1966

Wode, H., Learning a Second Language. An Integrated View of Language Acquisition, Tübingen 1981

Maurice Balan und Ingrid Hermann

»Woher komme ich? – De donde vengo?‹«

Partnersprachlicher Unterricht an einer deutsch-spanischen Europaschule

Für den Sachunterricht der zweiten Klasse ist das Thema *Geburt und Wachstum eines Kindes* vorgesehen[3], in dessen Zusammenhang Zeugung, Schwangerschaft und Geburt zu behandeln sind. In unserer Klasse wurde die entsprechende Unterrichtseinheit »Woher komme ich? – ›De donde vengo?‹« genannt.

Wichtig für diese Unterrichtseinheit war der unmittelbare Lebenszusammenhang, die unmittelbare Bedeutung für die Kinder. Fünf Kinder in der Klasse hatten schwangere Mütter und berichteten davon bereits im Vorfeld der Einheit. Bei der Konzeption und Realisation der Arbeit war aber nicht nur der Aspekt der Unmittelbarkeit bedeutsam, sondern die enge Zusammenarbeit und thematische Vernetzung verschiedener Aspekte, welche einen sorgfältig geplanten und konsequent durchgeführten vorfachlichen Unterricht in der Grundschule charakterisieren. Grundlage für Konzeption und Realisation der Einheit war deshalb ein Assoziogramm, in dem sich verschiedene, untereinander in engem Bezug stehende Lernfelder um das Thema gruppierten, etwa: Muttersprache/lengua materna (Babyfoto erklären, Wachstumsvorgänge bei der Schwangerschaft erklären, schriftliche Bildbeschreibungen, Peter Ida und Minimum, árticulos, iminutivos); Partnersprache Deutsch/Español (Weiterentwicklung der Ausdrucksfähigkeit, Artikel, Verkleinerung); Mathematik/matemáticas (messen und wiegen; Rechnen mit cm und g); soziales Lernen/hábitos y comportamiento (Rollenspiele, Identitätserfahrung durch Ich-Buch mit Elternzusammenarbeit); themenspezifische Begriffsbildung/formación de conceptos (Körperteile, Geschlechtsmerkmale, Befruchtung, Schwangerschaft, Geburt, Partnerschaft, Familie); Europäische Dimension/dimensión europea (Wo

3 Vgl. Rahmenplan Sachkunde mit allgemeinen Hinweisen zur Sexualerziehung AV 27 und das Rundschreiben II Nr. 57/1972.

bin ich geboren?, Wo sind meine Eltern geboren?, Familien in Spanien und Lateinamerika); Sensorischer Bereich/aspecto sensorial und Handelndes Lernen/áreas de experiencia (Ertasten von Körperteilen, mit Wasser gefüllter Ballon zur Veranschaulichung der Fruchtblase, Baden, Wickeln, Füttern eines Babys, Babydiplom, Spielzirkel, Interview der schwangeren Mutter, Rollenspiele); Bildende Kunst/artes plásticas (Anfertigen der Körperumrisse, Portraitieren des eigenen Gesichts, Gestaltung des Ich-Buchs); Musik/música (Lieder »Mi cuerpo«, »Tengo una muñeca«, »Las manitas«, Tänze »Macarena«, »Cookie Cookie«, Notenwerte); Sport/educación física (Körperteilspiel, Kontaktspiel, Jungen-Mädchen-Spiele).

Die Unterrichtseinheit erstreckte sich über ca. sechs Wochen, wobei an fünf Wochenstunden vorfachlicher Unterricht mit der ganzen Klasse (im Falle von Sachkunde auf Spanisch) und an vier bis sechs Wochenstunden Muttersprach- und Partnersprachunterricht in Teilungsgruppen stattfand. So handelte beispielsweise das erste Spanischdiktat über die Nachricht der schwangeren Mutter des Kindes. Der Unterricht in den Partnersprachen fand zeitgleich mit den gleichen Inhalten statt.

Insgesamt charakterisierte sich die Einheit durch ihre Handlungs- und Produktorientierung. Angefangen von den körpergroßen Umrissen, die die Kinder hergestellten und kolorierten. Eine schwangere Mutter eines spanischen Kindes besuchte den Unterricht und wurde von den Kindern interviewt. Als Arbeitsmaterial standen neben verschiedenen Büchern mit Illustrationen und übersetzten bzw. eigens konzipierten Arbeitsblättern das Buch *Peter, Ida und Minimum* zur Verfügung. In einem Lernzirkel mit Stationsbetrieb wurden auch viele verschiedene Spiele mit Wortkarten, Memories und Lochkarten eingesetzt. In einem »Babywickelkurs« lernten und übten die Kinder das Baden, Pflegen und Füttern eines Säuglings mit ihren mitgebrachten Puppen. Dabei konnten geschwistererfahrene Kinder ihre Kenntnisse und Fähigkeiten unter Beweis stellen und den Mitschülern Hilfestellung leisten. Schließlich erlangten alle Kinder in einer »Prüfung« das Babydiplom.

Die Einheit wurde durch die Erstellung des Ich-Buches abgerundet, in dem die Kinder verschiedenste Informationen über sich selbst in Form von vorbereiteten Bögen sowie kommentierte Fotos sammelten und weiterhin sammeln.

Intentionen der Unterrichtseinheit waren:

- den eigenen Körper und körpereigene Vorgänge kennenzulernen,

- Ich-Stärkung, Selbsterfahrung und Selbstwahrnehmung,
- die Fähigkeit anzubahnen, sich sprachlich adäquat zum Thema äußern zu können.

Im partnersprachlichen (Sach-)Unterricht der SESB bilden sachliche bzw. soziokulturelle Lernziele sowie sprachliche Lernziele eine sich gegenseitig bedingende Einheit (Interdependenz). In der folgenden Tabelle wird dies deutlich.

Sachl. bzw. soziokultur. Lernziele	**Sprachliche Lernziele**
• Sch. unterscheiden Mädchen und Jungen nach ihren körperlichen Geschlechtsmerkmalen.	• Sch. kennen die Begriffe, können diese lesen und schreiben und im kommunikativen Kontext anwenden.
• Sch. erkennen, daß menschliche Sexualität ein Ausdruck von Zuneigung und Partnerschaft ist. • Sch. begreifen, daß durch Zeugung und Wachstum des Kindes im Mutterleib neues Leben entsteht. • Sch. lernen, daß Schwangere Rücksichtnahme und besondere Hilfe brauchen.	• Fragen an die Schwangere bzw. an die eigene/n Mutter/Eltern. • Sch. schreiben kurze Texte zu entsprechenden Bildern und Fotos auf, bearbeiten Lückentexte und beschriften Abbildungen. • Sch. erzählen und berichten über ihre mitgebrachten Babyfotos.
• Sch. wissen, daß eine Schwangerschaft neun Monate dauert.	• Anwendung von Vorwissen aus der 1. Klasse (Zahlen-/Monatsnamen).
• Sch. lernen, was zur Pflege und Ernährung eines Babys gehört.	• Gegenstände und Handlungen auditiv erkennen und ggf. verbalisieren.

Die Sprache im Unterricht

Die Klasse E-2 a besteht aus 13 spanischen und 13 deutschen Kindern, wobei die spanischsprachigen Kinder sehr gute Deutschkenntnisse haben und sich teilweise gut ausdrücken können. Bei den deutschen Kindern ist das nicht der Fall. Nur zwei dieser Kinder wachsen zweisprachig auf. Einen Unterschied, etwa in der Fähigkeit, bestimmte Begriffe abzuleiten, macht es unserer Erfahrung nach auch, ob die Kinder die SESB von der Vorklasse an besucht haben oder nicht.[4]

Eine Schwierigkeit bestand darin, daß die dominante Sprache der Kinder in der Klasse (Pausen, Spiele etc.) Deutsch ist. Diese Klippe mußte durch handlungsorientierten Unterricht umgangen bzw. verringert werden. Beim Aufbau der Unterrichtseinheit wurde sehr genau überlegt, wann monolingualer Unterricht bzw. wann bilingualer Unterricht stattfinden sollte. Für den bilingualen Unterricht wurde davon ausgegangen, daß die deutschen Kinder erst sehr wenig auf spanisch erzählen konnten, z. B. über ihre Situation zu Hause, über Geschwister und Verwandte usw. Selbst die spanischen Kinder neigten oftmals dazu, eher auf deutsch zu sprechen. Bei Kreisgesprächen im Klassenverband und bei gleichzeitiger

Std.	**Thema**	**Arbeits-, Organisationsform**	**Gruppe**	**Sprache**
1.	Einführung in das Thema	Kreisgespräch, paralleler Unterricht	ganze Gruppe u. alle Teilungsgruppen	Spanisch/ Deutsch
2./3.	Herstell. lebensgr. Körperumrisse	Partner- u. Gruppenarbeit	ganze Gruppe	Spanisch
4./5.	Kolorieren u. Ausschneiden der Papierumrisse	Partner- u. Gruppenarbeit	ganze Gruppe	Spanisch
6.	Unsere Körperteile, Gemeinsamkeit u. Unterschiede zw. Jungen u. Mädchen	Arbeit mit Wortkarten, Spiele, Gruppenarbeit, paralleler Unterricht	Teilungsgruppen der Partnersprachen	Spanisch/ Deutsch
7.	Jungen und Mädchenreifen heran	U-gespräch, Wortkartenspiel, Gruppenarbeit, paralleler Unterricht	Teilungsgruppen der Partnersprachen	Spanisch/ Deutsch

4 In Doye's Studie (im vorliegenden Buch) erweist sich dieser Faktor jedoch nicht als signifikant.

Std.	Thema	Arbeits-, Organisationsform	Gruppe	Sprache
8./9.	Einführung der Ganzschrift *Peter, Ida und Minimum*	U-gespräch	ganze Gruppe, Teilungsgruppen: dt. Partnersprache, dt. Muttersprache	Spanisch/ Deutsch
10.	Vorbereitung auf das Interview mit der spanischen Mutter	U-gespräch, Gruppenarbeit, Formulierung von Fragen	Teilungsgruppen: sp. Partnersprache, sp. Muttersprache	Spanisch
11.	Interview mit der Schwangeren	U-gespräch	ganze Gruppe	Spanisch
12./13.	Besprechung u. Lesen der schriftl. Zusammenfassung des Interviews	Gruppen-, Partnerarbeit, Rollenspiel, paralleler Unterricht	Teilungsgruppen: dt. Partnersprache, sp. Partnersprache, sp. Muttersprache	Spanisch/ Deutsch
14./15.	Entwickl. d. Kindes im Mutterleib; Schwangerschaft u. Geburt	U-gespräch, Anschauungsmaterial, paralleler Unterricht	Teilungsgruppen der Partnersprachen	Spanisch/ Deutsch
16.	Das Baby ist da! Sch. bringen Puppen u. Babysachen mit	U-gespräch, spontane Rollenspiele, paralleler Unterricht	Teilungsgruppen: dt. Partnersprache, sp. Partnersprache	Spanisch/ Deutsch
17./18.	Erarbeitung des Stationenlauf zur Pflege u. Ernährung eines Babys	Partnerarbeit, handelnder Umgang, paralleler Unterricht	Teilungsgruppen: dt. Partnersprache, sp. Partnersprache	Spanisch/ Deutsch
19.	Erringen eines Babydiploms	Gruppenunterricht, gemeinsamer Unterricht	ganze Gruppe	Spanisch/ Deutsch

Std.	Thema	Arbeits-, Organisationsform	Gruppe	Sprache
20./21.	Spielzirkel (Stationsbetrieb)	Partner- u. Gruppenspiele	ganze Gruppe	Spanisch
22...	Beginn des Ich-Buches	Einzel- u. Partnerarbeit	ganze Gruppe	Spanisch

Anwesenheit beider Lehrer galt die Regel, bei Fragen und Impulsen des spanischen Lehrers (M. B.) auf spanisch bzw. bei Fragen und Impulsen der deutschen Lehrerin (I. H.) auf deutsch zu antworten bzw. zu reagieren. Das klappte von Anfang an recht gut. Manchmal wurde es vergessen, selbst von den spanischen Kindern, aber insgesamt lief es zufriedenstellend. Im spanischsprachigen Unterricht wurde es den Kindern deutscher Muttersprache jedoch auch ermöglicht, sich bei Verständnisschwierigkeiten in ihrer Muttersprache zu äußern.

Die Einführung des Themas fand im Kreisgespräch und monolingual in den jeweiligen Partnergruppen statt. Im Muttersprachunterricht der spanischen Kindern verliefen Gespräche zeitweilig etwas schleppend, da bestimmte Vokabeln und Formulierungen fehlten. Andererseits konnten diese Kinder ihre großen Vorkenntnisse im deutschen Partnerunterricht gut einbringen. Bezogen auf die ganze Gruppe war es schwierig, längere Phasen in Gesprächsform zu erhalten, weil die monolingualen Kinder auf Grund der Verständnisschwierigkeiten schnell dazu neigten, »abzuschalten«.

An der Stundenübersicht ist zu erkennen, wann welcher Unterricht in welcher Sprache bzw. Sprachkombination erfolgte. Es gab Unterricht mit der ganzen Gruppe auf spanisch und entsprechende Teilungsgruppen der jeweiligen Mutter- und Partnersprachen. Die Einführung des Buches *Peter, Ida und Minimum* wurde beispielsweise mit der ganzen Gruppe auf spanisch durchgeführt, wobei überwiegend das reichhaltige Bildmaterial des Buches (Comic-Stil) als Gesprächsanlaß verwendet wurde. Die lesende Erarbeitung des Buches hingegen wurde von der deutschen Lehrerin in den beiden Teilungsgruppen übernommen.

Das Interview

Der Besuch der schwangeren Mutter (11. Stunde der Unterrichtseinheit) fand in einer sehr lockeren Atmosphäre statt. Die Kinder hatten sich im am Vortag im spanischen Muttersprachen- und Partnerunterricht Fragen überlegt, so daß das Interview protokolliert werden konnte, um in darauffolgenden Stunden in verteilten Rollen erlesen, gelesen und gespielt werden zu können. Die Kinder hatten dabei auch Gelegenheit, den Bauch der Schwangeren zu berühren, was bei den Kindern einen bleibenden Eindruck hinterließ. Am darauffolgenden Tag wurde die Bearbeitung des Interviews in den spanischen Teilungsgruppen (Mutter- und Partnersprachler) durchgeführt. Hierbei lernten die deutschen Kinder unter anderem die spanischen Fragewörter kennen und verwenden. Alle Kinder zeigten großen Spaß bei den sich anschließenden Rollenspielen und erfanden im Anschluß zum Teil eigene Dialoge.

La mamá de Anja nos visita

Niños	Mamá de Anja
1. Cómo está Usted?	Muy bien, gracias.
2. Cuándo será la fecha de nacimiento?	El nacimiento está previsto para el día 28 de octubre.
3. Cuánto pesa el bebé en el vientre?	El bebé pesa 2.600 gramos.
4. Tiene dolores?	Si, a veces. El bebé también se mueve mucho.
5. Duele cuando el bebé da patadas?	Si, a veces pero sólo duele un poco.
6. Qué quiere que sea, niño o niña?	Me da lo mismo, quiero que sea una sorpresa. La comadre ya lo sabe pero yo no.
7. Ya tiene nombre para el bebé?	Aún no. Tengo algunos nombres pensados. Esperaré primero la sorpresa, a ver si es niño o niña.

Anjas Mutter besucht uns

Kinder	Anjas Mutter
1. Wie geht es Ihnen?	Danke, gut.
2. Wann ist der Geburtstermin?	Der Geburtstermin ist für den 28. Oktober vorgesehen.
3. Wieviel wiegt das Baby in ihrem Bauch?	Das Baby wiegt ungefähr 2600 gr.
4. Haben Sie Schmerzen?	Ja, manchmal habe ich Schmerzen. Das Baby bewegt sich auch oft.
5. Tut es weh, wenn das Baby tritt?	Ja manchmal, aber es tut nur ein bißchen weh.
6. Soll es ein Mädchen oder ein Junge sein?	Es soll eine Überraschung sein. Es ist mir gleich. Die Hebamme weiß es schon, ich aber nicht.
7. Haben Sie schon einen Namen für das Baby?	Noch nicht. Ich habe schon einige Namen überlegt, aber ich warte erstmal die Geburt ab. Es soll ja eine Überraschung sein.

Lernzirkel mit Stationsbetrieb

Gegen Ende der Einheit fand ein Lernzirkel mit Stationsbetrieb statt, in dem verschiedene Spiele durchgeführt wurden, an denen die Kinder ihre Kenntnisse zum Thema überprüfen, einmal wiederholen und festigen konnten (Körperteilmemory: Zuordnung Bild-Wort, Frage-Antwort-Memory, Würfelspiel zu den Körperteilen, Lochkarten mit Begriffszuordnungen im Auswahlverfahren mit Selbstkontrolle, Bild-Wort-Domino). Es gab einen Begleitzettel (ficha de control), den die Kinder jeweils zu zweit abarbeiteten und auf dem sie die Ergebnisse bzw. den Punktestand notierten. Die einzelnen Spiele und die Vorgehensweise wurden in einer unmittelbar vorausgehenden Stunde auf spanisch erläutert und demonstriert. Anschließend fand der Lernzirkel mit Stationsbetrieb mit der ganze Klasse bei gleichzeitiger Anwesenheit beider Lehrer statt. Die Kinder hatten großen Spaß und konnten die verschiedenen Anforderungen der jeweiligen Spiele gut bewältigen. Bemerkenswert war, daß zum Teil auch ein deutschsprachiges gegen ein spanischsprachiges Kind gewann, worüber sich die Kinder insgesamt sehr freuten. Uns Lehrer bestätigte das in der Auffassung, daß monolinguale Kinder ihr passives Wissen durch die Anwendung im Spiel aktivieren können.

Erika Woderich

»Kleidung«

Partnersprachlicher Unterricht an einer deutsch-russischen Europaschule

Aufgrund fehlender Arbeitsmaterialien sowie fehlender Handreichungen für den Sachkunde- und partnersprachlichen Unterricht war es für die ersten beiden Jahrgänge der Europa-Klassen an unserem Standort (deutsch-russisch) besonders schwierig, eine so anspruchsvolle Konzeption wie die der SESB zu realisieren. Also suchten wir, probierten verschiedene Varianten und erkannten alsbald die Notwendigkeit, unsere Unterrichtsvorstellungen durch abgestimmtes, aufeinander bezogenes Handeln in der Pädagogengruppe zu koordinieren (Planung).

Alsbald stellte sich die Erkenntnis ein, daß sich im vorfachlichen Unterricht Sachthemen in allen Bereichen wiederspiegeln, und daß der große Vorteil des bereichsübergreifenden Lernens für unsere Kinder darin besteht, das erworbene Wissen im Zusammenhang zu vertiefen und anwenden zu können. Aber die Antwort auf die Frage, wie alle Sachthemen unter diesem Aspekt zu organisieren und umzusetzen sind, konnten wir keinem methodischen Leitfaden entnehmen, nach geeigneten Lösungen mußten wir schon selber suchen. Aufgrund gemeinsamer Überlegungen mit meinem russischen Kollegen Sergej Afonin entstand die Idee, in der 3. Klasse aus einem der vorgegebenen Sachthemen ein umfangreiches, alle Bereiche erfassendes *Projekt* in Angriff zu nehmen. Bei unserer Planung für das 3. Schuljahr kamen wir übereinstimmend zu dem Ergebnis, daß nicht jedes der 12 Sachkunde-Themen, das in den Plan der SESB aufgenommen wurde, für die Erarbeitung eines Projektzusammenhanges in unserer Klasse geeignet ist. Unter Berücksichtigung der Neigungen und Interessen der Schüler entschieden wir uns für zwei Themen, die wir miteinander koppelten: *Kleidung und ihre Funktion* und *Umgang mit Medien.*

Das Projekt enthält Ideen und Übungsbeispiele aus den Bereichen Sachkunde, Partnersprache (Deutsch, Russisch), Muttersprache(Russisch, Deutsch), Bildende Kunst, Musik/Sport und Mathematik. In den aufgeführten Lernbereichen unterrichteten ausschließlich zwei Lehrer. Diese Tandembesetzung wirkte sich auf die Vorbereitung unseres Projekts sehr günstig aus. Es gelang uns über einen längeren Zeitraum, zu allen Lernbereichen Fäden zu knüpfen und Bezüge zwischen Lerninhalten herauszustellen. So sahen wir zum Beispiel nach der Behandlung des Themas *Wetterbeobachtungen* die Möglichkeit, über Thematisierung winterlicher Witterung zur Kleidung und ihrer Funktion überzugehen. Damit begann das Projekt, das wir in mehrere Miniprojekte untergliederten.

Kleidung und Wetter

In einer Sachkunde-Stunde wurden Antworten gesucht zu den folgenden Fragen:

- Wozu braucht man Kleidung?
- Welche Funktion hat sie?

Dazu wurde der bekannte Wortschatz aus der ersten und zweiten Klasse wiederholt; einige Kinder stellten sich mit ihrer Bekleidung vor und nach einer kurzen Wetterbeobachtung (der Blick aus dem Fenster) diskutierten wir darüber, ob alle Kinder der Witterung entsprechend angezogen waren.

Das Unterrichtsgespräch wurde in russischer Sprache geführt und im jeweiligen Muttersprachunterricht an Texten mit Hintergrundinformationen fortgesetzt. Dafür nutzten wir die Angebote in den Sprach- und Lesebüchern der Muttersprache.

Besonderes Augenmerk in der Partnersprache richteten wir auf eine Auswahl von Verben und Adjektiven. Für das Üben in der *Partnersprache* stand die Arbeit am Wortschatz »Kleidung« im Mittelpunkt.

Für die mündlichen Sprachübungen wurden verschiedene *Anschauungsmittel* (z. B. Puppenkleidung), Kataloge, Bild- und Wortkarten genutzt. Die Arbeit mit adaptierten *Lesetexten* ermöglichte zum einen die Kontrolle des Wortschatzes, zum anderen die Weiterentwicklung der Lesefähigkeiten. Die Aufgaben der verwendeten *Arbeitsblätter* enthielten unterschiedliche Schwierigkeitsgrade(z. B. Lies und male an! Male an und schneide aus! Unterstreiche alle Kleidungsstücke, die Du selbst besitzt! Ein Schrank voller Sachen, wähle aus!). So konnten auch »Seiteneinsteiger« Erfolgserlebnisse verbuchen.

Breiten Raum nahmen im Partnersprach-Unterricht Spiele mit Bild-

und Wortkarten ein. Sprachspiele, Rätsel und kreatives Gestalten waren ständig gekoppelt mit sprachpraktischen Übungen. In der ersten Unterrichtsphase bemühten wir uns, die Vermittlung und Festigung des Wortschatzes zum Thema *Kleidung* in den Vordergrund zu stellen. Alle weiteren Vorhaben waren dann in erster Linie handlungsorientiert und wurden von Sprachübungen in mündlicher und schriftlicher Form begleitet.

Insgesamt zielte das Projekt darauf ab, unter Einbeziehung aller Lernbereiche jeweils ein konkretes *Produkt* herzustellen (Collage, Werbeplakate, Kostüm, Kulturprogramm).

Mode und Kleidung

Schwerpunkte dieses Teilprojekts waren:

- das Vertrautmachen mit unterschiedlichen Stoffen, natürliche und synthetische Materialien; das Erarbeiten einer Wortschatzliste zu Materialien (Wolle, Baumwolle, Seide, Leder etc.). Dazu wurde das *Video Herstellung von Seide und Baumwolle* eingesetzt und im SK-Unterricht ausgewertet, erläutert und von den Schülern in einfachen Sätzen in russischer Sprache inhaltsgemäß wiedergegeben.
- Meine Lieblingsbekleidung (Verbindung Kunst-, Sachkunde- und Sprachunterricht)
  - eigene Kleidungsmodelle entwerfen;
  - Selbstporträts mit dieser Kleidung;
  - Tragequalitäten (z. B. mein Pullover ist aus Baumwolle. Er ist sehr bequem und pflegeleicht.)
  - Welche Kleidung ist z. B. für einen Wandertag im Winter/ Theaterbesuch geeignet?
  - Kleiderschrank, Schaufenster – Bild
- Einkaufsbummel; Einkaufsgespräche (Mathematik-Unterricht). Dazu wurden Preise erfragt, verglichen, Preisvorstellungen entwickelt; mit großen Geldbeträgen gerechnet, Geld gewechselt, Einkaufsbons überprüft; die schriftliche Addition geübt. Das Rechnen mit Kommazahlen ermöglichte die Fortsetzung unseres Themas im Mathematikunterricht. Situationsbedingte Sachaufgaben und Rechengeschichten erforderten das Verstehen und Anwenden des themenbezogenen Wortschatzes. Unterrichtsgegenstand war u. a. auch der sparsame Umgang mit dem verfügbaren Taschengeld.

Funktionen der Kleidung

Bei diesem Teilgebiet hatten wir viele Möglichkeiten, Partnerarbeit bzw. Gruppenarbeit zu entwickeln und lernbereichsübergreifend zu unterrichten. Im russisch durchgeführten Kunstunterricht wurden in Gruppenarbeit (jeweils zwei deutsch- und zwei russischsprachige Kinder) Collagen (als Ausstellungsstücke) angefertigt. Oberbegriffe, Zuordnungsübungen waren wiederum Gegenstand der Sprachübungen in der Partnersprache. So wurde zum Beispiel die Unterscheidung Kinder-, Damen- und Herrenbekleidung sowie Berufsbekleidung, sportliche Bekleidung, festliche Bekleidung thematisiert. Dazu wurden Mode-Collagen erarbeitet, und die Modelle in deutscher und in russischer Sprache beschriftet; die Collagen bildeten die materiale Grundlage für das Unterrichtsgespräch unter anderem zu Themenkreisen wie Kundenwerbung, Sonderangebote, Winterschlußverkauf etc.

Medien und Kleidung

Im Mittelpunkt dieser Teileinheit stand die *Werbung*. Die Aufgaben wurden so gestellt, daß die Interessen und Medienerfahrungen der Schüler berücksichtigt werden konnten. Einige hinreichend bekannte Werbeslogans wurden im Unterricht benutzt. Die Schüler stellten Werbeplakate her, arbeiteten in Gruppen und konnten eigene Ideen verwirklichen. Sie wetteiferten untereinander um die besten Lösungen, denn jede Gruppe wollte das beste Plakat machen. Das motivierte alle Kinder recht stark und führte zu lebhaften Gesprächen.

Im Anschluß daran schrieben die Schüler in der jeweiligen Partnersprache einen passenden Text. In diesem Zusammenhang entstand schließlich die Überlegung, für unsere Europa-Schule ein *Logo* zu entwickeln. Das war natürlich viel leichter gesagt als getan. Ideen waren gefragt, denn die einzelnen Elemente mußten signifikant sein, aufeinander abstimmbar und auch formal möglichst gut zueinander passen: *Berlin:* das Wappentier, der Bär; *Europaschule:* die Groß-Buchstaben des Kurzwortes SESB; *russischsprachiger Standort:* Die Matrjoschka als Sinnbild; ferner ein aufgeschlagenes Buch als Zeichen für eine Fibel (Lew Tolstoi erarbeitete die erste russische Kinderfibel). Die farbliche Gestaltung sollte den Landesfarben Deutschlands und Rußlands entsprechen. Im Unterricht wurde entworfen, diskutiert, verändert und wieder diskutiert, so lange bis alle Kinder mit dem Entwurf einverstanden waren.

Nun wurden Schablonen hergestellt; mit ihrer Hilfe konnte jeder Schüler ein T-Shirt mit dem neuen Logo der Schule bemalen. Dieses »Produkt« unserer gemeinsamen Arbeit sollte also über das Projekt hinaus wirksam werden, um auf diese Weise eine besondere motivierende Sinnstiftung zu erzeugen. In unserer Schule wollen wir zugleich die Tradition begründen, daß jeder Schulanfänger der Europaschule mit einem T-Shirt, auf dem das neue Logo aufgemalt ist, begrüßt wird.

Fasching

Im Sprachunterricht wurde die Faschingszeit (unser Projekt startete im Januar) in unseren Plan eingearbeitet. Unter dem Motto *Kleider machen Leute – Leute machen Kleider* gestalteten wir mehrere Stunden in der Partnersprache und bezogen den Schulfasching in die Projektarbeit ein. Es wurde gesungen (Mini-Playback-Show); Gedichte wurden gelernt und vorgetragen, und das möglichst genaue Beschreiben von Kostümen wurde geübt.

Schneiderwerkstatt

Unser Klassenraum verwandelte sich in eine Schneiderwerkstatt. Zum Spektrum der Tätigkeiten gehörten: Maßnehmen; Meter und Dezimeter in Zentimeter umwandeln, Schnittmuster herstellen, wobei Kenntnisse in Geometrie zu Flächen und Figuren aufgefrischt wurden; Rechnen und Zeichnen. Und endlich konnte man dann die ersten Konturen einer Weste aus schwarzem Leder erkennen. Unter unserer Anleitung nähten *alle* Schüler für sich selbst eine Weste. Sie waren begeistert bei der Sache, gaben nicht auf, obwohl sie natürlich merkten, daß der Umgang mit Nadel und Faden viel schwieriger war, als es den Anschein hatte. Wir hatten bereits an einem Projekttag im Dezember des (vergangenen) Schuljahres mit Unterstützung einer Mutter einen Duftbeutel genäht, dennoch bereitete es einigen Schülern erhebliche Probleme, die Westenteile zusammenzuheften. Das Nadelöhr erwies sich als zu klein. Der Faden war entweder zu lang oder zu kurz. Nicht nur die Jungen, auch die Mädchen hatten ihre Probleme. Aber niemand gab auf, denn das Ziel war ja noch nicht erreicht. Ein russisches Kind äußerte sich später wie folgt: »Am Anfang wußten ganz wenige Kinder, wie man mit einer Nadel umgehen muß. Aber die Kinder haben es nach einer Weile sehr schnell gelernt. Dann haben wir angefangen, Westen und Röcke zu nähen. Das hat ganz gut geklappt. Ich hätte das gern noch einmal gemacht!«

Im Zusammenhang dieses Teilprojekts behandelten wir auch ein Gedicht von Josef Guggenmos (*Nadel und Schere)* im Muttersprach- sowie im Partnersprachunterricht Deutsch. Es eignet sich besonders gut dazu, mit Sprachelementen zu spielen (Erkennen von Reimpaaren und Adjektiven). Im Mathematik-Unterricht überprüften wir, ob unsere Stoffvorräte noch so viel hergaben, um einen Rock für die Mädchen zu nähen. Also errechneten wir, wieviel Meter für die Westen verbraucht worden waren. Es stellte sich heraus, daß die neun Mädchen vom verbliebenen Stoffrest noch einen Rock nähen konnten. Die Jungen der Gruppe erwiesen sich als sehr hilfsbereit und freuten sich mit den Mädchen über das tolle Tanzkostüm.

Ein deutscher Schüler faßte das Erlebnis im nachhinein in die folgenden Worte: »Eines Tages in Sachkunde sagte Herr Afonin: ›Wir werden uns eine Weste nähen, weil wir einen Tanz vorführen.‹ Ein paar Tage später ging es los. Eltern hatten uns Leder geschenkt. Zuerst maßen wir uns, und dann schnitten wir passende Teile. Alle Kinder hatten Spaß an der Sache, denn Herr Afonin machte es sehr spannend. Seit der Sache konnte ich richtig nähen. Als die Westen fertig waren, haben die Mädchen noch Röcke genäht. Die Jungs haben natürlich geholfen. Als das alles fertig war, war es auch höchste Zeit, denn wir mußten ja noch den Tanz üben.«

Der *Tag der offenen Tür* bildete dann den abschließenden Höhepunkt unserer Projektarbeit des Schuljahres 1996/97. Die Kinder bereiteten dafür ein Programm vor, wählten die passende Musik (Hits des Sommers '96) nach ihren eigenen Vorstellungen selbständig aus und nutzten im Sportunterricht die »freien Minuten«, sich nach flotten Rhythmen zu bewegen.

Zusammenfassende Bemerkungen

Die Begeisterung und die Ausdauer der Kinder bei der Arbeit an diesem Projekt zeigte uns, daß die Zielvorstellungen des sehr komplex und aufwendig arrangierten Vorhabens aufgegangen waren. Von der ersten Unterrichtsstunde an haben die beteiligten Lehrer versucht, das kooperative Handeln in der Gruppe zu fördern. Dabei erwies es sich als ein besonderer Vorteil, daß unsere Gruppen der deutschsprachigen und russischsprachigen Kinder ausgeglichen besetzt sind. Jeder Schüler hatte auf diese Weise einen Partner in der jeweils anderen Sprache.

Während der Arbeit am Projekt stand von Beginn an der handlungsorientierte Unterricht im Mittelpunkt. Partnerschaftliches Handeln bestimmte die Atmosphäre im Unterricht, aber auch darüber hinaus. Die Kinder waren von Anfang an an der Organisation beteiligt und übernahmen selbständig die Verantwortung für bestimmte Detailaufgaben, indem sie sich in der Gruppe darüber verständigten: Wer macht was? Wann muß die Aufgabe erledigt sein? Wessen Mutti/Vati kann eventuell Unterstützung geben? usw.

So legten wir zum Beispiel gemeinsam fest: »Wir wollen nicht nur Nähen lernen, sondern dabei auch Russisch und Deutsch lernen«. Also *Learning by doing*! Und von den *Schülern* selbst wurde festgelegt, daß bei Arbeiten in der Gruppe, immer gemischte Gruppen, nur Russisch gesprochen werden darf, was freilich noch nicht in jeder Unterrichts- bzw. Handlungssituation eingehalten wurde.

Die Erfahrungen im dritten Schuljahr haben uns gezeigt. daß Kinder wesentlich konzentrierter und kreativer arbeiten, wenn sie sich mit dem zu behandelnden Sachthema identifizieren können. Aus meiner Sicht hat sich die projektbezogene Verbindung von ganzheitlichem, handlungsorientiertem und sozialem Lernen bewährt.

Vally Valbonesi, Bianca Manusch und Annette Roosen

Förderkonzept der Deutsch-Italienischen Grundschule Wolfsburg

Ein besonderes Merkmal der *Deutsch-Italienischen Grundschule Wolfsburg* (DIS) ist die im Vergleich zu anderen bilingualen Schulen (z. B. bilingualen Gymnasien) große Heterogenität, da sie Schülern jeder Leistungsstärke offensteht. Es ist daher nötig, eine kontinuierliche und intensive Förderung leistungsschwacher Schüler durch ein organisatorisch und inhaltlich klar ausgewiesenes Förderkonzept zu gewährleisten.

Das Förderkonzept ist in Zusammenarbeit mit dem Kollegium, der deutschen und der italienischen Schulaufsicht, des Schulelternrates sowie der wissenschaftlichen Begleitung entstanden. Es unterteilt sich in innere und äußere Differenzierungsmaßnahmen:

Innere Differenzierungsmaßnahmen	**Äußere Differenzierungsmaßnahmen**
Offene Anfangsphase	Offene Anfangsphase
Koordinierte Alphabetisierung	Eingangsphase im 1. Schuljahr
Sachunterricht	Förderunterricht Deutsch als Zweitsprache
Eingangsphase im 1. Schuljahr	Förderunterricht in Deutsch, Italienisch und Mathematik
	Kooperation mit der Sonderschule
	(Sportförderunterricht, Sprachheiltherapie, Förderdiagnostik)

Innere und äußere Differenzierungsmaßnahmen im Förderkonzept der DIS

Innere Differenzierungsmaßnahmen

Offene Anfangsphase

Die offene Anfangsphase findet täglich dreißig Minuten von 7.55–8.25 statt. Während dieser Zeit haben die Schüler die Möglichkeit zur Wochenplanarbeit und Freiarbeit. Durch die teilweise Doppelbesetzung in dieser Phase können lernschwache Kinder beraten, unterstützt und individuell integrativ gefördert werden. Darüberhinaus erfolgt eine individuelle Förderung durch das entsprechende didaktische Material, das in jedem Klassenraum vorhanden ist. Für dieses z. T. bilinguale Material wurde ein spezielles Ordungssystem für jeden Klassenraum entwickelt. So erhielt jedes Fach (Deutsch, Italienisch, Mathematik, Sachunterricht) eine Farbe zugeordnet und ein in der jeweiligen Farbe gekennzeichnetes Regal. Die Lernspiele, Karteien, Stöpsel- und Klammerkarten sind somit für die Kinder übersichtlich und fachgebunden sortiert. Besonders wichtig erscheint in dieser Phase der äußere Ordnungsrahmen. Mit den Kindern müssen Regeln festgelegt werden, die den Kindern Hilfen geben, weitgehend selbständig zu arbeiten. Diese wiederkehrenden Riten (z. B. Würdigung der Tätigkeiten der Kinder am Ende der Phase oder verabredete Ruhezeichen) dienen der Orientierung der Kinder und damit der ruhigen Einstimmung auf den Tag.

Koordinierte Alphabetisierung

Die koordinierte Alphabetisierung versteht sich als Experiment an der DIS mit folgenden Leitgedanken:

- Unterschiedliche Sprachkompetenzen im Sinne einer Dominanz einer Sprache bei gleichzeitigem unterschiedlichen Leistungsniveau innerhalb der Muttersprache
- Verbundenheit jeder Sprache mit den ihr eigenen emotionalen und psychologischen Elementen.
- Enge Zusammenarbeit der Kolleginnen (gemeinsame Planung der Erziehungsziele, gemeinsame Planung der unterrichtlichen Ziele, Absprachen bei Doppelbesetzung, Absprachen von Methoden und Medien, Flexibilität im Rollenverständnis).

Anfang des 1. Schuljahres wurden reichhaltig Übungen für die Entwicklung der Lernvoraussetzungen gemacht. Danach setzte die Arbeit des CVK-Lehrgangs ein. Schon sehr bald zeigte sich, daß dieser dem durch unterschiedliche Sprachkompetenzen bedingten große Leistungsgefälle nicht annähernd gerecht wurde. So war z. B. bei auditiven Zuordnungsübungen das Bildmaterial nicht eindeutig. Außerdem entsprach das Wortmaterial nicht der Erfahrungswelt der Kinder.

Auf einer Fortbildung im Herbst 1995 wurde uns die Anlauttabelle nach Reichen vorgestellt. Sie erschien uns als eine Möglichkeit, daß leistungsstarke Schüler sich weitgehend selbständig den Lese- und Schreiblernprozess aneignen. Gleichzeitig werden leistungsschwache Schüler durch auditive und visuelle Diskriminierungsübungen besonders gefördert. Die Anlauttabelle unterstützt das analytische und synthetische Lese- und Schreibverhalten. Bei der Benutzung der Tabelle von Reichen zeigte sich schnell, daß die Begriffe speziell für die italienischen Kinder nicht unmittelbar begreifbar waren. Vor allem hatten die verwandten Begriffe in der italienischen Sprache einen anderen Anlaut (z. B. Maus/topo). So beherrschte bspw. Silvia die richtige Anwendung der Zuordnung des Anlauts zum Bild, allerdings auf ihre Muttersprache bezogen.

Aus dieser Beobachtung wuchs die Idee, die Tabelle auf die spezielle Situation der DIS zu verändern. Es wurden Begriffe gesucht, deren Anlaut sowohl im Italienischen als auch im Deutschen identisch ist (z. B. muro/Mauer, leone/Löwe). Die Aufmerksamkeit der Schüler wurde auf die Analogie der beiden Sprachen konzentriert und jedes Kind übte in beiden Sprachen den gleichen Anlaut und Begriff. Darüber hinaus war es notwendig, die Divergenzen der beiden Sprachen zu berücksichtigen. Das Ergebnis dieser Überlegungen war die Erstellung von 2 Tabellen (eine für Italienisch und eine für Deutsch). Auf jeder Tabelle befinden sich 15 gemeinsame Bilder und Buchstaben sowie die Besonderheiten der einzelnen Sprachen (z. B. Phoneme, die typisch für eine Sprache sind oder Buchstaben, für die kein gemeinsames Bild gefunden werden konnte). Der Umgang mit der modifizierten Tabelle führte dazu, daß das italienische Curriculum überarbeitet werden mußte. So wurde bereits im 1. Schuljahr neben dem mündlichen Umgang mit der Sprache auch der schriftliche Sprachgebrauch eingeführt.

Die Kinder haben auf den Tabellen die gemeinsamen Elemente farblich markiert und sie für spielerische Vergleiche benutzt. Ihnen war es aber auch möglich, einfache italienische Wörter zu schreiben. Dabei wird der Buchstabe in Wörtern beider Sprachen geschult. Angestrebt wird in Zukunft die Einführung der Buchstaben in Doppelbesetzung nach folgender Systematik:

- Einführung mit einem Theaterstück (auf deutsch oder italienisch),
- Visuelle Differenzierung,

- Auditive Differenzierung,
- Motorische Übungen zum Buchstaben.

Am Ende der ersten Klasse sind die Kinder in der Lage, kleine Bücher herzustellen, in denen sie zu den gemeinsamen Buchstaben kleine Sätze in beiden Sprachen schreiben können. In der zweiten Klasse liegt der Schwerpunkt im Bewußtmachen der Unterschiede der beiden Sprachen hinsichtlich der Interferenzen zwischen Laut- und Schriftsprache (Anregung für die Erarbeitung der Materialien durch: Berger-Schermer/Harnisch 1990). Fehlerquellen könnten dabei sein: die Laute sind gleich, die Buchstaben anders; oder: die Buchstaben sind gleich, aber die Laute anders.

Es wurden mit den Kindern sprachliche Situationen auf spielerische Weise erarbeitet, in denen man gleiche Laute unterschiedlich schreibt oder in denen man gleich geschriebenen Buchstaben anders ausspricht. Wichtig hierbei war, jede Sprache als eigenständiges Gebilde nebeneinander zu akzeptieren, ohne daß eine von ihnen in den Schatten der anderen rutscht. Positives Ergebnis unserer bisherigen Erfahrungen mit der koordinierten Alphabetisierung ist, daß die Kinder die Sensibilität für den Umgang mit verschiedenen Sprachen und Kulturen entwickelt haben, besonders der Sprache und Kultur, in der sie leben.

Sachunterricht

Der Sachunterricht wird von der ersten Klasse an bilingual erteilt und ist bikulturell angelegt. Dafür wird er jeweils von einer italienischen und einer deutschen Lehrerin besetzt. Rücksicht ist auf die Kinder zu nehmen, die nur eine der beiden Sprachen altersentsprechend beherrschen. Sie werden sehr behutsam in der ihnen nicht oder nur eingeschränkt bekannten Sprache gefordert. Um Verständnisschwierigkeiten vorzubeugen, werden alle fachlichen Begriffe in einem speziell für die DIS entwickelten Curriculum im Sachunterricht in beiden Sprachen erarbeitet und schriftlich festgehalten. Zusätzlich wird großer Wert auf Mimik und Gestik der Lehrerin während Unterrichtsgesprächen gelegt, damit fachliche Zusammenhänge auch ohne gute fremdsprachliche Kompetenz verstanden werden. Themen des Sachunterrichts werden fürsorglich so ausgewählt, daß sie bikulturelle und handlungsorientierte Ansätze beinhalten. Durch die Doppelbesetzung ist im Sachunterricht während stiller Arbeitsphasen Zeit und Gelegenheit, sich um lernschwache Schüler zu kümmern. So erhalten die Kinder intensive Beratung und verbale wie non-verbale Unterstützung. Individuelle Förderung bekommen die Schüler durch das didaktische Material, das nach entsprechendem Leistungs- und Sprachstand entwickelt wurde. Das didaktische Material im Sachunterricht ist in 3 Gruppen gegliedert:

- einsprachiges Material (Spiele, Karteien, Aufgabenkarten sind entweder in deutscher oder in italienischer Sprache vorhanden);
- *bilinguales Material in Form von Übersetzungen* (Jeder Satz, jeder Begriff auf Karteien oder Spielen ist in beiden Sprachen in Form einer Übersetzung vorhanden);
- *kombinierte Materialien* (Aufgaben, Sätze werden nicht mehr übersetzt. So muß auf eine italienisch gestellte Frage auf Deutsch geantwortet werden).

Eingangsphase im ersten Schuljahr

In der ersten Klasse findet in der Zeit von den Sommerferien bis zu den Herbstferien kein Unterricht nach Stundenplan statt. Die Kinder sollen sich in ihrem neuen Lebensraum *Schule* über fachübergreifende Themen wie »Ich und die anderen« oder »In der Schule« orientieren. Beim Einüben erster Sozialverhaltensmuster, Arbeitsverhalten und Unterrichtsformen ermöglicht die Doppelbesetzung eine genaue Beobachtung und individuelle Betreuung von Kindern, die hier bereits Defizite und Schwierigkeiten erkennen lassen.

Äußere Differenzierungsmaßnahmen

Eingangsphase und offene Anfangsphase im ersten Schuljahr

Während der Eingangsphase im 1. Schuljahr und fortlaufend während der offenen Anfangsphase ergibt sich die Möglichkeit bei Doppelbesetzung, die Kinder einzeln oder in Kleingruppen aus dem Unterricht zu nehmen und individuell zu fördern. So wird versucht, die Schüler vorbereitend zu fördern oder aktuelle Defizite auszugleichen.

Förderunterricht in Deutsch als Zweitsprache
Förderunterricht in Deutsch, Italienisch und Mathematik

Parallel zum Unterricht findet einmal wöchentlich (in Kleingruppen oder einzeln) Förderunterricht in den Fächern Deutsch, Italienisch und Mathematik statt. Darüber hinaus unterrichtet eine zweisprachige Kollegin Deutsch als Zweitsprache einmal wöchentlich.

Kooperation mit der Sonderschule

Große Unterstützung bei der diagnostischen Arbeit erhalten wir von einem Kollegen der benachbarten Sonderschule, mit der uns seit Schuljahresbeginn ein Kooperationsvertrag verknüpft. Zweimal wöchentlich hat der Kollege in der Offenen Anfangsphase Kinder, die laut Schuleingangsuntersuchung oder Beobachtungen der Kolleginnen Defizite zeigten, einzeln oder in Kleingruppen getestet und geeignete Fördermaßnahmen mit den Kolleginnen erarbeitet. Darüber hinaus umfaßt der Kooperationsvertrag eine Sprachheilfördergruppe und eine Sportfördergruppe, die jeweils auch in der Offenen Anfangsphase stattfindet, so daß regulärer Unterricht nicht ausfällt.

Alle Fördermaßnahmen werden in Förderprotokollen dokumentiert. Zunächst werden für das zu fördernde Kind die Defizite in den jeweiligen Fächern notiert, ebenso wird das angestrebte Ziel der Fördermaßnahme formuliert. Erteilter Förderunterricht wird inhaltlich wie methodisch notiert. So ist eine Übersicht gewährleistet, mit der bei einem Lehrerwechsel nahtlos weitergearbeitet werden kann.

Bei aller Kritik an externen Fördergruppen halten wir es für unabdingbar, daß an der DIS gezielt Defizite aufgearbeitet und Inhalte vorbereitend erarbeitet werden. Die Schwierigkeiten können nicht allein durch innere Differenzierung – bei einer Klassenfrequenz von 28 Schüler und einer geringeren Wochenstundenzahl der Kernfächer als an anderen Schulen – ausgeglichen werden. Wir versuchen im Modul, die Unterrichtsinhalte während der äußeren Differenzierung abzustimmen, so daß die Förderkinder nicht den Anschluß verpassen.

Literatur

Berger-Schermer, M. / Harnisch, U., Materialien zur Rechtschreibung für zweisprachige Kinder im ersten und zweiten Schuljahr, Pädagogisches Zentrum Berlin 1990

Clausen, C.: Wochenplan und Freiarbeit, Braunschweig 1993

Reichen, J. u. a.: Lesen durch Schreiben, Hamburg 1985

Reichen, J.: Lesen durch Schreiben, Heft 1, Hamburg 1988

Riccó, A. / Sandfuchs, U.: Konzeption und Erfahrungen der deutsch-italienischen Grundschule in Wolfsburg, in: Bildung und Erziehung, März 1997

Sandfuchs, U.: Förderunterricht konkret, Bad Heilbrunn 1990

Europäische Dimension und Interkulturelle Erziehung

Michael Göhlich

Interkulturalität und Europäische Dimension als Europaschul-Bausteine

Einführung in die Thematik der nachfolgenden Beiträge

Wie hinsichtlich des Partnersprachlichen Unterrichts vor der Illusion eines quasi-naturwüchsigen Zweitspracherwerbs durch bloße Begegnung mit der zweiten Sprache zu warnen ist, so hinsichtlich Interkultureller Erziehung vor der Illusion einer automatisch-positiven Wirkung bloßen oder bloß folkloristisch aufbereiteten täglichen Zusammenseins von SchülerInnen und LehrerInnen aus unterschiedlichen Kulturen. Die Begriffs- und Konzeptionsgeschichte von der »Ausländerpädagogik« über »Interkulturelle Pädagogik« bis zu »Antirassistischer Pädagogik« zeugt von den Schwierigkeiten, diesem Aspekt der Lebenswirklichkeit pädagogisch zu entsprechen (vgl. Auernheimer [2]1996, Hamburger 1994).

In den Europaschulen kommen mit der Europäischen Dimension weitere Fragen hinzu. Dabei scheint die Aufgabe aus bildungspolitischer Sicht zunächst klar. Spätestens mit Maastricht 1992 in den Fokus bildungspolitischer und pädagogischer Aufmerksamkeit gerückt, wächst da etwas nicht nur wirtschaftlich, sondern zunehmend auch politisch zusammen. Das Bildungswesen soll mit zu dem Prozeß beitragen und muß mit ihm umgehen. Auf diesem Hintergrund (und sich z. B. auf die Entschließung des Rates und und der im Rat vereinigten Minister für das Bildungswesen zur europäischen Dimension im Bildungswesen von 1988, auf die KMK-Empfehlung »Europa im Unterricht« von 1990, auf den Artikel 126 des Maastrichter Vertrags von 1992 stützend) entstehen in den 90er Jahren in verschiedenen Bundesländern Versuche, diesem gesellschaftlichen Wandel durch Einrichtung bestimmter Schulprogramme zu entsprechen.

Nicht zuletzt das Berliner Institut für Lehrerfort- und -weiterbildung und Schulentwicklung hat, auch mit dem Ziel, die Konzeptbildung der Staatlichen Europaschule Berlin in dieser Hinsicht voranzubringen, Mitte der 90er Jahre mittels dreier Tagungen unter Federführung von Jörg Lehmann auf diese Entwicklung hingewiesen (BIL 1995 a, 1995 b,

1996). Neben eher im Sekundarbereich angesiedelten Schulkonzepten wie etwa Bayerns »Europäische Gymnasien« oder die vom Land Hessen als »Europaschulen« benannten Gesamtschulen wurden dort schon die auch im vorliegenden Buch skizzierten, schon seit den 50er Jahren als zwischenstaatliche Einrichtungen bestehenden »Europäischen Schulen« des Brüsseler Modells vorgestellt, die Vorschul-, Primar- und Sekundarbereich umfassen.

Daß selbst letztere sich in Fragen eines europäischen Curriculums und europäischer, interkultureller Lehr-Lernmaterialien eher bedeckt halten, vor allem aber, daß ihre langjährigen Erfahrungen von Verantwortlichen und MitarbeiterInnen anderer Grundschulen und des deutschen Schulwesens insgesamt kaum abgefragt werden, ist kein Zufall.

Die Gründe dafür liegen weniger in einzelnen SchulleiterInnen und LehrerInnen als vielmehr in der Institution Grundschule. In deren Geschichte wurzeln die einfach strukturierten, aber gerade deshalb besonders änderungsresistenten Hindernisse, die Zielen wie European Citizenship und ›Europa nicht als Festung zur Ausgrenzung anderer zu verstehen‹ (Knubbertz, 171) im Wege stehen: nationale Wissenskulturen, nationale Geschichtsbücher, nationbildende Schule. Die nachfolgenden Beiträge von Sandfuchs und Kodron gehen darauf ein. Deshalb werden hier nur wenige Argumente zu diesen Hindernissen ausgeführt.

Als heute zu überwindende Konzeptionen wirken nationalstaatlicher Homogenisierungsauftrag und idyllisierender Heimatbezug nach, die lange zum Selbstverständnis der Grundschule beigetragen haben. Duncker (1996, 13 f.) erinnert hier etwa an die im Zusammenhang einer nationalstaatlichen Erziehung in der wilhelminischen Zeit formulierte »Deutschbildung« und an den Erlaß von 1923, »daß jede Stunde eine deutsche Stunde sein solle«.

McLean (1993) weist in seinem auf die Möglichkeit eines Europäischen Curriculums abzielenden Vergleich nationaler Curricula auf die Verschiedenheit der nationalen Wissenskulturen hin. So ist in Frankreich die Tradition rationaler Erkenntnistheorien dominant, die im Werk Descartes und in den Enzyklopädien einen Höhepunkt hat. Folgerichtig wird in schulischen Curricula v. a. die Förderung systematischen Denkens betont. Die Fächer Mathematik und Philosophie haben einen hohen Stellenwert. Das individuelle, intuitive Lernen und Emotionen sind dagegen weniger wichtig, wie es auch wenig Raum für eine induktive, vom besonderen zum allgemeinen findende Arbeitsweisen gibt. In England und Wales hat Rationalität dagegen kein so hohes Ansehen. Mathematik wird in der dortigen Curriculumtradition eher als pragmatisch nützlich denn als intellektuell hilfreich wahrgenommen. Dagegen hat Ethik und damit verbunden die Förderung von Moral und Individualität wie auch die induktive Arbeitsweise einen hohen Stellenwert. Und dies sind nur zwei der vielen Wissenskulturen und Curriculumtraditionen in Europa.

Ein europäisches Curriculum muß also, selbst wenn es mittelfristig nur als fachspezifischer Zusatz nationale Curricula ergänzen soll, das Kunststück anstreben, nicht nur einzelne Inhalte von Unterrichtsfächern, sondern Kernelemente der Wissenskulturen curricular zu verknüpfen und aufeinander zu beziehen, ohne dabei einer der verschiedenen Traditionen zu einer klaren Dominanz zu verhelfen oder einen unkenntlichen Einheitsbrei zu fabrizieren. Wie schwierig die Umsetzung eines solchen interkulturellen europäischen Curriculums in unterrichtliche Praxis und entsprechende Lehr- und Lernmittel fällt, zeigen sowohl der problematisch verlaufene Versuch eines »Europäischen Geschichtsbuches« (vgl. den Beitrag von Kodron im vorliegenden Buch) als auch die Befunde zu »Europa im Schulbuch« (Pingel 1996).

Auch die Staatliche Europaschule Berlin ist in dieser Hinsicht in ihrem, allerdings sehr hohen, konzeptionellen Anspruch weiter als im schulischen Alltag ihrer Standorte. So sind die, von der Vorsitzenden ihrer Rahmenplankommission formulierten, pädagogischen Grundlagen zunächst als Postulat zu lesen: »Die vorliegenden curricularen Vorgaben müssen ergänzt und erweitert werden, um verstärkt europäische und mit den Sprachkombinationen verbundene multikulturelle Inhalte in den Unterricht aufzunehmen. Dafür sind fünf Projekttage und jährlich eine Projektwoche vorgesehen, die verstärkt europäische Inhalte und Ideen aufnehmen und diese in den Erlebnis- und Erfahrungshorizont der Kinder bringen. Ziel ist die Überwindung kultureller Grenzen, das Schaffen gemeinsamer Erfahrungen, um europäische Gemeinsamkeiten zu verstehen sowie Unterschiede zu respektieren.« (Sukopp, 10)

Trotz der Differenz zwischen Postulat und Schulwirklichkeit steht außer Frage, daß die Europaschulen sich um eine pädagogische Umsetzung dieses Anspruchs bemühen. Hierbei denke ich nicht vorrangig an die – Gefahren bloßer Folklore enthaltenden – interkulturellen Feiern zum Europatag, zu Weihnachten, als Mini-Olympiaden ausgerichtete Sporttage und ähnliches. Trotz ihrem vergleichsweise stärkeren interkulturell-pädagogischen Potential will ich auch die immerhin recht frühen (Ende 4. Klasse) Fahrten ins Partnersprachenland samt entsprechendem Kulturaustausch und die allerdings erst selten praktizierte inner-Berliner Begegnung zwischen zwei Europaklassen mit unterschiedlichen

Partnersprachkombinationen hier nur kurz erwähnen, da sie aus dem Schulalltag selbst, aus Unterricht und Curriculum herausfallen.

Hauptsächliche Aufmerksamkeit unter den verschiedenen Bemühungen der Europaschulen, Interkulturalität und Europäische Dimension in Schulpraxis umzusetzen, verdienen die in den Unterrichtsalltag eingebundenen interkulturellen Projekte. Zumindest in skizzierter Form bereits veröffentlicht (Doye 1997, 188) ist eine gemeinsam mit einem kabylischen Vater an einem deutsch-französischen Standort durchgeführte Unterrichtseinheit über »Die Kabylei«. Auch in Materialheften des Berliner Instituts für Lehrerfort- und weiterbildung wurden einige Projekte zumindest der Berliner Lehrerschaft zugänglich gemacht (z. B. Les pommes – Projekt Äpfel). Im vorliegenden Buch werden nun – neben dem Einblick in verschiedene Unterrichtsprojekte der beiden französisch-deutschen SESB (Héloury) – ein Briefpartnerschaftsprojekt der italienisch-deutschen SESB (Porrata-Jürs/Gaa) sowie ein Indianer- und Europa-Amerika-Projekt einer englisch-deutschen SESB (Turner) vorgestellt. Inwiefern und wie solche Europaschulbeispiele sowie die Europaschulen insgesamt die interkulturelle Erziehung an herkömmlichen Grundschulen stärken, sucht der die Diskussion um europäische Dimension und interkulturelle Erziehung im vorliegenden Buch abschließende Beitrag (Marburger) zu klären.

Literatur

Auernheimer, G.: Einführung in die interkulturelle Erziehung, Darmstadt ²1996

BIL (Red.: J. Lehmann): Schulen mit europäischem Profil, Berliner Institut für Lehrerfort- und weiterbildung 1995 a

BIL (Red.: J. Lehmann): Interkulturelle Erziehung in den großen Städten Europas, Berliner Institut für Lehrerfort- und weiterbildung 1995 b

BIL (Red.: J. Lehmann): Schulen mit europäischem Profil. Thema »Curriculum«, Berliner Institut für Lehrerfort- u. weiterbildung 1996

Doyé, P. u. a.: Untersuchung des zweisprachigen Unterrichts an der Staatlichen Europaschule Berlin, BIL 1996

Doyé, P.: Bilinguale Grundschulen, in: ZFF Bd. 8, 1997, H.2, S. 161–195

Duncker, L.: Die Öffnung der Grundschule für Europa, in: ders. (Hrsg.), Bildung in europäischer Sicht, Ulm 1996

Hamburger, F.: Pädagogik der Einwanderungsgesellschaft, Frankfurt/M 1994

Knubbertz, A.: Mehrsprachigkeit wird die Norm sein, in: Europa in der Schule 1995, 169–171

McLean, M.: Das europäische Curriculum, in: Schleicher, K. (Hg.), Zukunft der Bildung in Europa, Darmstadt 1993, 261–276

Pingel, F.: Europa im Schulbuch – Befunde und Perspektiven, in: BIL 1996, 12–19

Sukopp, I.: Pädagogische und grundschuldidaktische Grundlagen der SESB (Klasse 1–4), BIL 1996

Uwe Sandfuchs

Europäisches Bewußtsein als Erziehungsziel

Texte zu Erziehungszielen, insbesondere wenn es sich um weitgreifende und zugleich menschenfreundliche Ziele handelt, wie im vorliegenden Fall, werfen ein Problem auf. Erziehungsziele sind Sollensforderungen, die leicht in Gefahr geraten, sich im fernen Postulatenhimmel zu verlieren und praktisch folgenlos zu bleiben. Ich muß meinen tiefsitzenden Vorbehalt gegen die in diesem Zusammenhang gern gepflegte pädagogische Lyrik zunächst vortragen, weil mir die Diskrepanz zwischen pathetischer Feiertagspädagogik und realem politisch-pädagogischem Handeln zu schaffen macht. Die Beschwörung weitgreifender Zielformulierungen ist vor dem Hintergrund des Vergleiches von Sprechen und Handeln oftmals nicht mehr als eine Form beruflicher Selbsttäuschung von Pädagogen oder Bildungspolitikern. Wer interkulturell arbeitet, wird fast zwangsläufig zum Mißtrauen gegen Sonntagsreden erzogen.

Zudem: Die Unzulänglichkeiten des Einigungsprozesses verleiten eher zu polemischen Angriffen (vgl. Hotze 1985) oder zur Satire. Ein schönes Beispiel dafür hat unlängst Wolfram Siebeck in der »Zeit« vom 7. November 1997 vorgeführt. Unter der Überschrift »Angriff der Schoko-Mafia« schreibt er: »Sie geben nicht auf. Im Gegenteil, Brüssels Bürokraten versuchen immer wieder und immer heftiger, uns Verbrauchern das Schmecken abzugewöhnen. Vor Jahren schon wollten sie Rohmilchkäse verbieten. Das, gottlob, ist ihnen noch nicht gelungen. Aber Reinheitsgebote vom Bier bis zur Wurst haben sie abgeschafft, Handelsklassenbarrieren gegen nicht geklonte Obst- und Gemüsesorten errichtet, und die von Brüssel erlaubten Zusätze in Brot und Limonaden, in Babybrei und Pizza übersteigen den Lagerbestand jeder Apotheke. Sie fördern alles, was künstlich ist. Jetzt haben sie sich die Schokolade vorgenommen. Wäre dies eine normale Welt und nicht ein von Lobbyisten geführtes Tollhaus, könnte man erwarten, daß eine europäische Regelung geschaffen wird, welche die Qualität von Schokolade garantiert.«

Nun sagt die alltägliche Banalität noch nichts über die Bedeutung von Prozessen und die damit verbundenen Zielsetzungen. Deutlich wird jedoch: Ohne Klarheit der Ziele sind Zielverständigung und Zielorientierung unmöglich und können auch keine Ziele erreicht werden. Wer will, kann sich hier an Kant (1803) orientieren, der gemeint hat: »Ein Entwurf zu einer Theorie der Erziehung ist ein herrliches Ideal, und es schadet nichts, wenn wir auch nicht gleich imstande sind, es zu realisieren.«

Eine zweite Vorbemerkung ist nötig zu meiner Sichtweise. Ich bin Schulpädagoge, sehe also Erziehungsziele zuvörderst in schulischem Kontext. Das scheint mir bei dem hier zur Diskussion stehenden Ziel auch sinnvoll, denn: Erstens ist Schule die einzige Institution mit dem primären Zweck der Erziehung. Zweitens erfaßt Schule *alle* Menschen, genauer alle Kinder und Jugendlichen bestimmter Jahrgänge gleichsam zwangsweise per Schulpflicht. Sie ist daher auch *die* Institution einer interkulturellen Erziehung.

In diesem Sinne ist bereits der Beschluß der Kultusministerkonferenz vom Juni 1978 zum Thema Europa im Unterricht formuliert: »Für die Bundesrepublik Deutschland ist die europäische Einigung eine Aufgabe, die im Grundgesetz verankert ist. (...) Die Schule hat die Aufgabe, die Annäherung der europäischen Völker und Staaten und die Neuordnung ihrer Beziehungen im Wege der Gemeinschaftsbildung bewußt zu machen. Dadurch trägt die Schule dazu bei, daß in der heranwachsenden Generation ein Bewußtsein europäischer Zusammengehörigkeit entsteht...«

Historischer Rang dieses Ziels

Beim Nachdenken über das Erziehungsziel Europa müssen wir uns zunächst den historischen Rang dieses Zieles bewußt machen. Seit der Antike, bis in die Mitte unseres Jahrhunderts hat es eine Reihe von Versuchen gegeben, die europäischen Völker bzw. Territorien zu vereinen. Erziehung, Unterricht bzw. Schule waren daran beteiligt, oft instrumentalisiert für machtpolitische Interessen (vgl. Liedtke 1993).

Nun entsteht erstmals auf demokratischem Wege ein einheitlicher Wirtschaftsraum Europa mit freiem Waren-, Dienstleistungs- und Kapitalverkehr, mit voller Freizügigkeit für alle Bürger der Europäischen Union. Der weltpolitische Einfluß dieser Staatengruppe steigt ständig, und es wächst ihr dadurch neue (globale) Verantwortung zu. Innerhalb ihres Territorium nehmen die kulturellen Begegnungen erheblich zu, können intensiviert und erweitert werden. Neben diese Vorteile tritt das historisch vermittelte Wissen, die aus Kriegen, Völkermorden und Folgen atomarer Hochrüstung bitter bezogene Erfahrung, daß ein menschenwertes Überleben in dieser Welt dauerhaft nur möglich ist, wenn als Alternative zur europäischen Einigung nur die weiterreichende Utopie einer weltweiten Vereinigung gedacht und angestrebt wird.

Die Erziehung zu europäischem Bewußtsein ist mithin ein Erziehungsziel von hohem historischen Rang.

Anthropologische und gesellschaftliche Hindernisse

Der Mensch ist nicht von vornherein Weltbürger, er ist primär ein Kleingruppenwesen; gebunden an den menschlichen Kontakt Auge in Auge mit Familie, Freunden, wenigen Bekannten, Kollegen und anderen mehr; gebunden an einen überschaubaren als Heimat verstandenen Raum.

Beides prägt seine kulturelle Basispersönlichkeit und sein ethisches Handlungsrepertoire, das zunächst begrenzt ist auf eine Ethik im Nahhorizont (Schulz 1972). Kulturelles Neulernen und Umlernen fällt den Menschen schwer, sich in eine neue, zweite Heimat einzufinden, ist ebenfalls nicht leicht, auch das Handeln unter Maßgabe einer Ethik im Fernhorizont ist eine zusätzliche schwere Lernaufgabe.

Blicken wir uns um in Europa und in der Welt: Die Welt ist voller sozialer Ungerechtigkeit, Rassismus, Gewalt. Soziale, ethnische und kulturelle Unterdrückung gehören zum Alltag. Die Möglichkeiten der Gegenwirkung mit pädagogischen Mitteln sind eng begrenzt. Pädagogisches Handeln ist ein Dennoch-Handeln, das eingedenk seiner eng umgrenzten Möglichkeiten immer notwendig bleibt.

Nationale Engführung unserer Schulerziehung

»Der Kaiser ist ein lieber Mann, er wohnet in Berlin, und wär es nicht so weit von hier, so ging ich heut noch hin.« Dieses auf Wilhelm II. gemünzte Lied, das alle deutschen Schulkinder zu Beginn unseres Jahrhunderts lernten, zeigt: Unsere Vorstellungen von Erziehung und unsere Erziehungsinstitutionen, auch und vor allem die Schule, sind traditionell national geprägt, mehr und stärker als uns dies gemeinhin bewußt ist. Die nationale Egozentrik unserer Schulstrukturen, unserer Lehrpläne und Methoden, unserer praktischen und theoretischen Pädagogik ist historisch leicht zu erklären. Die moderne Schule des 19. und 20. Jahrhunderts und ihre pädagogische Theorie sind im und vom Nationalstaat entwickelt worden. Schule hat als staatliche Institution traditionell unter anderem die Aufgabe, die weltanschaulichen, also die religiösen und politischen, Auffassungen der jeweiligen Landesherren an die Landeskinder weiterzugeben, sie ihnen, wie es die zeitgenössische Metaphorik formuliert, in Herzen und Köpfe einzupflanzen.

So wird denn immer in nationaler Perspektive auf die Welt geblickt. Selbst wenn im Unterricht Weltgeschichte betrieben wird, geschieht dies doch immer in nationaler Sichtweise. Und wir wissen: Nationalgeschichte ist immer auch der Versuch einer Rechtfertigung, ja einer Glorifizierung nationalstaatlicher Einstellungen und Handlungsweisen, ein Versuch, der fast zwangsläufig zum Ausblenden oder zum Glattbügeln von historischer Realität führen muß (vgl. Oberndörfer 1989).

Alles in allem nimmt es also nicht wunder, wenn noch eine 1985 vorgelegte Analyse von Lehrplänen der Fächer Geschichte, Sozialkunde und Religion diesen die schon erwähnte nationale Egozentrik bescheinigt und den provokanten Titel trägt: »Ausländerfeindlichkeit *durch* Unterricht« (Göpfert 1985).

Ganz ähnlich hat in einer unlängst erschienenen Studie Ingrid Dietrich (1997) der Schule bescheinigt, sie sei nach wie vor eine an der dominanten Nationalkultur ausgerichtete Normierungsanstalt. Diese Einschätzung ist ein Ergebnis einer Untersuchung der Art und Weise des Umgangs mit ausländischen Schülern und ihren Eltern. Deren Mehrsprachigkeit und Multikulturalität wird ignoriert und weder zu Lernhilfen noch zur Bereicherung des Unterrichts hinreichend genutzt. Gogolin (1994) spricht daher vom monolingualen Habitus einer multilingualen Schule und auch eine von der Ausländerbeauftragten der Bundesregierung herausgegebene Studie (Mitteilungen 1997), die die Bildungs- und Ausbildungssituation ausländischer Kinder und Jugendliche unter der Frage »Integration oder Ausgrenzung?« abhandelt, kommt zu dem Ergebnis, daß die Integration ausländischer Schüler weit hinter den Notwendigkeiten und auch hinter den Möglichkeiten zurückbleibt. Die »Hausaufgabe Europa« (Liedtke 1993) liegt also in weiten Teilen noch vor uns.

Europäische Erziehung als Teil interkultureller Erziehung

Es macht nun gar keinen Sinn, die Abschottungsmentalität nationalistischer Schulkonzepte auf eine größere Region – nämlich Europa – zu übertragen, das Innen und das Außen neu und anders zu regeln, indem der gemeinsame ökonomische Vorteil und Nutzen als Meßlatte der Einschätzung des europäischen Gedankens dient, im übrigen aber alles beim Alten zu lassen. Wohin das führt, haben uns die europäischen Rassisten gezeigt und rechtzeitig ganz im Winde des Zeitgeistes eine »europäische Rasse« erfunden.

Das Erziehungsziel »europäisches Bewußtsein« ist sinnvoll nur als Element einer sich generell interkulturell verstehenden Allgemeinbildung. Eine solche Allgemeinbildung beschränkt Interkulturalität nicht auf jene Menschen, deren Regierungen auf Grund bestimmter politischer, ökonomischer oder fiskalischer Bedingungen der Europäischen Union angehören. Es sind vielmehr all jene einzubeziehen, die in großer Zahl *auch* in diesem Europa leben, seien sie aus Asien, aus Afrika oder sonst woher. Europäische Erziehung kann sich nie in der Union erschöpfen, sie muß immer über Europa hinausweisen.

Bedeutsamkeit regionaler Kulturen

Die Bestimmung des Menschen als eines auf überschaubare Gruppen und Territorien verwiesenen Wesens, das gleichwohl in globale Prozesse und Verantwortlichkeiten gestellt ist, gibt seinem Leben und seiner Erziehung eine eigentümliche Spannung. Europa kann nur als sinnvoll empfunden werden, wenn im Einigungsprozeß die Regionalkulturen – und vor allem die kleinen Sprachen – akzeptiert und gefördert werden.

Interkulturelle Erziehung hat den natürlichen Ethnozentrismus einzurechnen, die Vorstellung, die eigene Kultur sei die einzige sinnvolle Lebensform. Interkulturelle Erziehung kann uns lehren, daß jede Kultur – sieht und versteht man sie in ihrem historisch gesellschaftlichen Kontext – eine sinnvolle Lebensweise darstellt. In diesem Kontrast erst erfahren wir Reichtum und Grenzen der eigenen und jeder fremden Kultur. Mithin ist ein einheitliches europäisches Curriculum nicht denkbar. Vielmehr sind Umwelt bzw. Heimatbezug und Weltorientierung in eine sinnvolle Spannung zu setzen, denn Interkulturalität und Bezug zur Regionalkultur bedingen und ergänzen einander. Im übrigen wird eine Dauer- und Überthematisierung europäischer Themen ohnehin eher kontraproduktiv sein (vgl. Schirp 1992; Thürmann/Otten 1992).

Strategien der Verfolgung des Zieles »Europäisches Bewußtsein«

Interkulturelle Erziehungsziele werden im wesentlichen in drei Strategien verfolgt:

- Informieren, Aufklären
- Betroffenheit herstellen
- in Begegnungen lernen.

Jede dieser Strategien hat ihre Berechtigung und Notwendigkeit, aber auch ihre Grenzen. Darüber hinaus ist jede der Strategien auf die anderen verwiesen: Mitgefühl und Betroffenheit mit dem Schicksal eines Menschen oder einer Menschengruppe zum Beispiel vermittelt sich nicht nur literarisch, sondern nachdrücklicher und anschaulicher in persönlicher Begegnung. Umgekehrt ist Mitgefühl sehr viel tiefer gegründet, wenn die Kenntnis von Fakten und Zusammenhängen der Emotion eine kognitive Basis gibt.

Interkulturelle Schulerziehung muß daher die faktische Mulitkulturalität der Gesellschaft bzw. der Schule wie auch die faktische Mehrsprachigkeit ihrer Lerngruppen produktiv nutzen.

Sprache als Werkzeug interkulturellen Lernens

Interkulturelle Erziehung soll befähigen, multikulturelle Situationen mit Vernunft, Verständnis und Toleranz zu gestalten sowie fremden Menschen und deren Kultur aufgeschlossen, verständnisvoll und mit Respekt zu begegnen (vgl. Sandfuchs 1986; Nieke 1994). Das wichtigste Werkzeug dazu ist Sprache. Jede Sprache vermittelt dem der sie spricht, eine spezifische Sicht auf die Welt. So jedenfalls meinte Wilhelm von Humboldt, daß »jede Sprache das ganze Gewebe der Begriffe und die Vorstellungsweise eines Teils der Menschheit enthält« (Humboldt 1830–35/1969, S. 434).

So muß ein enger Zusammenhang angenommen werden zwischen einem sich entwickelnden »europäischen Bewußtsein« und der fremdsprachlichen Kompetenz. Daher hat in den letzten Jahren das fremdsprachliche Lernen eine völlig neue, höhere Bewertung erhalten. So lauten denn auch die Forderungen, es solle jeder mindestens eine, besser zwei, nach Möglichkeit drei Fremdsprachen sprechen und für Lehrer, so Lenzen (1994), gelte dies ohnehin. Die Europäische Union vertritt in ihrer Sprach- und Bildungspolitik zudem den Gedanken, das Monopol des Englischen als Lingua franca zu brechen und statt dessen die kleinen Sprachen, die Sprachen der Nachbarstaaten und die Migrantensprachen zu lernen. Leitlinien fremdsprachlichen Unterrichts sind: Eine Diversifizierung der zu lernenden Fremdsprachen mit einer Vielfalt möglicher Sprachkombinationen, einer qualitativen Intensivierung des Unterrichts hin zu Mehrsprachigkeit, die Verstärkung des Anwendungsbezuges in interkultureller Kommunikation und in fachlicher Verwendung (vgl. Bliesener u. a. 1994).

Aus all dem ergibt sich gleichsam zwangsläufig der nächste Schritt. Verbindet man diese Leitlinien fremdsprachlichen Unterrichts mit den grundlegenden Zielen und Strategien (Begegnung, Aufklärung, Mitgefühl, Einfühlung) interkultureller Erziehung, dann ist die Einrichtung bilingualer Schulen eine notwendige Konsequenz (vgl. Sandfuchs 1996).

Abschlußbemerkung

Jede pädagogische Zielsetzung kann verfehlt werden. Die »ungewollten Nebenwirkungen in der Erziehung« (Spranger) sind immer wirksam, so daß wir bisweilen das Gegenteil des Angestrebten erreichen. Diese Heteronomie der Zwecke, wie Wilhelm Wundt dies allgemein genannt hat, gilt in allen Lebensbereichen. So ist es richtig, wenn Bertold Brecht in der Dreigroschenoper eine seiner Figuren sagen läßt: »Ja, mach' nur einen Plan; sei nur ein großes Licht! Dann mach auch noch 'nen zweiten Plan, geh'n tun sie beide nicht.«

Vom Handeln allerdings soll uns diese Erkenntnis nicht abhalten. Das hat auch Imanuel Kant gemeint, der seinen eingangs zitierten Gedanken so fortführt: »Man muß nur nicht gleich die Idee für schimärisch halten und sie als einen schönen Traum verrufen, wenn auch Hindernisse bei ihrer Ausführung auftreten.« So meinte auch der Moralist und Pädagoge Erich Kästner seine lapidare Aufforderung: »Es gibt nichts Gutes, außer man tut es.«

Literatur

Bliesener, U./Christ, I./Kästner, H.: Zum Fremdsprachenunterricht in der Bundesrepublik Deutschland. Gegebenheiten und Vorschläge zur Weiterentwicklung. Gutachten im Auftrage des Schulausschusses der KMK. Bonn 1994

Dietrich, Ingrid: Voll integriert? Zuwanderer-Eltern berichten über Erfahrungen ihrer Kinder mit Schule in Deutschland, Baltmannsweiler 1997

Europa im Unterricht. Beschluß der Kultusministerkonferenz vom 8. 60. 1978 i.d.F. vom 7. 12. 1990, Bonn 1990

Gogolin, Ingrid: Der monolinguale Habitus der multilingualen Schule. Münster 1994

Göpfert, Hans: Ausländerfeindlichkeit durch Unterricht, Düsseldorf 1985

Hotze, Harald: Skandal Europa. Die europäische Gemeinschaft oder: Wie sich eine Idee zu Tode subventioniert, Frankfurt am Main 1985

Humboldt, W.v.: Über die Verschiedenheit des menschlichen Sprachbaues und ihren Einfluß auf die geistige Entwicklung des Menschengeschlechts (1830–35), in: ders., Werke in fünf Bänden, hrsg.v. A. Flitner u. K. Giel, Bd. 3, Darmstadt [3]1969

Kant, Imanuel: Über Pädagogik (1803). In: Ders.: Die drei Kritiken in ihrem Zusammenhang mit dem Gesamtwerk, Stuttgart 1969

Lenzen, Dieter: Bildung und Erziehung für Europa? In: Zf Päd.,32. Beiheft, 1994, S. 31–48

Liedtke, M. (Hg.): Hausaufgabe Europa. Schulen zwischen Regionalismus und Internationalismus, Bad Heilbrunn 1993

Mickel, Wolfgang W.: Der Begriff der »europäischen Dimension« im Unterricht. Theoretische Begründungsversuche und Probleme. In: Politik und Zeitgeschichte, Beilage Das Parlament 12. 10. 1984

Mitteilungen der Beauftragten der Bundesregierung für die Belange der Ausländer: Integration oder Ausgrenzung? Zur Bildungs- und Ausbildungssituation von Jugendlichen ausländischer Herkunft, Nr. 7, Bonn 1997

Nieke, Wolfgang: Interkulturelle Bildung als unerläßlicher Bestandteil von Allgemeinbildung. Notwendigkeit eines vernünftigen Umgangs mit den Wir-Identitäten. In: Luchtenberg, Sigrid/Nieke, Wolfgang (Hg.): Interkulturelle Pädagogik und europäische Dimension. Herausforderungen für Bildungssystem und Erziehungswissenschaft, Münster/New York: Waxmann 1994

Oberndörfer, Dieter: Der Nationalstaat – ein Hindernis für das dauerhafte Zusammenleben mit ethnischen Minderheiten? In: Zeitschrift für Ausländerrecht 1/1989, S. 3–13

Sandfuchs, Uwe: Umrisse einer Interkulturellen Erziehung. In: Die Neue Gesellschaft/Frankfurter Hefte 12/1986, S. 1147–1153

Sandfuchs, Uwe: Ausländische Kinder in der Grundschule. In: Grundschule 10/1989, S. 10–13

Sandfuchs, Uwe: Bilinguale Erziehung in der Grundschule. In: Wissenschaftliche Zeitschrift der Technischen Universität Dresden 2/1996, S. 17–22

Schirp, Heinz: Konturen für ein europäisches Curriculum. In: Pädagogisches Forum 2/1992, S. 61–63

Schulz, Walter: Philosophie in der veränderten Welt, Pfullingen 1972
Thürmann, Eike/Otten, Edgar: Begegnung mit Sprachen in der Grundschule und interkulturelle Erziehung. In: Pädagogik und Schule in Ost und West 4/1992, S. 220 ff.

Christoph Kodron

Erziehung für Europa als Herausforderung an politisches Denken und pädagogisches Handeln – mit curricularen Überlegungen

Eine Erziehung zu Europa ist ohne interkulturelles Lernen undenkbar. Es stellt sich jedoch nicht unbedingt spontan ein.[1] Es bedarf einer aufgeklärten, systematischen Auseinandersetzung mit den auftretenden Schwierigkeiten und Fragen. In diesem Interesse werden seit den achtziger Jahren Forschungsprojekte und Fortbildungen in der außerschulischen Jugenderziehung institutionalisiert. Schwerer aber hat es die Schule, handelt es sich doch um eine gesellschaftliche, staatliche Institution, deren Besuch nicht mit dem Gefühl von ›Freiwilligkeit‹ und ›eigener Wahl‹ verbunden ist. Die Vermutung liegt nahe, daß die Aufnahme von Kindern aus unterschiedlichen Ländern, Sprachgruppen und Kulturen in die deutschen Schulen, insbesondere seit den sechziger Jahren, dazu führte, interkulturelles Lernen und die Schaffung der dafür notwendigen Voraussetzungen umfassend in die Lehreraus- und -fortbildung einzubeziehen. In den verpflichtenden Ausbildungsteilen aber vermißt man immer noch Angebote zu ›interkulturellem Lernen‹, zu ›Europa‹ und zu den aus dem europäischen Einigungsprozeß erwachsenden pädagogischen Herausforderungen.

Grundlage für die Beschäftigung mit der *Erziehung für Europa* ist die Beschreibung der zentralen Fragen und Probleme der Erziehung *in* Europa. Eine solche Beschreibung wurde bis heute nicht ausreichend geleistet, bedauerlicherweise wird oftmals nur von dem subjektiv-beschränkten Erfahrungshorizont ausgegangen. Eine Beschreibung der Erziehung in Europa halte ich dann für grundlegend, wenn man sich dabei an dem Prozeß des wachsenden Europas orientiert: Erziehung zu ›Europa im Werden‹. Das Werden Europas wird somit zu einem gesellschaftlich zu gestaltenden Prozeß, an dem alle Bürger teilhaben müssen, auch altein-

1 Sogar dann nicht, wenn Jugendliche freiwillig an internationalen Jugendbegegnungen teilnehmen, vgl. Breitenbach 1979, insbesondere Bd. 5.

gesessene Minderheiten und Einwanderer und Migranten der Mitgliedsstaaten.

Wandel des Europabildes

Der rapide Wandel Europas, der Wandel der Durchlässigkeit der Grenzen, kann in der individuellen Biographie nachvollzogen werden. Meine Reisen als Schüler und Student sind in meinem damaligen Paß dokumentiert, auch einige Visa sind darunter, sogar in meinem damaligen Personalausweis finden sich Einreisestempel. Für mich waren diese Grenzerlebnisse prägende Erfahrung. Daher ist mir gerade der Versöhnungsgedanke mit unseren Nachbarn wichtiges Ziel, zumal ich selbst noch erlitten habe, daß mir als Deutscher im Ausland der Zutritt zur Jugendherberge verweigert wurde.

Es war mir allerdings nicht möglich, diese Grenzerlebnisse meinen Kindern zu vermitteln. Ihre einzigen diesbezüglichen Erlebnisse beziehen sich auf die DDR-Grenze, die Übergänge in Berlin. Ansonsten sind die Grenzen für sie unsichtbar und damit unwichtig geworden. Auch ein Visa-Antrag Wochen, Monate vor der Reise ist ihnen unbekannt. Gegen den EURO wenden sie sich, indem sie sagen, daß »das doch interessant und lustig mit den anderen Währungen ist; soll denn alles überall gleich werden?« Das Ziel eines friedlichen, verständnisvollen Zusammenlebens in Europa ist für sie ohne eigenen Erfahrungswert und wird deshalb auch nicht als wichtiges Ziel erkannt.

Eine erfolgreiche Erziehung in und für Europa kann es nur geben, wenn davon ausgegangen wird, was Europa für unsere heutige Jugend bedeutet, was sie damit verbindet, welche Erfahrungen von ›Grenze‹ und ›Begrenzung‹ sie haben oder nicht haben, welche Chancen und Möglichkeiten sie in der europäischen Entwicklung sehen oder nicht sehen. An welches Europa denken die Schüler und Jugendlichen? Wo beginnt Europa, wo endet es, warum gehören manche Länder und Kulturen dazu und andere nicht? Warum lernen Schüler i.d.R. mehr über Geschichte und Verfassung der USA als über die wachsende Einigung Europas, die Entstehung der europäischen Institutionen und die Europäische Konvention zum Schutze der Menschenrechte und Grundfreiheiten vom 4. 11. 1950?

Auch wir müssen uns fragen: Was wissen wir selbst über Europa? Was können wir beschreiben, wo zeigen sich weiße Flecken und warum? Was wissen wir über Erziehung und Schule in Europa, bei unseren unmittelbaren Nachbarn, im großen Europa?

Noch nachteiliger als das oft fehlende Wissen wirken sich die unzureichenden Informationsmöglichkeiten vor Ort aus:

- In den Hochschulen, die für die fachliche Ausbildung der Lehrer zuständig sind, findet sich in den Bibliotheken meist mehr Literatur zum Bildungswesen des untergegangenen Preußens, als über Schule und Bildung in Europa.
- In den Ausbildungsseminaren der Lehrer wie auch in den Fortbildungsinstitutionen sieht es noch schlechter aus. Selbst wo aktuelle Fachliteratur vorhanden ist, haben die Themen ›Interkulturelles Lernen‹ und ›Bildung zu Europa‹ Seltenheitswert.
- In den Schulen beschränken sich die vorhandenen Informationsquellen meistens auf kostenlos zu erhaltendes Material der Bundes- oder Landeszentrale für Politische Bildung, seltener das der Informationsdienste der EU.

Erziehung zu Europa als radikal neues Ziel für die Staatsschule

Erziehung zu Europa ist nicht ein zusätzliches, neu hinzugekommenes Ziel für die Schule wie z. B. ›Medienerziehung‹ oder ›Umwelterziehung‹. Erziehung zu Europa impliziert einen radikalen Richtungswechsel der Schule in Form und Inhalt. Das Schulwesen war ein hervorragendes Mittel, um den Nationalstaat zu bauen. Die in der Zeit seiner Entstehung betriebene Vereinheitlichung wirkt bis heute: Die Tradition, das national Einheitliche zu betonen, wird zur Denkstruktur; dies durch die Betonung nationaler und das Weglassen nicht-nationaler Ereignisse, Personen und Fakten. In der Volksschule sollte dem Volk ein einheitlicher Wertekanon, ein einheitliches, dem jeweiligen Land zugeschnittenes Geschichtsbild, eine einheitliche standardisierte Sprache, teils auch einheitliche Religion vermittelt werden. Der schulische Kampf gegen alles Abweichende, sei es Sprache, Dialekt, Minderheitenkulturen, Regionalismus, auch Religion ist fast allen Ländern gemeinsam: Schulische Bildung als Bildung zum Nationalstaat ist historisch gesehen immer Vereinheitlichung nach innen![2]

Der Nationalstaat schuf Strukturen, Vorgehensweisen, Prüfungsmodalitäten und Zertifizierungen. Darin zeigen sich Abschottungstenden-

2 Im Vergleich zu anderen Ländern, z. B. Frankreich, kaschiert der deutsche Regionalismus diese Einheitlichkeit. In Deutschland gab es nur in den Jahren des Nationalsozialismus ein vereinheitlichtes Bildungswesen; trotzdem sind die gemeinsamen Werte und Grundstrukturen deutlich.

zen nach außen besonders deutlich. Dies wird überdeutlich in den Grenzregionen, in denen kirchliche, kulturelle und wirtschaftliche Verbindungen bestanden und eine sprachliche Verständigung über gemeinsame Dialekte und Zwei- oder Mehrsprachigkeit, verbreitet war. Schulische Bildung und Erziehung zum nationalen Bürger bedeutet tendenziell auch heute noch Vereinheitlichung nach innen und Abschottung nach außen.

Angesichts dieser Tatsache ist damit zu rechnen, daß Absichten und Maßnahmen, die auf eine Zulassung oder gar Förderung von Vielfalt im Inneren und Öffnung nach außen, zu den Nachbarn, zielen, auf elementaren Widerstand stoßen.

Bildung für Europa ist Öffnung zu den Nachbarn und Vielfalt nach Innen

Zu Recht stellen der Europarat, die EU und auch die Kultusministerkonferenz fest, daß die Vielfalt des historischen, sprachlichen und kulturellen Erbes die Eigenart und den Reichtum Europas ausmachen. Ich halte diese Vielfalt zudem für ein Gut, auf das wir stolz sein können und dessen bewußte Pflege politisch unabdingbar ist, wenn der europäische Einigungsprozeß erfolgreich und nachhaltig friedlich verlaufen soll. Bildung zu Europa, das auf seine Sprachen und Kulturen stolz ist, kann daher nur Öffnung nach außen und Akzeptanz, ja ›Pflege der Vielfalt‹ nach Innen bedeuten. Die traditionellen nationalstaatlichen und abschottenden Definitionsmuster müssen überwunden werden.

Die Freizügigkeit für Personen, also die Förderung der Mobilität der Menschen, eines der Kernziele der Europäischen Union, muß sich in einer entsprechenden Erziehung, einer Bildung zu Europa, niederschlagen. Die Schule kann mit Kindern, die sich der Europäischen Unionsbürgerschaft erfreuen, nicht mehr so umgehen, wie sie bei uns mit Kindern von ›Gastarbeitern‹, in den Nachbarländern mit Kindern von Zuwanderern aus den Kolonien umging. Weder die ›Europäischen Schulen‹ der EU, noch die internationalen Schulen, auch nicht die verstärkt entstehenden nationalen (Privat-)Schulen können wirkliche Abhilfe schaffen. Insbesondere in Rücksicht auf die kleineren Länder, Sprachen und Kulturen kann eine Abhilfe letztlich nur darin bestehen, daß jede Schule sich zu jenen Schülern anderer Muttersprache und Herkunft öffnet. Hierfür muß es natürlich ein gemeinsames Kerncurriculum für alle Schüler geben, darüber hinaus müssen Sprache und Kultur des Herkunftslandes eines Kindes Berücksichtigung und positive Bewertung finden.

Öffnung und Vielfalt durch Zusammenarbeit mit ausländischen Schulen

Wenn es nicht zu einer ›Festung Europa‹, einem Europäischen Nationalstaat kommen soll, sind Öffnung und Vielfalt in der organisatorischen Struktur des Bildungswesen und einem mehrperspektivischen Unterricht unabdingbar. Pädagogisch müßte die Öffnung nach außen auch als Öffnung nach innen begriffen werden: Das Fremde im Eigenen aushalten und das Eigene im Fremden entdecken ist ein erfolgversprechender Ansatz!

Ein einheitliches, allen gemeinsames europäisches Curriculum kann dabei keine Lösung sein. Dies hat die wichtige Initiative zur Erarbeitung eines ›Europäischen Geschichtsbuches‹ gezeigt, das in verschiedene Sprachen übersetzt wurde und für die unterschiedlichen nationalen Schulen gedacht war (in deutsch: *Europäisches Geschichtsbuch, Geschichtliches Unterrichtswerk für die Sekundarstufe I und II,* Stuttgart 1992). Dieses Buch, erstellt von zwölf renommierten Schulbuchautoren verschiedener Länder, zog trotz seiner großen Verdienste auch Kritik auf sich. Wenn wir von dem Vorwurf einer Beschränkung auf die Geschichte Europas absehen, kristallisieren sich zwei Hauptkritikpunkte heraus:

- Die in den einzelnen Staaten übliche nationalzentristische Sichtweise wird durch eine eurozentristische Sicht ersetzt. Es wird also versucht, eine einheitliche, ›richtige‹ europäische Geschichte zu schreiben. Schmerzlich fehlt eine multiperspektivische Sichtweise, die die reiche europäische Geschichte erfordern würde, wenn man gegenseitiges Verstehen und Verständnis für die traditionell, national und kulturell unterschiedlichen Interpretationen des gleichen Ereignisses (z. B. der Reformation) oder einer Person (z. B. Napoleon) fördern möchte.
- Entgegen dem eigenen Anspruch, ein gemeinsames, europäisches Geschichtsbuch vorzulegen, unterscheiden sich die verschiedensprachigen Ausgaben erheblich voneinander. M.E. kann dies nur überwunden werden, wenn multiperspektivische Sichtweisen und damit unterschiedliche Interpretationsmöglichkeiten als didaktisches Prinzip bewußt aufgenommen werden. In jeder Sprache liegen in den Begrifflichkeiten bereits Interpretationen, emotionale Färbungen u. ä. Die Völkerwanderung bspw. ist im Deutschen ein eher positiver Begriff, zudem Wandern etwas Gutes, Erbauliches, Gesundes ist. In den romanischen Kulturen und Sprachen hingegen wird

von der ›Invasion der Barbaren‹ (frz.: ›invasion des barbares‹) gesprochen, eine eher negative Formulierung.

Gerade diese legitimen unterschiedlichen Sichtweisen gälte es zu zeigen, oder, methodisch besser, die Schüler entdecken zu lassen. Hierzu eignen sich verschiedene Formen partnerschaftlichen Lernens und insbesondere eine themen- oder fachzentrierte Zusammenarbeit mit Schulen und Schülern im Ausland, die die verschiedenen kulturellen Aspekte einbezieht.

Alle müssen die Chance der Zusammenarbeit und des Austausches erhalten

Die Europäische Union hat 370 Millionen Einwohner in ihren fünfzehn Mitgliedsstaaten. Vertraglich gesichert sind elf formal gleichberechtigte Amtssprachen. Weitere 40 Sprachen genießen eine besondere Förderung als Sprachen alteingesessener territorialer Minderheiten. Sie werden regional auch als schulische Unterrichtssprachen genutzt. Während in der Europäischen Kommission Französisch traditionell dominiert, ist Englisch in der Bevölkerung weiter verbreitet. Englisch ist in den nicht-englischsprachigen Ländern die mit Abstand weitverbreitetste erste Fremdsprache in den Schulen Europas, wenngleich nur rund 57 Millionen Menschen Englisch zur Muttersprache haben. Englisch ist auch außerhalb Europas die wichtigste ›lingua franca‹, genügt aber meist nur für kurze formale Kontakte. Kultureller Austausch jedoch ist nur über direkten sprachlichen Austausch möglich.

Damit ist ein Problem deutlich: Die Gleichberechtigung erfordert, daß alle Sprachen und Kulturen eine Chance zum Austausch mit allen anderen Kulturen in Europa erhalten. Dies bedeutet, daß pädagogische Zusammenarbeit auch mit ihren Schulen und Bildungseinrichtungen erfolgt. Dies ist aber nur arbeitsteilig denkbar und sinnvoll, nicht jeder kann mehr als ein oder zwei Fremdsprachen lernen. Es ist sinnvoll, diesen Austausch bereits in der Schule zu beginnen, zudem, da englischsprachige Schulen beim besten Willen die Nachfrage nicht befriedigen können, wenn entsprechend der Tradition nur an Austausch mit Muttersprachlern gedacht wird, um durch ihn eine Verstärkung der Motivation und eine Sprachenverbesserung der Zielsprache zu erreichen. Tatsächlich zeigt die Praxis, daß gerade der Austausch und die Zusammenarbeit insbesondere mit Schülern und Schulen kleiner Sprachgruppen i.d.R.

einfacher und ertragreicher ist, selbst dann, wenn z. B. Englisch als Verständigungsmittel genutzt wird.

Deutsch ist in Europa in einer komfortablen Situation, da es viele Sprecher und auch eine wirtschaftliche Potenz hinter sich hat. Aber in kleineren Ländern mit weniger verbreiteten Sprachen entwickeln sich deutliche Ängste, insbesondere, wenn diese Sprachen als Fremdsprachen im schulischen Angebot anderer, selbst benachbarter Länder weitgehend fehlen. Da diese Ängste zu Separatismus, ja blutigen Auseinandersetzungen führen können, zeigt sich die dringende Notwendigkeit, auch kleinere Sprachen und Kulturen bei dem modernen Fremdsprachenangebot im Curriculum zu berücksichtigen.

Zu curricularen Entscheidungen sollten Nachbarn gehört werden

Die Entscheidung, was in der Schule gelernt werden soll, kann – wenn Europa zusammenwachsen und langfristig in innerem Frieden leben soll – nicht mehr allein aus nationalstaatlicher Perspektive getroffen werden. Diese Aufgabe (wörtlich zu nehmen im Sinne von Aufgeben, Ablösen) der nationalstaatlichen Perspektivität als zentralem curricularen Anliegen ist eine große und vielschichtige Herausforderung. Ein föderales Bildungssystem wie dasjenige der Bundesrepublik Deutschland hat gegenüber zentralstaatlichen Systemen deutliche Vorteile. Die Spielräume innerhalb eines Landes, insbesondere für Grenzregionen, sind dennoch zu gering, um lokalen, grenzüberschreitenden Initiativen und Bedürfnissen angemessen Raum geben zu können, wie z. B. der Sprache des Nachbarn Priorität einzuräumen. Insbesondere in Ballungszentren, die einen hohen Anteil zugewanderter Bevölkerung aufweisen, erfordert die von der EU geförderte Freizügigkeit, daß Schule auch diesen Bevölkerungsanteilen eine Bildung anbietet, die Sprache und Kultur der Herkunftregion angemessen berücksichtigt und fördert. Die Ermunterung und Unterstützung dezentraler Bildungsinitiativen entsprechender Bevölkerungsgruppen ist ebenso förderlich wie der Einbezug von Vertretern dieser Sprachen und Kulturen in Schule und Unterricht.

Die staatlich bis in Einzelheiten gelenkte Schule scheint generell den modernen Erfordernissen nicht mehr gerecht zu werden. Den aus der lokalen oder regionalen Bevölkerung oder der Wirtschaft kommenden Wünschen und Bedürfnissen gilt es, mehr Raum zu geben. Wie sehr es daran noch mangelt, ist gerade in Grenzregionen schmerzlich spürbar. Im Sprachenbereich stellt sich besonders die Frage nach der Fremdsprachenfolge und den dafür notwendigen Entscheidungsprinzipien. Bei curricularen Entscheidungen erscheint Mehrperspektivität notwendig, wie bspw. die Betonung lokaler, regionaler und auch wirtschaftlicher Aspekte gegenüber europäischen oder globalen.

Im Sinne einer besseren gegenseitigen Verständigung ist die gemeinsame Aufarbeitung der Geschichte notwendig, sei es in einem regionalen Zusammenhang, z. B. im Länderdreieck Saarland, Lothringen und Luxemburg, sei es im Sinne von Nationalgeschichten. Ich erinnere nur an die wegweisenden Arbeiten der Deutsch-Polnischen oder auch der Deutsch-Französischen Schulbuchkommissionen.

Die sich heute abzeichnenden Tendenzen einer Vereinheitlichung weisen wenig Dialog oder Verständigung auf. Dies zeigt bspw. die ›Third International Mathematic and Science Study‹ (TIMSS). In ihrer Folge ist in Deutschland ein politischer Druck hin zu einem einheitlicheren Mathematikcurriculum spürbar. Dies ist m. E. problematisch, da in der TIMSS-Studie nur das bewertet wird, was gemessen werden kann. Nicht-meßbares fällt fast automatisch aus dem Bewertungsspektrum. So bleiben die unterschiedlichen Bedingungen, die wir in Europa finden, unberücksichtigt. Schüler in Katalonien z. B. müssen Katalanisch und Spanisch lernen, ehe die erste Fremdsprache unterrichtet wird. Luxemburger Kinder werden zunächst in Luxemburgisch unterrichtet, dann in Deutsch, schließlich in Französisch, die erste Fremdsprache dann ist Englisch.

Gemeinsame Diskussion aller Bildungsverantwortlichen

Aus soziologischer Perspektive haben wir keine europäische Gesellschaft. Aufgrund der Sprachbarrieren wird diese auch in Zukunft schwer zu erreichen sein und einen breiten Meinungsaustausch und eine Organisation von Interessen über traditionelle Staats- und Sprachgrenzen sehr erschweren. Es fehlen länder- und sprachübergreifende Organisationen, Vereine, Parteien, Gewerkschaften, wofür mehr Fremdsprachenkenntnisse Voraussetzung wären. Dennoch setzt eine Erziehung für Europa Dialog und Zusammenarbeit mit Kolleginnen und Kollegen aus anderen Ländern voraus. Hierbei ist eine breite Zieldiskussion wichtig, die auch die Frage nach zentralen Werten wie Demokratie und Menschenrechte und ihre Stellung in Europa nicht ausklammert. Zentral hierbei: Nicht nur *über* Europa zu reden, sondern *mit allen Europäern* zu sprechen. Dies sind alle, die in Europa dauerhaft leben! Ein solcher

Dialog, aus dem erst die wirkliche Erziehung zu Europa erwachsen müßte, sollte auf verschiedenen Ebenen geführt werden:

- im Rahmen der universitären Bezugsdisziplinen von Fächern,
- im Rahmen der zuständigen Behörden für Schule und Bildung,
- im Rahmen von Lehreraus- und -fortbildung,
- zwischen Schulen, Lehrern und Schülern selbst.

Ein wichtiger Fortschritt wäre, die Weiterpflege einer Fremdsprache (nicht nur Englisch), besser noch das Erlernen einer weiteren Fremdsprache für jede Lehrerausbildung vorzusehen. Fortbildungskonzepte müßten verwirklicht werden, die schon vom Fortbildungsteam bzw. von der Anlage her europäische Dimension und Mehrperspektivität aufweisen. Auch wenn es bereits gute Konzepte gibt, sind sie noch viel zu wenig in die Fortbildungs- oder in die Erstausbildungspraxis einbezogen.

Lassen Sie Europa zu unserem Europa, zu einem Europa der Bildung werden

Lassen Sie Europa auch zu unserer eigenen Aufgabe werden. Die europäische Idee ist für unser aller Zukunft zu wichtig, als sie nur Politikern und Wirtschaftsmanagern zu überlassen. Auch sollten wir uns auf kein ›natürliches‹ Zusammenwachsen verlassen. Europa braucht eine Vision von Bildung. Auch Deutschland hätte sich im letzten Jahrhundert nicht gegründet ohne das Engagement von Schriftstellern und anderer an Bildung interessierter und engagierter Menschen – nicht zuletzt der Lehrer. Die neue Herausforderung des sich vereinigenden Europas stellt sich allen, die im Bildungsbereich tätig sind und somit Verantwortung haben: Erziehungswissenschaftler, Fachwissenschaftler der Lehreraus- und -fortbildung, Lehrer und Schulleiter, aber auch Bildungsverwalter und nicht zuletzt Bildungspolitiker. In den Dialog um eine Erziehung in, zu und für Europa sollte dabei

- die globale Entwicklung einbezogen,
- die nationalen Bezüge und Traditionen wichtig genommen und
- die regionalen und lokalen Besonderheiten nicht vergessen werden.

Nur mit dem Engagement der Pädagogen und auf der Grundlage des gemeinsamen Zieles eines demokratischen Europas, in dem sich alle

Bürger wiederfinden und erkennen, kann das große, geschichtlich neue Werk Europa gelingen!

Literatur

Alix, Ch.: ›Pakt mit der Fremdheit?‹, Interkulturelles Lernen als dialogisches Lernen in internationaler Schulkooperation, Frankfurt/Main 1990

Beernaert, Y. / Dijck, H. v. / Sander, Th.: Die Europäische Dimension der Lehrerbildung, Brüssel/Osnabrück 1994

Bender-Szymanski, D.: Interkulturelles Lernen und Diskrepanz, in: Zeitschrift für Politische Psychologie 4 (1996) 3 und 4, S. 273–300

Breitenbach, D. (Hrsg.): Kommunikationsbarrieren in der internationalen Jugendarbeit, Saarbrücken 1979, insb. Bd. 5, Ergebnisse und Empfehlungen

Europa im Unterricht: Beschluß der Kultusministerkonferenz vom 8. 60. 1978 i.d.F. vom 7. 12. 1990

Europäisches Geschichtsbuch: Geschichtliches Unterrichtwerk für die Sekundarstufe I und II, Stuttgart u. a. 1992

Finkelstaedt, Th. / Schröder, K.: Sprachschranken statt Zollschranken? Grundlegung einer Fremdsprachenpolitik für das Europa von morgen, Essen 1992

Interkulturelle Bildung und Erziehung in der Schule: Beschluß der Kultusministerkonferenz vom 25. 10. 1996

Kodron, Ch. / Döbrich, P.: Interkulturelles Lernen in internationalen Jugendbegegnungen, ein Projekt zur Mitarbeiterfortbildung, INTERAGLA-Dokumentation 11, Frankfurt/M 1986

Kodron, Ch. / Oomen-Welke, I. (Hrsg.): Teaching Europe in multicultural society / Enseigner l'Europe dans nos sociétés multiculturelles. Freibung im Breisgau 1995, insb. S. 19–22

Krüger-Potratz, M.: Ein Blick in die Geschichte ausländischer Schüler und Schülerinnen in deutschen Schulen, in: Vergleichende Erziehungswissenschaft, Herausforderung, Vermittlung, Praxis, Bd. 2, Köln 1997, S. 656–672

›Kulturraum Europa‹: Lernen für Europa, Neue Horizonte der Pädagogik, Bundeszentrale für Politische Bildung, Bonn 1994

Mißler, B. / Wolff, D.: Bibliographie zum partnerschaftlichen Lernen, in: Die neuen Fremdsprachen 92, 4/1993, S. 412–424

Ritzen, J.: Bildungskooperation in Grenzregionen – Impulse für eine kontinuierliche europäische Entwicklung, in: Zeitschrift für internationale erziehungs- und sozialwissenschaftliche Forschung 12/1995, S. 203–217

Teaching for excanges, aims and ways of teacher-training, Straßburg (Council of Europe) 1993

Michèle Héloury

»Europäische Dimension« und »Eine-Welt-Pädagogik« an der Staatlichen Europaschule Berlin

Lernziele im Bereich der *Europäischen Dimension* gehören schon länger zu den Curricula mancher Bundesländer, allerdings meist bezogen auf die Sekundarstufe.[3] Ziel der pädagogischen Arbeit ist, »in den jungen Menschen das Bewußtsein einer europäischen Identität zu wecken« (KMK 1990, S. 5).

In diesem Interesse setzt die Staatliche Europaschule Berlin (SESB) bereits im Primarbereich an. Der Berliner Senat sieht sie als vorausschauendes Schulangebot, in dem Berliner Schüler auf die Welt von morgen vorbereitet werden, einem Europa der offenen Grenzen, denn »Toleranz auf der Basis von Kennen und Können als Leitziel der Staatlichen Europaschule Berlin dient einer friedlichen und produktiven Zusammenarbeit in Europa« (Senat für Schule, Jugend und Sport Berlin 1993). Die SESB kommt somit dem Bestreben der Kultusministerkonferenz entgegen, *Eine-Welt/Dritte-Welt-Pädagogik* in Unterricht und Schule zu verankern (KMK 1997). Für Völkerverständigung und Friedensfähigkeit soll hierbei die Bedeutung von Gerechtigkeit, Solidarität und Toleranz gegenüber anderen Kulturen gefestigt, eurozentristische Perspektiven vermieden werden. Durch eine kindgerechte Einführung in die Lebenswelt von Kindern in Entwicklungsländern, in ihre Umwelt, Spiele und Familiensituation, soll ein erstes Verständnis für die verschiedenen Lebensweisen der Menschen gefördert werden. Im Unterricht sollen dabei nicht nur andere Realitäten kennengelernt werden, sondern ebenfalls die gegenseitige Abhängigkeit von Nord und Süd und die Möglichkeit, hier etwas zu verändern, bewußt gemacht werden.

Auf welchem Weg wird in der SESB die *Europäische Dimension* in diesem Sinne verfolgt?

---

3 Vgl. Landesinstitut für Schule und Weiterbildung (Soest, Nordrhein-Westfalen) 1992 und Ministerium für Bildung und Kultur (Rheinland-Pfalz) 1991.

- Frühzeitige Begegnung (bereits in der Vorklasse) mit einer europäischen Partnersprache: Der Sprache als Kulturträger kommt große Bedeutung zu, wenngleich sie nicht per se für das Leben in einer multikulturellen Gesellschaft befähigt.
- Gemeinsames Lernen von deutschen und nicht-deutschen Schülern: Verständnis für unterschiedliche kulturelle Traditionen und Konventionen wird geschaffen, ›Anders-Sein‹ wird zu Normalität.
- Wissen um andere Kulturen, Erleben anderer Sitten und Bräuche: Lernen, daß Kulturen zwar verschieden, aber gleichwertig sind.
- Fragestellungen, die außerhalb des eher folkloristisch-erdkundlich orientierten Zuganges stehen: Sitten und Bräuche werden nicht als isolierte Einzelmanifestationen, sondern in der Gesamtheit kultureller Gegebenheiten betrachtet.
- Multikulturelle Aufgeschlossenheit, die die eigene kulturelle Identität wahrt.

Die Gesellschaften der europäischen Länder sind fast ausnahmslos multi-kulturell. Dieser Tatbestand spiegelt sich in der SESB wieder. In den Schulen ist nicht nur Europa, sondern die Welt alltäglich gegenwärtig. So kommen in der Judith-Kerr-Grundschule, einem der französischen Standorte, die Kinder aus 9 europäischen und 38 außereuropäischen Ländern. Die *Europäische Dimension* stellt somit nicht nur den Bezug zu den europäischen, sondern ebenfalls zu den außereuropäischen Ländern und Kulturen aller Kinder, die bei uns leben, her.

Methodik und Inhalte des Unterrichts

Im Primarbereich wird die *Europäische Dimension* dort einbezogen, wo der Erlebnis- und Erfahrungshorizont dies erlaubt, bzw. wo neue Erfahrungsfelder eröffnet werden können. Eine lebendige, handlungsorientierte Begegnung mit anderen Kulturen steht im Mittelpunkt. Der Blick auf sie wird auf spielerische und kreative Art erweitert: Spiele und Märchen, Geschichten, Reime und Gedichte der Partnerkulturgemeinschaften werden zum Unterrichtsgegenstand gemacht, ihre Sitten und Traditionen, die das Jahr strukturieren, erlebt. Die kulturellen Potentiale aller Beteiligten (Kinder, Eltern, Erzieher, Lehrer) werden in das Unterrichtsgeschehen einbezogen, Sachkundethemen erhalten eine human-geographische Dimension, Wechselwirkungen in der Völkergemeinschaft werden betrachtet. Somit kann das »Bewußtsein einer gemeinsamen Verantwortung« (KMK 1997) gestärkt werden.

Im folgenden werden Beispiele gegeben, die zeigen, wie die Ebene des *Lernens für die eine Welt* erreicht werden kann. Sie stammen aus den französischen Standorten der SESB (Judith-Kerr-Grundschule und Märkische Grundschule).[4]

Sitten, Traditionen, Bräuche

Den Kindern soll die Möglichkeit gegeben werden, andere Feste und Sitten mitzuerleben und mitzufeiern und dabei zu lernen, diese als eventuell *anders aber gleichwertig* zu respektieren. Im Laufe eines Jahres werden Traditionen, Rituale und Feste zum Unterrichtsgegenstand gemacht. Es geht hierbei nicht um Folklore, sondern darum, den Stellenwert der Traditionen in der Gesamtheit der Kultur aufzuzeigen (vgl. Sarter, 122).[5]

Nehmen wir als Beispiel den 6. Januar, den ›Drei-Königstag‹. An diesem Tag wird, je nachdem, ein Bohnenkuchen oder eine ›galette‹ gegessen, Sternsinger klopfen an die Tür, Büroangestellte feiern zusammen und an den französischen Standorten des SESB findet ein Fest mit den Eltern statt. Der vorchristliche Ursprung des Brauches sind die Saturnalien, bei denen der Eintagskönig Narrenfreiheit erhielt. Die mittelalterliche Symbolik sah in den drei Königen Vertreter der damals bekannten Erdteile Asien, Europa und Afrika, sowie der drei Lebensalter. Kaspar, der jüngste der drei Könige, ist bis heute Vorbild des Kasperles im Puppentheater. Bei den ›Rois Mages‹ in Frankreich geht es – seit Napoleon – um geselliges Beisammensein, darum, sich mit Mitschülern, Arbeitskollegen, Gemeindemitgliedern zu treffen und den Bohnenkuchen zu teilen. Wer die Bohne entdeckt, wird der König und hat an dem Tag Narrenfreiheit. Gefeiert wird einer der wenigen freien Tage, die die arbeitenden Kinder der vorindustriellen Gesellschaft hatten. In verschiedenen Teilen Deutschlands und u. a. in Berlin-Reinickendorf wird das Sternsingen gepflegt, wobei der Sammelertrag in Kinderprojekte in Entwicklungs-

---

4 An dieser Stelle sei den Kolleginnen Marie-Reine Collas-Viehbacher, Chantal Darb-Esphahani, Lysiane Overkott, Christane Pecek und Martine Woick für ihr großes Engagement gedankt.

5 Ein ›Interkultureller Kalender‹ mit Begleitbroschüre ist zu beziehen bei der Regionalen Arbeitsstelle für Ausländerfragen, Schumannstr. 5, 10117 Berlin. Ein kommentierter ›Interkultureller Festkalender‹ erscheint in regelmäßigen Abständen in dem vom Berliner Institut für Lehrerfort- und weiterbildung herausgegebenen SCHILFblatt.

ländern fließt. In dem didaktischen SESB-Baustein *Une tradition populaire: La galette* (Overkott/Héloury 1996) wird gezeigt, wie beide Sitten in der Schule behandelt werden können. Es geht dabei um Geselligkeit, darum, die Eltern in das Schulleben miteinzubeziehen und nicht zuletzt um die Fähigkeit und Bereitschaft, Fragen zu stellen und Empathie aufzubringen.

Gemeinsame Aktivitäten der SESB's

An den Staatlichen Europaschulen Berlins sollen pro Schuljahr fünf Projekttage (in Blöcken organisierbar) und eine Projektwoche am Ende jedes Schuljahres stattfinden (Drucksache 12/2731 des Berliner Abgeordnetenhauses). Diese gemeinsamen Aktivitäten aller am Schulversuch beteiligten Schulen dienen der Verstärkung der *Europäischen Dimension*. Dies gilt aus praktischen Erwägungen allerdings erst ab der dritten Klasse. Gemeinsame Aktivitäten aller am Schulversuch beteiligten Schulen würde die Kinder der ersten und zweiten Klassen überfordern. Hingegen sind gemeinsame Aktivitäten der Kinder dieser Klassen mit gleicher Partnersprachenkombination wünschenswert, beispielsweise eine Führung durch die jeweilige Schule, Vorbereitung einer gemeinsamen Mahlzeit, Arbeit in den jeweiligen Schulgärten, Vor- und Nachbereitung eines gemeinsamen Theaterspieles oder -besuches, Treffen mit einem Schriftsteller des Partnerlandes, Vor- und Nachbereitung eines gemeinsamen Besuchs im Bildungs- und Aktionszentrum ›Dritte Welt e. V.‹ usw. Letztlich geht es darum, daß die Kinder andere Kinder erleben, die so wie sie in zwei, drei Sprachen und Kulturen leben. Dies dient auch der Stärkung der eigenen kulturellen Identität.

Ab der 3. Klasse sind gemeinsame Aktivitäten mit Kindern aus anderen sprachlichen Standorten zu empfehlen. Hier können die Kinder Sitten bzw. Lebensgewohnheiten aus den anderen Ländern erleben, indem sie z. B. Tee mit Pirochok an einem russischen, breakfast an einem englischen Standort erhalten, mit Franzosen den Namenstag oder mit den Engländern Halloween feiern.

Geographische Dimension bei der Behandlung von Sachkundethemen

Die SESB ist Teil der Berliner Schule. Sie unterliegt den Rahmenplänen der Teilbereiche des vorfachlichen Unterrichts. Sachkundliche Themen werden im Klassenverband in der nicht-deutschen Partnersprache erteilt. Partnersprachunterricht und Sachunterricht bilden didaktisch eine Einheit, wobei Themen der Sachkunde im Zentrum einer lernbereichsübergreifenden Planung und Gestaltung des Unterrichts stehen sollen. Wird z. B. eine Einheit über Ernährung, Großstadt oder Kleidung durchgenommen, so liegt es auf der Hand, Vergleiche zwischen deutschen und anderen anthropo-geographischen Verhältnissen zu ziehen: Wie ziehen sich die Leute dort an, welches sind die klimatischen Verhältnisse, was wächst in dieser Gegend?[6]

Einbezug des kulturellen Potentials der Klasse

Das multikulturelle Potential einer Europaschulklasse ist sehr hoch einzuschätzen. Kinder und Eltern aus außer-europäischen Ländern, die in Europa leben, erfahren vielfach ihre Sprache und ihre Kultur als minderwertig. Bei den beiden im folgenden vorgestellten Projekten ging es nicht zuletzt darum, den Erfahrungsbereich der Kinder (und der Eltern) zu erweitern und die jeweiligen Herkunfts-Kulturen aufzuwerten.

- Dreimonatiges Buchprojekt »*Mon Pays, Dein Land, Unsere Welt*« (1. Klasse): Für jede der in der Klasse vertretenen Kulturen stand ein Tag zur Verfügung, an dem die Eltern aus den vier in der Klasse vertretenen Kontinenten ihre Länder und Traditionen in der Klasse vorstellen konnten. Die Vorträge wurden mit Bildern, Spielzeugen, Videos und Geschichten bereichert, es wurde erzählt, gespielt, gesungen, gezeichnet, gekocht und gebacken. Bei der Nachbereitung kommentierten die Kinder die Bilder, sie illustrierten die Geschichten und zeichneten traditionelle Gegenstände. Ergänzende Informationen wurden von der Lehrerin gegeben. Die Ergebnisse sind in dem großen Buch »*Mon Pays, Dein Land, Unsere Welt*« zusammengetragen. Das Buch zählt zum Bestandteil der Klassenbibliothek und wird gern in den freien Arbeitsphasen gelesen und gezeigt.
- Einmonatiges Projekt »*Thème de recherche: Le pain – rôle, tradition, histoire/s, recettes*« (4. Klasse): Hier ging es um die kulturübergreifende Rolle des Brotes bzw. des Getreides im Alltag (Ernährung/Hunger), bei Ritualen (das Brot wird geteilt und gemeinsam gegessen) und in den Religionen (Hostie, Matzoth). Indem die Schüler Eltern und Verwandte interviewten, wurden Traditionen aus den Ursprungsländern (5 europäischen, 5 afrikanischen und einem asia-

6 Eine für Grundschulkinder umgesetzte Darstellung der Sitten und Lebensgewohnheiten in den verschiedenen Kontinenten und Ländern findet man in: Spier 1980

tischen) und ihren Religionen bzw. Konfessionen (jüdische, katholische und protestantische) erforscht und in Form von Kurzreferaten der Klasse vorgestellt. Auch die historische Dimension konnte miteinbezogen werden, da zwei Schüler Griechenland und Ägypten vorstellten. Die Symbolik des Brotes als Grundnahrungsmittel, das geteilt und gemeinsam gegessen wird, eine Dimension, die in verschiedenen Kulturen und Religionen eine wichtige Rolle spielt, haben die Kinder selber erlebt: Bei dem Abgabe- und Vortragstermin der Referate haben sie mit Fladenbroten die Zeremonie der Teilung des Brotes durchgeführt. Am ersten Schultag nach den Herbstferien feierten sie so ihr Wiedertreffen. Die Arbeitsergebnisse der Kinder wurden in einem Buch zusammengetragen, das jeder zusammen mit seinem Zeugnis bekam.

Erhaltung der Lebensgrundlagen für Menschen und Umwelt

Ein möglichst frühzeitiger Einbezug der *Eine-Welt/Dritte Welt-Pädagogik* in das unterrichtliche Geschehen ist sinnvoll und erfolgreich. Neben der Stärkung der empathischen Einstellungen gegenüber Menschen anderer Kulturen können auch komplexe Zusammmenhänge erschlossen werden. Bei der Behandlung von Problemen der globalen Ökologie darf den jungen Menschen allerdings nicht der Mut zu ihrer Zukunft genommen werden. Reale Wege müssen aufgezeigt werden, die auch mit persönlichem Einsatz verbunden sind: »Hoffnung und Zuversicht sind wesentliche Unterrichtselemente« (KMK 1997, S. 16).

In dem Unterrichtsprojekt einer 4. Klasse wurde der kulturell gesteckte Rahmen der Klasse überwunden. Das Interesse richtet sich nicht mehr auf die Ursprungsländer der Kinder, sondern wegweisend auf die »Schaffung menschenwürdiger Lebensbedingungen und die Bewahrung der Umwelt in allen Ländern dieser Welt,« und somit auf die Stärkung des »Bewußtseins einer gemeinsamen Verantwortung« (KMK 1997, S. 11 f.): Im Anschluß an die Unterrichtseinheit »Zootiere« (Berliner Rahmenplan für die vierte Klasse), bei der die Naturräume, die Lebensbedingungen und die Nahrungskette eine wichtige Rolle spielen, überlegten die Kinder, wie sie sich persönlich im Bereich Natur- und Tierschutz einsetzen und ihre Umgebung beeinflussen könnten. Ergebnisse waren Werbeplakate mit Empfehlungen für den Alltag: Umgang mit Jagd, Waldrodung, Verwendung von Tierpelzen in der Modeindustrie, Umweltbelastung.

Anforderungsprofil der SESB-Lehrer

Einer gezielten und strukturierten Lehrerfortbildung käme im Hinblick auf die SESB ein besonderes Gewicht zu. Sie wird leider auf ein striktes Minimum reduziert: »Pro Lehrer stehen für die Laufzeit des Schulversuchs 2 Stunden/Woche Ermäßigung für erhöhten Innovationsaufwand in den SV-Klassen zur Verfügung. Jeder Lehrer, der *erstmalig* (bei voller Stundenzahl in der SESB) eine SESB-Jahrgangsstufe unterrichtet, erhält 2 Stunden/Woche Ermäßigung für Fortbildung und Materialentwicklung.« (Abgeordnetenhaus von Berlin 1993, S. 3)

Das Anforderungsprofil der SESB-Lehrer umfaßt jedoch mehrere Essentials:

- Sehr gute Kompetenz im Grundschulbereich: d. h. in der Lage zu sein, vernetztes Lernen und Binnendifferenzierung zu organisieren und Eigenverantwortung anzubahnen.
- Gute Kompetenz in der Partnersprache: d. h. in der Lage sein, Äußerungen der Schüler in der Partnersprache global zu verstehen, positive und negative Interferenzen wahrzunehmen; die Kinder müssen erfahren, daß auch die Lehrer sich darum bemühen, die Partnersprache zu erlernen.
- Sprachwissenschaftliche Kompetenz.
- Umfangreiche landeskundliche Kenntnisse, worunter für die französischsprachigen Standorte beispielsweise nicht nur die kulturellen Erscheinungen Frankreichs, sondern auch die der frankophonen Welt fallen.
- Erfahrungen im Bereich des interkulturellen Lernens.

Im Zusammenhang von *Europäischer Dimension/Eine-Welt-Pädagogik* interessieren insbesondere die letzten beiden Punkte. Allein die tägliche interkulturelle Begegnung reicht nicht aus, um unsere eigenkulturell geprägten kognitiven und affektiven Wahrnehmungsfilter zu durchbrechen. Erst langsam wird in das Fremdsprachenlehrerstudium neben der landeskundlichen Kenntnis interkulturelles Lernen einbezogen. In diesem Interesse formuliert Meißner (S. 197 ff.) mehrere ausbildungsrelevante Orientierungspunkte für Französischlehrer. Folgende von ihm genannten Ziele lassen sich in leicht veränderter Form auf die Europaschullehrer (hier bezogen auf die französischen Standorte) übertragen:

- Die Fähigkeit, die eigene Gesellschaft nicht als einheitliches nationales Gebilde wahrzunehmen, sondern in ihrer kulturellen und sozialen Pluralität.

- Die Fähigkeit, Frankreich durch die Brille der Franzosen zu betrachten und dies den Lernern zu vermitteln.
- Die Fähigkeit zu Empathie, ohne in pathetischen Moralismus zu verfallen; bloße Toleranz reicht nicht aus.
- Die Bereitschaft, das eurozentristische Weltbild in Frage zu stellen.
- Die Kompetenz zu einer »europäischen Interkulturalität« (Raasch) vermitteln, was bedeutet, »in mindestens zwei europäischen Kulturen so zu Hause zu sein, daß die Persönlichkeitsentfaltung nicht im engen Rahmen von ausschließlich einzelkulturellen Schemen erfolgt« (Meißner S. 198).

Eingangs wurde die Gefahr des Eurozentrismus erwähnt. Mit Heidemarie Sarter (1997, S. 124–125) möchte ich vor einer weiteren Gefahr warnen: Den Kindern eine heile Welt anzubieten und gleichzeitig ein utopisches und Probleme beseitigendes Europa vorzuspielen hieße, die Kinder zur Ausklammerung von Problemen zu führen. Dies ginge zu Lasten von Kritikfähigkeit und Reflexionsvermögen. Erziehungsziel bleibt die Bildung eines kritisch und reflektiert handelnden Menschen, dessen individuelle Selbstverantwortung gefordert ist und der somit befähigt wird, in der *Einen Welt* zu leben.

Literatur

Abgeordnetenhaus von Berlin: Mitteilung – zur Kenntnisnahme – über Erweiterung des Angebots der Staatlichen Europa-Schule Berlin (SESB) mit Beginn des Schuljahres 1993/94, Drucksache 12/2731, 16. April 1993

Darb-Esphahani, Ch.: Zootiere, Märkische Grundschule Reinickendorf, Berlin 1997

Héloury, M. / Feilcke, E. M.: Staatliche Europa-Schule Berlin. In zwei Sprachen lernen, in: SCHILFblatt 3/1996, S. 26–32

Kultusministerkonferenz (KMK): Beschluß der Kultusministerkonferenz ›Europa im Unterricht‹, 8. Juni 1978 in der Fassung vom 7. Dezember 1990

Kultusministerkonferenz (KMK): Beschluß der Kultusministerkonferenz vom 28. 2. 1997, ›Eine Welt/Dritte Welt‹ im Unterricht und Schule; in: SCHILFblatt, Nachrichten für Lehrkräfte von Migranten, 5–6/1997, S. 10–21

Landesinstitut für Schule und Weiterbildung (Hrsg.): Lernen für Europa, Informationen zu Projekten des sprachlichen und interkulturellen Lernens, Soest 2/1992

Meißner, F.-J.: Zur Ausbildung von Französischlehrerinnen und -lehrern in der ersten Phase, Zwischen Überkommenem und Notwendigem, in: Französisch heute, Informationsblätter für Französischlehrer in Schule und Hochschule 3/1997, S. 196–205

Ministerium für Bildung und Kultur Rheinland-Pfalz (Hrsg.): Europa in Unterricht und Schule, Empfehlung, Grünstadt 1991

Overkott, L. / Héloury, M.: Une tradition populaire: la galette, Berliner Institut für Lehrerfort- und -weiterbildung, Berlin 1996

Sarter, H.: Fremdsprachenarbeit in der Grundschule, Neue Wege, Neue Ziele, Darmstadt 1997

Senatsverwaltung für Schule, Berufsbildung und Sport: Staatliche Europa-Schule Berlin, Informationsbroschüre, Berlin 1993

Spier, P.: Menschen, Das Buch zur Völkerverständigung, Stuttgart/Wien 1980 (frz.: 4 milliards de visages, L'école des loisirs, Paris 1981)

Woick, M.: Thème de recherche: Le pain, rôle, tradition, histoire/s, recettes, Judith-Kerr-Grundschule Wilmersdorf, Berlin 1996

Zapata, M. R.: ›Eine Welt/Dritte Welt‹ in Unterricht und Schule, Beschluß der Kultusministerkonferenz vom 28. 2. 1997, in: SCHILFblatt, Nachrichten für Lehrkräfte von Migranten, 5–6/1997, S. 22

Simon Turner

»Discovering the World«

Beispiel fächerübergreifenden Unterrichts an einer deutsch-englischen Europaschule

Der vorliegende Text handelt von unserer Praxis in der Europaschule. Es geht dabei um die Herausforderung, die diese Schule mit sich bringt, nicht nur für die Lehrer, sondern auch für die Eltern und besonders für die Kinder. Es bringt eigene Schwierigkeiten mit sich, in einem Schulversuch zu arbeiten; manchmal weiß man nicht genau, in welche Richtung man gehen soll. Ich versuche im folgenden, meine Richtung, meine Sicht dieser Arbeit schildern. Dabei möchte ich die Entwicklung fachübergreifender Einheiten anhand eines Kriterienkatalogs, die Realisierung einer solchen Lerneinheit am Beispiel »Indianer« und schließlich entsprechende Elemente eines »europäischen Rahmenplans« am Beispiel eines Jahresplanes für die 5. Klasse vorstellen.

Seit dem Schuljahr 1995/96 leite ich eine der »Pilotjahrgangs«-Klassen, d.h. eine der ersten Klassen, die an Standorten der Staatlichen Europa-Schule Berlin (SESB) ausgebildet wird. Die Pilotjahrgangsklassen sind jetzt in der fünften Klassenstufe. Ich unterrichte die Fächer Englisch als Muttersprache, Englisch als Partnersprache, Kunst und die drei Sachfächer Erdkunde, Geschichte und Biologie (jeweils in englischer Sprache). Bei der Leitung einer Pilotjahrgangsklasse zeigt sich immer wieder, daß die deutschen Lernpläne an das europäische Konzept angepaßt werden müssen.

Auch wenn ich noch nicht sehr alt bin, habe ich zuvor bereits längere Zeit in England unterrichtet. Im englischen Schulsystem ist es viel mehr als im deutschen üblich, einen Themenbereich fachübergreifend zu unterrichten. Diese Arbeitsweise wird von der SESB-Rahmenplankommission für die Fächer Partnersprache und Sachkunde bis zum Ende der 4. Klasse vorgeschlagen und ist zu einem unverzichtbaren Merkmal zumindest der deutsch-englischen SESB-Standorte geworden.[7] Haupt-

7 Für die Klassen 5 und 6 wurde bisher keine einheitliche Empfehlung gegeben. Wir wurden von der Schulverwaltung aufgefordert, uns eigene Pläne auszudenken und

ziel ist, daß die Schüler sich in beiden Sprachen intensiv mit dem gewählten Thema auseinandersetzen. Üblicherweise werden bei uns deshalb auch die anderen Fächer soweit wie möglich in die Unterrichtseinheit einbezogen, also Muttersprache, Kunst, Musik, Mathematik, damit eine ausführliche und einheitliche Planung stattfinden kann. Ich kann nicht beurteilen, wie es anderswo ist. Ich kann verstehen, daß diese Methode manchen fremd ist und sie nicht mit ihr arbeiten wollen oder können. Zu mir und meinen Erfahrungen paßt diese Arbeitsweise jedoch sehr gut.

Die Entwicklung, Planung und Durchführung eines solchen Konzepts nimmt viel Zeit und Mühe in Anspruch. Zum einen muß es den deutschen, genauer: den Berliner Rahmenplänen, zum anderen dem europäischen Gedanken und der Interkulturalität gerecht werden. Darüber hinaus muß der fachübergreifende Unterricht den Gleichstand mit anderen (Regel-)Schulen sichern. Dabei darf nicht außer Acht gelassen werden, daß in der Europaschule das Erlernen zweier Sprachen im Vordergrund steht. Der Lehrer muß mit verschiedenen Prioritäten jonglieren. Nicht zuletzt angesichts des Fehlens wissenschaftlicher Begleitung trägt man hier als Lehrer eine große Verantwortung und kann sich dabei ziemlich alleingelassen fühlen. Wenn man KollegInnnen hat, die ähnlich arbeiten, ist das schön. Dennoch fehlt manchmal die Sicherheit, ob es wohl richtig ist, was wir tun, wie wir unterrichten.

Kriterien zur Entwicklung einer fächerübergreifenden Einheit

Im folgenden wird ein Kriterien- bzw. Fragenkatalog vorgestellt, anhand dessen Entwicklung und Realisierung der angestrebten fächerübergreifenden Unterrichtseinheiten zu überprüfen sind. Ich werde einzelne Punkte nennen. Sie sind alle relativ einfach zu verstehen. Aber am Ende wird man sehen, daß die Entwicklung einer fächerübergreifenden Lerneinheit insgesamt ein doch recht schwieriger und komplizierter Prozeß ist.

Die erste und wichtigste Frage bei der Auswahl von fachübergreifenden Themen und Texten ist folgende: Inwieweit kann mit der ausgewählten Lerneinheit der Sprachschatz erweitert und vorhandenes Wissen gefestigt werden?

---

vorzustellen. Auch wenn wir bisher keine Rückmeldungen erhalten haben, arbeiten wir schon mit diesen Plänen, um überhaupt planvoll unterrichten zu können.

Diese Frage entscheidet schon im Vorfeld, ob das Thema überhaupt behandelt werden soll und inwieweit das Thema vertieft werden soll und kann. Ein Beispiel: Wählt man das offensichtlich für interkulturelles Lernen geeignete Thema »Brot« für eine Unterrichtseinheit der vierten Klasse oder gibt es sprachlich zu wenig her? Die Antwort ist auch von Vorerfahrungen der Lehrer abhängig. Als ich es überlegte und den Rahmenplan daraufhin durchsah, sah ich nicht genug Sprachelemente. Vielleicht habe ich da Unrecht, denn Kolleginnen eines französischen Europaschulstandorts wählten eben jenes Thema für ein umfangreiches Projekt.[8] Offensichtlich kann man sich also ein Konzept für dieses Thema überlegen, aber ich wollte etwas Aufregendes machen, und »Brot« war mir einfach zu trocken.

Mit der Antwort auf die erste Frage wird auch entschieden, wieweit das Thema vertieft werden kann und soll, und damit auch, wieviel Zeit dem Thema eingeräumt werden soll.

Weitere Fragen schließen sich an. Vielleicht bietet das Thema, das auf den ersten Blick nicht so vielversprechend ist, auf den zweiten Blick doch noch unterrichtlich sinnvolle und nützliche Chancen.

Eine dieser sich anschließenden Fragen lautet: Kann das Thema mit anderen Themen sinnvoll verknüpft werden?

Nehmen wir als Beispiel unsere Einheit »Indianer«, auf die wir später näher eingehen. Sie ist aus der Kritik bzw. Negation eines Rahmenplan-Themas der vierten Klasse (Puppenhausbau, Beleuchtungsanlage) entstanden, greift in Themen hinein, die nicht unbedingt in der entsprechenden Klassenstufe aufgeführt, aber sprachintensiv sind, und ermöglicht so eine Erweiterung des Sprachschatzes wie des Wissens.

Ein anderes Beispiel ist das in der vierten Klasse behandelte Thema »Die Entwicklung der Stadt Berlin im Mittelalter«. Darin sind zumindest zwei Themen zu erkennen: zum einen Berlin und die Entwicklung der Stadt, zum anderen das Mittelalter. Da haben wir überlegt, wieso sollten wir bei Berlin aufhören? Das Mittelalter ist aufregend. Wir dachten an den Schmutz der Städte, an Ratten und Pest, an Krankheit und Gesundheit. Andererseits dachten wir an das ritterliche Tugendsystem. Daraus ergeben sich Fragen der Übertragung auf die heutige Zeit. Die Kinder betrachten ihr eigenes Tugendsystem und ihr Verhalten in der Schule. Damit sind wir bei sozialem Lernen. Das ursprüngliche Thema kann also wesentlich erweitert werden, ohne daß es als Hauptthema aus den Augen verloren wird.

8 Vgl. Beitrag von Michéle Héloury im vorliegenden Band.

Die dritte Frage lautet: Inwiefern eignet sich das Thema für alle Kinder der Klasse bzw. der Klassenstufe angesichts ihrer jeweiligen Vorerfahrung und ihrem Wissenstand?

Es ist zugleich die Frage nach der Lernmotivation. Lassen sich die Kinder von dem Thema begeistern und zur aktiven Mitarbeit bewegen? Ihrem Alter entsprechend können sich die Kinder in jene Themen leichter hineinfühlen, die nicht abstrakt und formal, sondern konkret, anschaulich und handlungsorientiert angelegt sind. Die Frage läßt sich also dahingehend umformulieren, ob man mit dem gewählten Thema aktive Lernformen wie Gruppenarbeit, Partnerarbeit, Rollenspiele, Präsentationen etc. einsetzen kann, und wieviele solcher Möglichkeiten das Thema bietet. Berücksichtigt werden müssen allerdings nicht nur die kognitiven Voraussetzungen, sondern – gerade in einer bilingual und interkulturell angelegten Europaschule – auch die jeweiligen kulturellen Voraussetzungen, die die Beziehung zwischen Kind und Thema beeinflussen. Ausschließlich deutsche Rahmenplanelemente (z. B. in Klasse 5: Die Bundesländer und ihre Hauptstädte) müssen also entweder weggelassen oder mit der entsprechenden Behandlung anderer Herkunftsländer der Kinder in der betreffenden Klasse gekoppelt werden. Ein anderer Teilaspekt der dritten Frage ist schließlich, inwiefern das Thema auch eine altersgemäße kritische Auseinandersetzung nahelegt? Eine erste Antwort darauf liegt eben gerade in den kulturellen Unterschieden.

Das leitet über zur vierten Frage, die im Kontext der Staatlichen Europaschule Berlin von besonderer Bedeutung ist: Inwieweit fördert das Thema das Einfühlungsvermögen und die Toleranz für andere Menschen, Kulturen und Länder?

Die Frage bedeutet in erster Linie, ob das Thema ein Interesse an anderen Kulturen ermöglicht oder, besser noch, sogar hervorruft. Legt das Thema etwa interkulturelle Vergleiche nahe? Enthält es sowohl europäische als auch »Eine-Welt«-Aspekte?

Eine weitere Frage, die unseren Kriterienkatalog vorläufig abschließt, lautet: Kann das für eine Lerneinheit gewählte Thema zu anderen fächerübergreifenden Lerneinheiten überführen?

Es ist schön, wenn man einen solchen Faden finden kann, damit das nächste Thema nicht zu weit entfernt von dem letzten ist. Die unten skizzierte Planung unter dem Obertitel »Discovering The World« zeigt solche Verweismöglichkeiten zwischen einzelnen Unterrichtseinheiten (z. B. Solarsystem, Erde, Entdeckungsreisen, südamerikanische Kulturen).

Erst wenn sich dieser Katalog von Fragen bzw. Kriterien ausreichend positiv beantworten läßt, wird der Themenkomplex zur Unterrichtseinheit. Doch wie Goethe (Als ich meine Freundin kennenlernte, hat sie mich gefragt, ob ich irgendetwas von Goethe gelesen habe, und ich mußte zugeben, ich hatte noch nie etwas von ihm gehört! Ist das nicht schrecklich? Ich saß da auf meiner Insel und hatte nichts von ihm gehört.), wie also Goethe schon sagte: Grau ist alle Theorie. Deshalb möchte ich dieses Konzept jetzt mit etwas Leben füllen.

Fächerübergreifender Unterricht am Beispiel »Indianer«

In der dritten Klassenstufe sind im Rahmenplan für das Fach Sachkunde unter anderem die Themen »Bau eines Puppenhauses« und »Beleuchtungsanlage« vorgegeben. In gemeinsamer Absprache des Kollegiums haben wir statt diesen uns nicht sprachintensiv genug erscheinenden Themen den nicht im Rahmenplan vorgesehenen Themenkomplex »Indianer« (bzw. »Native Americans«) gewählt und geplant.

Auf den ersten Blick ist die Verbindung zwischen Indianern und Puppenhäusern bzw. Beleuchtungsanlagen nicht leicht zu sehen. Statt eines Puppenhauses wurde ein Tipi-Dorf gebaut und statt einer modernen Beleuchtungsanlage wurde ein Lagerfeuer – auch im Modell – gebaut. Damit war die praktische, handlungsorientierte Dimension gesichert und die Planung sprachlicher Aktivitäten angeregt. Die Kinder nahmen den Themenkomplex begeistert auf.

Dieses Thema ließ viele fächerübergreifende Lernmöglichkeiten zu. Der Wortschatz erweiterte sich gewaltig. Zum Zeitpunkt des Projekts wurde in der Partnersprache mit der Einführung und Übung von Vergangenheitsformen begonnen. Es war eine Erleichterung für mich, denn wir hatten so viel mit Geschichten und Geschichte und damit mit Vergangenheitsformen zu tun. Die Bilderschrift und Zeichensprache der Indianer ließen sich zu diesem Zweck sehr gut adaptieren. Die Kinder versuchten sich darin, spielten und schrieben selbst ausgedachte kleine Geschichten. Im Muttersprach-Unterricht setzten sich die Kinder intensiv mit dem Lebensstil der Indianer auseinander und lernten ihre Verbindung zur Natur kennen. Im Sachkunde-Unterricht wurden die Vielzahl indianischer Lebensräume und Wohnarten betrachtet, damit das übliche Bild der »Plains«-Indianer nicht als einziges in Erinnerung blieb. Das Schicksal der indianischen Kultur, inklusive der Rolle der Europäer bei diesem Prozeß, wurde altersgemäß diskutiert. Wir lasen Bücher über Indianer, verglichen ihre Kultur mit der unsrigen, schauten Bilder an, und besonders gern hörten wir Indianermusik. Zusammen betrachteten wir das Land, in dem die Indianer lebten. Die Kinder lernten so insgesamt viel von Amerika, seiner Vegetation, seiner Geographie etc. Sie erfuhren etwas über Nomaden und Büffeljagd und was aus der Kultur der Indianer heute geworden ist. Jedes Kind gab sich selbst einen Indianernamen und erklärte seine Bedeutung. Wir tanzten, sangen, musizierten wie die Indianer und konnten das Erlernte mit großem Erfolg am Europatag aufführen. Das hat tierisch Spaß gemacht, ich kann das jedem nur empfehlen.

Die Kinder lernten selbst viel über ihre Kultur im Vergleich zur anderen Kultur. Das erweiterte nicht nur das Wissen der Kinder, sondern ließ sie auch verständiger und toleranter werden. Die Kinder waren etwa betroffen von dem Unterschied zwischen dem Verhältnis, das die Indianer zur Natur hatten, und wie wir selbst heute mit Natur umgehen. Eine deutsche Kollegin hat hierzu im deutschen Muttersprach-Unterricht etwas besonders Eindrucksvolles gemacht. Sie verknüpfte die Vorstellung vom Umgang der Indianer mit den Tieren, v. a. was Nutzung der Tiere bei gleichzeitigem Respekt vor ihnen betrifft, mit einem aktuellen Zeitungsartikel über Rinderwahnsinn. Dann wurde verglichen: was haben wir mit den Tieren falsch gemacht, wie haben wir sie falsch behandelt? Ein anderes Ergebnis des Projekts war das Bewußtsein, daß ein Großteil der Vorfahren heutiger Amerikaner Europäer waren, und daß die Einwanderung der Europäer zur Vernichtung der Indianer und ihrer Kultur führte.

Die Kinder lernten also innerhalb dieses Themenkomplexes viel über ihre eigene europäische Lebensweise und Kultur im Vergleich zu einer anderen, fremden Lebensweise und Kultur. Dies erweiterte nicht nur das Wissen der Kinder, sondern baut auch ihre Toleranz und ihr Verständnis gegenüber anderen Menschen in anderen Ländern auf. Europäische Dimension und Eine-Welt-Pädagogik waren hier verbunden.

Europaschule in einer multikulturellen Welt

Das Beispiel des Indianer-Projekts zeigt, daß die Grundidee eines gemeinsamen kulturbewußten Europas in der Europaschule umgesetzt werden kann, ohne eurozentrische Blickweisen zu favorisieren, ohne strittige Themen zu vermeiden und ohne die Lernziele verschiedener Unterrichtsfächer zu vernachlässigen.

Gerade Themen mit weltweiten Bezügen sind es, die am effektivsten der multikulturellen Gemeinschaft einer »Europaschule« gerecht werden können. Denn die Schüler kommen ja in der Regel aus den unterschiedlichsten Ländern der Welt. Man sollte nicht versuchen, aus diesen Kindern kleine Deutsche, Engländer oder Europäer zu machen. Ihr durch den Alltag in der ganztägig bilingualen und multikulturellen Europaschule schon ausgeprägte Toleranz und Akzeptanz gegenüber fremden Kulturkreisen soll verstärkt und erweitert werden, damit schließlich Unterrichtsthemen jeder Art offen, kritisch und kreativ betrachtet werden können, egal welch kulturellen Hintergrund das betreffende Thema im engeren Sinne hat.

Ich sage nicht, daß alle Elemente aller Kulturen der Welt respektiert werden müssen, aber wir müssen etwas von diesen Kulturen zeigen. Die Kinder sollen sie verstehen oder doch Ansatzpunkte für ein solches Verständnis entwickeln. Sicher hat jede Kultur auch irgendetwas an sich, was nicht zu respektieren ist. Ich möchte die Kinder nicht dazu bringen zu glauben, daß die Indianer alle ganz liebe, tolle, umweltbewußte, tierliebe Menschen waren. Sie sollen sich selbst entscheiden.

Interessant ist in diesem Zusammenhang die Geschichte, die als Theaterstück am Europatag aufgeführt wurde. Sie wurde von den Kindern geschrieben, ohne Beteiligung der Lehrer. Es handelte sich um eine Szene, in der die Indianer die weißen Männer doch besiegt haben und weggeschickt haben, und ist zweifellos ein Versuch, die kultur- und geschichtskritischen Erfahrungen aus der Unterrichtseinheit zu verarbeiten.

Im übrigen enthält meine Klasse selbst schon interkulturelle Erfahrungspotentiale. Hinsichtlich Herkunft, Kultur, Hautfarbe ist es bereits eine multikulturelle Klasse. In meiner Klasse sind derzeit achtzehn Kinder, davon zwölf deutscher Muttersprache und sechs englischer Muttersprache bzw. Kinder, die im englischen Sprachraum ihre frühe Kindheit verbracht haben.[9] Die Kinder kommen aus den unterschiedlichsten Ländern der Welt, Ghana, Indien, USA, Rußland, England und natürlich Deutschland.

In dieser bunten Mischung geht es zu wie in jeder Klasse. Es werden Freundschaften geschlossen. Ab und zu streitet man sich. Aber das Ver-

9 Die Zusammensetzung dieser Klasse entspricht also nicht dem SESB-Ideal von zwölf englischen und zwölf deutschen MuttersprachlerInnen. Grund dafür ist, daß es sich um eine Pionierklasse handelt und das neu eingeführte SESB-Schulkonzept zum Zeitpunkt der Einschulung der Kinder noch nicht in der englischsprachigen Community Berlins bekannt war.

ständnis für die vielfältigen Kulturen ist außergewöhnlich und wird gefördert. Daher muß auch der Unterricht völlig anders gestaltet werden. Um allen Kindern auch in bezug auf ihr Herkunftsland gerecht zu werden, müssen die Themen komplexer und Lerninhalte entsprechend ausgerichtet sein. Hier ist weder ein ausschließlich britischer Unterricht angebracht noch ein ausschließlich deutscher, womöglich nur am Berliner Rahmenplan ausgerichteter. Die Grenzen müssen weiter gezogen werden.

»Discovering The World«. Ein fachübergreifender Jahresplan

Ein großes Problem besteht darin, daß es bisher keine europäischen Schulbücher und keine europäischen Rahmenpläne gibt. Diese Vorgaben (wie auch die Materialien) entwickeln die Lehrer der Europaschule selbst, besonders in den Pilotjahrgängen. So haben wir uns beispielsweise lange vor Schulbeginn des Jahres 1997/98 damit auseinandergesetzt, wie wir die Sachfächer Geschichte, Biologie und Erdkunde in der Klassenstufe 5 weiterhin fächerübergreifend unterrichten können.

An der Erich-Kästner-Schule ist es uns gelungen, in diesem Sinne einen Jahresplan zu erstellen, der alle Kriterien beinhaltet, die ich oben in Form eines Fragenkatalogs und am Beispiel der Unterrichtseinheit »Indianer« vorgestellt habe. Dieser Jahresplan, dem wir den Titel »Discovering the world. Die Welt entdecken« gaben, orientiert sich hauptsächlich an den deutschen Rahmenplänen für Geschichte und Erdkunde.[10] Er beinhaltet übliche Themen wie Vulkanismus, Ägypten usw., allerdings in eine sinnvolle Reihenfolge gebracht und mit anderen Themen verknüpft.

Der Plan ist aus einer einfachen Idee entstanden. Meine Kollegin hatte mir vorgeschlagen, daß wir in der Klasse 5 die Entdeckung eines Landes bearbeiten können. Ich habe gleich ja gesagt, nicht nur weil ich es als Thema interessant fand, sondern weil wir gute Materialien in englischer Sprache zu dem Thema bekommen konnten.

Ausgehend von dieser Idee habe ich versucht, einen Jahresplan zu entwickeln. Über die Entdeckungsreise des Kolumbus kommt man zu den Völkern Südamerikas, wie z. B. die Mayas und Azteken. Vor dieser Entdeckungsreise haben wir einige im Fach Erdkunde übliche Themen

---

10 Wenn sich eine Verbindung zu Inhalten des Biologieunterrichts anbot, wurden diese in den Plan integriert.

behandelt, wie z. B. Weltall, Sonnensystem, Sterne, damit hat man eine Verbindung zu Navigation, zu Seefahrern und schließlich Kolumbus, die dann später wieder angesprochen werden kann. Aus dem Rahmenplan des Faches Geschichte nahm ich die Geschichte der Menschen, aber vorher die Entstehung der Erde, und daran geknüpft Kontinentalverschiebung und Erdbeben in den Jahresplan auf.

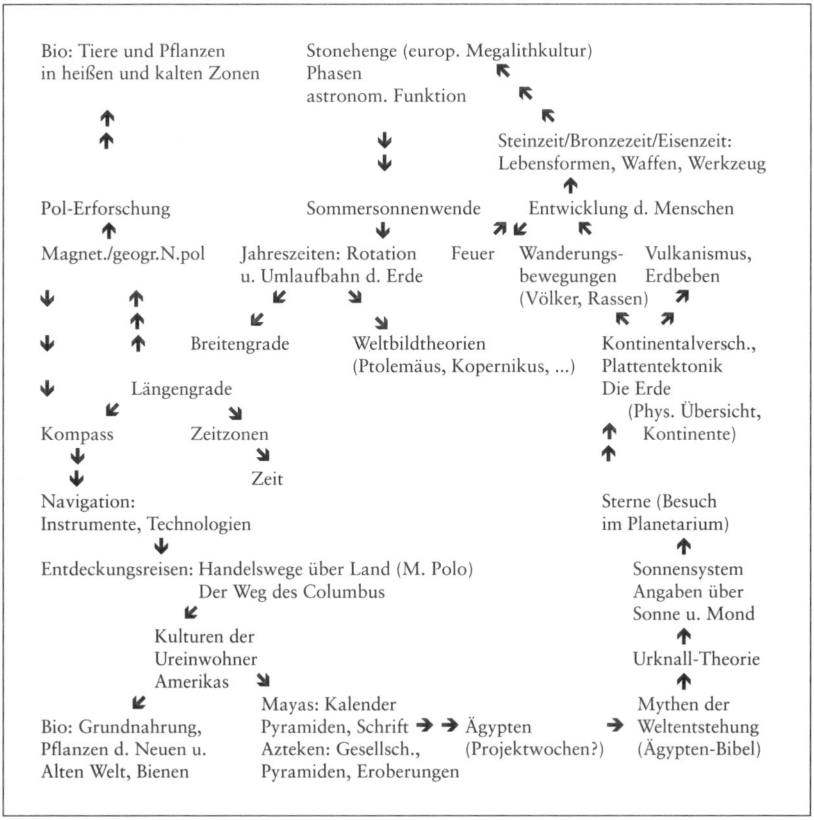

Die im Jahresplan stichwortartig gelisteten Unterrichtsinhalte stellen natürlich nur eine erste Basis dar. Man braucht jedoch nur wenig Phantasie, um sich eine dazu jeweils passende umfassende Reihe von unterschiedlichen schriftlichen, mündlichen und praktischen Aufgaben und Aktivitäten vorzustellen. So führen bestimmte Aspekte verschiedener

Unterrichtsinhalte, z. B. Mythen und Glaubensvorstellungen, von selbst zum »story-telling«, um nur eine mögliche Arbeitsweise des Unterrichts zu nennen.

Von besonderer Bedeutung ist, daß ein solcher Jahresplan in der 5. Klasse den Kindern erlaubt, ihr Wissen stärker durch eigene Produktion und im Austausch untereinander zu erwerben und zunehmend selbst zusammenzustellen. Die eine Sprache unterstützt dabei die andere. Die Gefahr einer fluchtartigen und oberflächlichen Behandlung wichtiger Begriffe ist damit ausgeschlossen.

Gertraud Gaa und Rossana Porrata-Jürs

»Progetto Amicizia«

Bikulturelle Erziehung am Beispiel einer Brieffreundschaft

Als Einstieg in unser Thema möchten wir eine kurze Szene schildern. Stellen Sie sich bitte ein italienisches Restaurant vor. Gutes Essen, gute Weine, gute Musik, alles aus einer bestimmten italienischen Region, sagen wir: aus der Toskana. Als kulturell Interessierte wissen die Gäste natürlich, daß es *die* italienische Küche nicht gibt. Es fehlen im Restaurant deshalb alle pseudo-italienischen Klischees. Kein falsches Weinlaub und kein kitschiger Gondoliere an der Wand beleidigen das intellektuelle Auge. Aus den eher leisen Tischgesprächen ist ab und zu sogar Italienisch herauszuhören. »Prego pagare!« ruft jetzt ein Herr durch das Restaurant. Die junge Dame neben ihm zieht peinlich berührt die Augenbrauen nach oben und flüstert: »Aber Papa, ich habe dir doch gesagt, daß so nur Touristen sprechen.« Als der Kellner an den Tisch kommt, erläutert die 8jährige: »Il conto per favore!«[11] Die Mutter zwinkert ihrer Tochter Barbara amüsiert zu. Es ist nicht die einzige Erläuterung, die der Herr Papa an diesem Abend über sich ergehen lassen muß. Nachdem Töchterchen Barbara Ordnung in Mammas und Papas unitalienische Speisenfolge gebracht hatte, wollte der Papa das Essen mit einem Kaffee abschließen, eben ganz italienisch. »Due espresso« bestellt er in toskana-erprobten Gourmet-Italienisch. Denn daß man um diese Zeit keinen Cappucino mehr bestellt, hatte er schon von seiner Tochter gelernt. »Espressi« flötet die Kleine. Der Kellner, pardon: der Cameriere lächelt. Er weiß, warum an diesem Tisch das kleine deutsche Fräulein das Wort führt. Barbara geht auf die gleiche Schule wie seine eigene Tochter: die Finow-Schule. Sie ist Standort der Staatlichen Europa-Schule Berlin mit der Sprachkombination Deutsch-Italienisch.

Wir haben diese kleine Szene nicht nur als Einstieg gewählt, weil sie sie ein amüsantes Schlaglicht auf die Chancen bilingualer und bikultureller

---

11 »Die Rechnung bitte!«

Erziehung wirft. Die Schilderung dieser kleinen Szene soll verdeutlichen, daß für die Kinder eine große Portion Spaß in diesem Lernen steckt. Wir haben das Beispiel aber auch gewählt, weil es Aspekte anreißt, auf wir im Verlauf unseres Beitrages näher eingehen. Es zeigt die Motivation für »Progetto Amicizia«. Vielleicht ist Ihnen aufgefallen, daß die kleine Barbara ihrem Vater nicht nur sprachlich auf die Sprünge helfen konnte. Sie hat auch seine vermeintlich italienischen Vorlieben zurechtgerückt. Barbara weiß nämlich nicht nur Bestellungen sprachlich korrekt aufzugeben. Es würde ihr auch nicht passieren, Antipasti nach dem Hauptgericht zu bestellen oder den Cappuccino zu einer Tageszeit, zu der nur Touristen den Cappuccino dem Espresso vorziehen.[12]

Partnerkultur

Das wirft Licht auf einen wichtigen Aspekt der Europaschule: das Lernen in und von der Partnerkultur. Deren Sprache wird deshalb auch nicht als Fremdsprache unterrichtet, sondern als Partnersprache, die zum Schlüssel einer anderen europäischen Kultur wird und das Lernen in und von der Partnerkultur ermöglicht.

Genau diese Chance soll auch das Progetto Amicizia eröffnen, die Brieffreundschaft und Klassenpartnerschaft einer (inzwischen zweiten) Klasse der Berliner Finow-Grundschule mit gleichaltrigen Kindern einer Genueser Schule. Die Kinder erfahren von den Wirklichkeiten, in denen sie jeweils aufwachsen, von Unterschieden und Ähnlichkeiten. Sie erfahren davon, wie sich das Zuhause-Sein in der einen Kultur von dem Zuhause-Sein in der anderen Kultur unterscheidet und auch wie sich das Fremd-Sein darin unterschiedlich darstellt und anfühlt. Und ist es nicht auch für Kinder interessant und wertvoll zu erfahren, was von den Besonderheiten anderer Kinder in der Schule nur besonders wirkt, weil es nicht alle machen? Plötzlich sehen sie: Was hier besonders zu sein scheint, ist im Alltag ihrer Brieffreunde aus Genua das alltäglich Normale. Ganz Alltägliches und Selbstverständliches wird so zum Gegenstand interessierten Austausches, zum Inhalt von Fragen und Gegenfragen.

Als nach den Sommerferien unsere Kinder aus der Klasse 2 d ihren neuen Freunden Post schicken wollten, mußten sie sich erst an den Gedanken gewöhnen, daß in Italien die Schule weitere sechs Wochen

12 Übrigens wird dann auf Italienisch auch kein Espresso bestellt, sondern »un caffè«.

geschlossen sein würde. Und die Genueser staunten, wie oft ihre Berliner Korrespondenten Ferien haben. Oft? Auf den Gedanken waren die Kinder unserer Klasse noch gar nicht gekommen.

Es gab noch einen Unterschied, von dem wir selbst nicht vorher wissen konnten, wie er sich auswirken würde. In der Genueser Schulklasse sind ausschließlich Kinder italienischer Muttersprache, während es in unserer Klasse ganz anders aussieht. So war die andere (deutsche) Kultur den Kindern der Genueser Partnerklasse sehr fremd, während die Kinder unserer Klasse ja im ständigen Miteinander und Austausch dieser Unterschiede leben.

Die Offenheit der Kinder, sich mit anderen Kulturen zu beschäftigen, sich auf andere Maßstäbe einzulassen, diese Offenheit gilt es als besondere Chance im bikulturellen Miteinander zu nutzen. Das kulturelle Miteinander der Kinder findet nicht einfach bloß statt, sondern ist auch Inhalt, Zweck und Ziel, für Kinder genau wie für die Erwachsenen. Auch Kolleginnen und Eltern lernen voneinander.

Das Miteinander der Partnerkulturen in unserer deutsch-italienischen Klasse wird besonders deutlich bei der Frage, was die Kinder zum Staunen bringt. Natürlich verblüfft die Genueser Kinder, daß ihre Berliner Freunde im Unterricht Pizza gebacken haben. Und erst recht staunen sie über den Bericht der Freunde in Berlin, wenn sie erfahren, daß der beste Pizzaiolo der 2 d keinerlei italienische Vorfahren hat. Auch ein anderes Klischee hat keine Chance, das Klischee, daß die ihrer Nationalität nach italienischen Kinder auch im Temperament die »italienischsten« sein müßten. Weil es in unserer Klasse nicht den einzigen Italiener gibt, ist auch nicht von »dem Italiener« die Rede. Die Kinder sind nicht auf vermeintliche Nationalcharaktere festgelegt. Wir haben die toskanische Preußin ebenso wie den märkischen Sizilianer in der Klasse. Und wenn Luca die Nerven verliert, sagt keiner: »typisch italienisch«. Es stört auch niemanden, daß Thomas mit Händen und Füßen redet, außer seine norddeutschen Eltern.

Viele dieser Aspekte werden von uns in der täglichen Praxis genutzt und eingesetzt. Dafür lohnt sich die Mühe um den Aufbau einer solchen Brieffreundschaft, die Extra-Stunden, in denen man den Briefwechsel plant und mit Paketen in langen Schlangen vor Postschaltern steht. Dafür lohnt sich auch das Geld für Farbkopien. So können sich die Kinder über ihre Bilderbriefe (Das Projekt begann zu einer Zeit, in der die Kinder in der Regel noch nicht schreiben konnten.) freuen. Zugleich können wir die Bilderbriefe dokumentieren.

Mit der Korrespondenz wollen wir den Kindern etwas Besonderes ermöglichen, und zwar nicht nur den Kindern deutscher Herkunft, sondern auch unseren kleinen italienischen Berlinern, für die ebenfalls vieles neu ist. Sie waren ja auch noch nie in einer italienischen Schule. Diese dem Paß nach italienischen Kinder in der Klasse sind überwiegend zunächst einmal »Berliner Jören« und kennen die Heimat ihrer Eltern oft nur von Urlauben und aus deutschen Medien. Sie sehen Italien in mancher Hinsicht durch mindestens ebenso deutsche Brillen wie manch deutscher Erwachsene. Eine Schülerin, deren Eltern hier in Berlin seit zwanzig Jahren leben und nur alle zwei Jahre Italien besuchen ist noch nie in Italien Eisenbahn gefahren. Die Begründung, warum sie in der Heimat ihrer Eltern noch nie Eisenbahn gefahren ist, kommt aber dennoch wie aus der Pistole geschossen: In Italien sind die Züge nie pünktlich. Ein italienischer kleiner Berliner, dessen größte Leidenschaft beim Spiel zuhause gerade die Piraten und Entdecker sind, erfährt zu seiner großen Überraschung, daß Christof Columbus als Genueser Bürger Amerika entdeckte. Und nicht zuletzt kennen manche Kinder mit italienischen Eltern von zuhause ausschließlich regionalen Dialekt und lernen Hochitalienisch erst in ihrer deutsch-italienischen Europaschule. Wir brauchen sicher nicht ausführlich zu erläutern, welche zusätzliche Motivation der Wille bewirkt, die Briefe des neuen Genueser Brieffreundes zu verstehen. Dieser neue Freund hat nicht nur einen umfangreicheren Wortschatz, sondern verwendet auch ein anderes Vokabular.

Werdegang des Projekts

Nach diesen Schlaglichtern der Brieffreundschaft soll nun darüber berichtet werden, in welchen Phasen und mit welchen Schwierigkeiten unser »Progetto Amicizia« entstanden ist. Die Kontaktaufnahme gestaltete sich sehr schwierig. Nachdem mehrere Anfragen von mir (R. P-J.) an hochoffizielle Stellen im Dickicht italienischer Bürokratie versandeten, war der persönliche Einsatz gefragt. Also nutzte ich einen Italienaufenthalt, um vor Ort für das Projekt zu werben und Partner zu gewinnen. Ich bekam Kontakt zu einer ehemaligen Kollegin aus Genua. Und die wiederum kannte zwei Lehrerinnen, die sie für »verrückt genug« hielt, auf die Idee einer Brieffreundschaft zwischen Kindern, die noch gar nicht schreiben und lesen können, einzugehen.

Die Kollegin sollte Recht behalten. Auf die schriftliche Anfrage bei diesen beiden Lehrerinnen kam als Antwort ein sehr freundliches Fax. Die Antwort drückte auch Begeisterung für die Idee aus, Schülerinnen und Schüler das Europa, in dem sie leben, auf diese Art (kennenzu)lernen und mitbauen zu lassen. Das war einer der Grundgedanken zum Projekt und stand Pate für den von uns gewählten Titel »Progetto Amicizia – eine entstehende Freundschaft in Europa«.

Doch zurück zur Brieffreundschaft der (damaligen) Klasse 1 d aus Berlin und Prima A aus Genua, inzwischen 2 d und Seconda A. Von Anfang an hatten wir von deutscher Seite vor allem zwei Ziele für unser Projekt. Es sollte parallel sowohl ein Kontakt zwischen den Klassen als auch individueller Briefkontakt stattfinden. Das bedeutete, daß alle Schüler beider Klassen teilnehmen sollten und daß kein Unterschied gemacht würde zwischen Kindern mit oder ohne »italienischen Hintergrund«.

In unserer Klasse war sowohl die Gruppe der Kinder, die deutsch alphabetisiert wird, als auch die Gruppe der italienischen Alphabetisierung noch weit davon entfernt, Briefe im wörtlichen Sinne schreiben zu können. Gleiches galt aber auch für die Kinder der Genueser Grundschulklasse. Es zeigte sich aber, daß die Kinder sich auch per Bild gut den Briefpartnern im anderen Land vorzustellen wußten. Als weiteren Anhaltspunkt hatten wir den Selbstportraits der Kinder ein vergrößertes Klassenphoto der 1 d beigefügt. Aus der Antwort der Genueser Prima A sprach der Spaß, die Portraits mit dem Photo zu vergleichen.

Erstes Staunen auf italienischer Seite: Als die Berliner Kinder schon ihre Bilder malten, waren die Genueser Schulkinder noch in den Ferien gewesen. Ihr Schuljahr hatte, Mitte September, eben erst begonnen. Erstes Staunen aber auch unserer Klasse: Die Kinder der italienischen Partnerklasse hatten sich Partner selbständig ausgewählt, nach den Selbstportraits. Ihre Antwort-Portraits von sich selbst waren schon an die gewählten Partner gerichtet. »Per Anne-Sophie da Ilaria« stand da auf einem Bild und »per Lukas da Stefano« auf einem anderen. Dazu erhielten wir einen Klassenbrief mit Erläuterungen zum Schulalltag der Prima A. Genau das, was wir uns wünschten: Material zum Vergleichen, Stoff zum Staunen!

Auch die individuellen Briefe der Kinder boten von Anfang an das, wovon sie jetzt natürlich mehr enthalten, da die Kinder schon schreiben können, individuelle Fragen und Information: »Ich habe eine Katze, Du auch?« Aber den meisten Stoff für den Vergleich des Schulalltages und der kulturellen Besonderheiten boten und bieten immer noch die »Klassenbriefe«.

Die Genueser Kinder verbringen ihre Pausen in den Unterrichtsräumen und wundern sich, daß die Berliner Partner nach draußen auf einen

Hof mit Spielgeräten gehen können. Bewunderung auf Berliner Seite erzeugte der mitgeschickte Ausdruck des Stundenplans, der nach einer Essenspause noch Unterrichtsgeschehen dokumentierte. »Die müssen aber viel lernen...!« fanden unsere Kinder. Auf italienischer Seite ist man sich umgekehrt inzwischen sicher, daß deutsche Kinder wahrscheinlich nichts kaufen bräuchten, weil sie in der Schule alles selbst basteln. Von unseren Bastelarbeiten hatten wir immer ein Exemplar nach Italien geschickt.

Im Dezember hatten wir es leicht, Material für den Kulturaustausch zu liefern. Während sich die Winterberichte aus Italien um Temperaturen drehten, die hier noch zum Herbst gehören, konnte die 1 d aus den deutschen Advents- und Weihnachtssitten schöpfen. Die Berliner Kinder berichteten über das Aussehen und die Bedeutung des Adventskranzes. Nikolaus läßt zwar auf seiner Tour Italien aus, aber dafür kommt am 6. Januar die gute Hexe Befana zu den Kindern dort und überrascht sie mit Süßigkeiten und Geschenken. Daß das Christkind in Berlin am 24. Dezember beschert und in Genua die Geschenke am Morgen danach, also am 25. verteilt, war dagegen sofort allen Kindern plausibel. Die Reise zwischen beiden Städten dauert mindestens einen Tag, das wußten viele Kinder von Autoreisen mit den Eltern.

Übrigens will Europa, wenn es denn mit den Menschen entstehen soll, nicht nur gelernt, sondern auch gewollt und gemocht sein. Und spätestens, wenn Eltern als Motivation für die Einschulung ihres Kindes an der deutsch-italienischen Europaschule Gründe nennen wie etwa, daß man dort die Urlaube verbringe und zuhause die Neigung zu italienischer Küche und Kultur intensiv pflege, spätestens dann ist klar, daß auch die Liebe zu Europa zu einem guten Teil durch den Magen geht. So war es für uns keine große Überraschung, welcher Teil unseres Adventspakets an die Genueser Prima A der Hit war: Natürlich die mitgeschickten Weihnachtsplätzchen!

Die nächste Sendung aus Italien kam dann mit Cassette. Für die Kinder stand dabei die Freude im Vordergrund, die individuellen Partner dem Gefühl nach nun schon fast persönlich zu kennen. Für mich (R. P.-J.) war es natürlich zugleich ein schönes Stück zur Übung des Hörverstehens.

Die genuesischen Koleginnen hatten im üblichen Klassenbrief noch etwas Besonderes zu berichten. Auf dem Elternabend der Prima A war den italienischen Eltern das Projekt der Brieffreundschaft vorgestellt worden. Und die Reaktion der Eltern, die weder Deutsch sprachen noch sonst einen engeren Bezug zu Deutschland hatten, waren ausschließlich positiv. Man überlegte sogar schon, wann die Klassen einander besuchen könnten. Das war und ist für uns eine große Unterstützung bei diesem Projekt: Daß die Eltern beider Partnerklassen voll hinter dem Projekt stehen und einen gegenseitigen Besuch befürworten.

Doch zurück zu dem Briefwechsel: Da zu den Klassenbriefen jeweils auch Prospekte oder Flyer aus der eigenen Stadt gehören, waren die Kinder sich einig, daß man sozusagen den gleichen Ausflug machen könnte. So ähnlich waren zum Beispiel die Naturkunde-Museen von Berlin und Genua in Architektur und Präsentation.

Zur Faschingszeit waren dann Ähnlichkeiten und Unterschiede des Feierns gleichzeitig sichtbar. Das Verkleiden zum Carnevale oder Fasching ist in beiden Ländern Brauch. In beiden Klassen wurde zum Fasching gemalt und gebastelt. Die genuesische Klasse staunte, daß es in Berlin auch eine »pentolaccia« gab, zumindest in unserer Europa-Schule. Die »pentolaccia« ist ein buntgeschmückter Riesentopf aus Pappe, der in der Faschingszeit für Kinder gebastelt wird. An dessen süßen Inhalt kommen die Kinder nur heran, indem sie dem aufgehängten Papptopf von unten mit Stockschlägen zusetzen, bis ein süßer Regen aus Bonbons, Schokolade und anderen Leckereien fällt.

Von Gleichaltrigen lernen

Man könnte noch lange Beispiel an Beispiel reihen. Der Briefwechsel ist die reine Fundgrube. Alle Beispiele illustrieren nicht nur den inhaltlichen Lerngewinn auf kulturellem und sprachlichen Gebiet. Ein besonders motivierendes Element des Projektes dürfte das »Lernen von gleich zu gleich« sein. Denn natürlich ist es etwas anderes als im Unterricht. Und es ist für die Kinder ausgesprochen reizvoll, von Gleichaltrigen Neues zu lernen. Viele Kinder zeigen großes Interesse an Landkarten von Europa, von Italien und Deutschland. Sie finden den Heimatort ihrer Brieffreunde auf, markieren den eigenen, und werden sich der Verbindungswege bewußt.

Eine Ermutigung für ein künftiges Europa ist auch, mit welcher Natürlichkeit die Kinder Unterschiedliches nicht einfach nebeneinander, sondern beieinander gelten lassen und miteinander kombinieren können. Ein kleines Beispiel nur ist, daß mich (G. G.) jedes Kind unser Europaklasse mit »Frau Gaa« anspricht, während es zu meiner italienischen Kollegin genauso selbstverständlich »Maestra Rossana«[13] sagt.

13 »Lehrerin Rossana«

Zu der Erkenntnis, daß Europa gelernt sein will, gehört auch die Bereitschaft hinzuschauen, wo Europa schon ein ganzes Stück selbstverständlicher lebt oder leben könnte. Darauf weist der Untertitel unseres Projekts (»eine beginnende Freundschaft in Europa«) hin. Wenn viele solcher Freundschaften in Europa entstünden, dann würde es in Europa über die bestehenden Grenzen hinweg vielleicht gelingen, uns nicht mehr selbst zu dem Maßstab zu machen, an dem wir andere messen. Wir würden früher und selbstverständlicher lernen, den Zugewinn der Begegnung unterschiedlicher Kulturen zu schätzen und zu genießen.

Das alles sind nach unserer Überzeugung gute Gründe, mehr Möglichkeiten zu schaffen, die Ziele der Staatlichen Europaschule Berlin, Europa und Interkulturalität, im Alltag zu leben, eben auch in solchen Brieffreundschaften.

Um an den Ausgangspunkt unseres Beitrages, zu der kleinen Restaurantszene, zurückzukehren: Ein bißchen findet Europa auch statt, wenn der Kellner die Schulkameradin seiner Tochter auf italienisch fragt, wie der Eisbecher »Coppa Europa« ist, den sie gerade genießt, und wenn dann Barbara grinsend antwortet: »Europa mi piace molto!«[14]

14 »Europa schmeckt mir gut!« bzw. »Europa gefällt mir sehr!«

Helga Marburger

Berliner Europaschule als Pilotprojekt

Wie kann hierdurch Interkulturelle Erziehung an Regelschulen gefördert werden?

Die Berliner Lehramtsstudienordnungen sehen für Studierende aller Schulformen bzw. -stufen im Rahmen des erziehungswissenschaftlichen Teilstudiengangs ein obligatorisches schulisches Orientierungspraktikum vor, das in der Regel nach dem zweiten Semester abgeleistet wird. Ebenfalls verbindlich ist der Besuch eines vorbereitenden Seminars, das die Hospitationen und Erkundungen »vor Ort« unter einer spezifischen Frage- oder Problemstellung focussieren sowie theoretisch fundieren soll. Das thematische Spektrum dieser Vorbereitungsseminare ist an der Technischen Universität breit gestreut. Im vergangenen Sommersemester habe ich diese auch von mir turnusmäßig anzubietende Veranstaltung erstmals unter dem Titel »Erziehung zur Zweisprachigkeit an Berliner Schulen« ausgeschrieben. Von den durch die Praktikumsordnung auf zwölf begrenzten TeilnehmerInnen des Seminars waren zehn Studierende nichtdeutscher Herkunft, MigrantInnen der zweiten bzw. dritten Generation, insbesondere aus der Türkei aber auch aus anderen Entsendeländern ehemaliger sog. »Gastarbeiter«. Lediglich zwei deutsche Studentinnen saßen mit in der Runde.

Eine erste vorsichtig formulierte Hypothese: Deutsche Lehramtsstudierende haben offensichtlich ein geringes Interesse an Fragen von Zweisprachigkeit, sehen eine Erziehung zur Bilingualität nicht als vordringliche Aufgabe von Schule, auf die sie sich im Rahmen ihres Studiums vorbereiten wollen oder müssen.

Zurück zu meiner Seminargruppe. Auf die Frage nach ihrer Teilnahmemotivation berichteten die deutschen Studentinnen von Au-pair-Aufenthalten nach dem Abitur in England bzw. Frankreich, bei denen sie erlebt hätten, wie wenig ihnen der traditionelle schulische Fremdsprachenunterricht »gebracht« hatte. Als künftige Fremdsprachenlehrerinnen waren sie nun auf der Suche nach effektiveren Modellen und erhofften sich Anregungen durch das Seminar.

Die nichtdeutschen Studierenden thematisierten dagegen schmerzliche Erfahrungen aus ihrer Schulzeit in Deutschland. Sie erzählten davon, wie sie mit relativ geringen Deutschkenntnissen eingeschult worden waren und sich plötzlich dem Zwang ausgesetzt sahen, nur in deutscher Sprache zu kommunizieren. Türkisch war verboten, im Unterricht allemal, aber auch in der Pause in den Gängen oder auf dem Hof. Sie erinnerten sich an Gefühle der Minderwertigkeit und Ausgrenzung. Auch nannten sie ihre Schwierigkeit, in einer weitgehend fremden Sprache lesen und schreiben lernen zu müssen sowie generell dem Unterrichtsgeschehen zu folgen. Von sehr mühsamen Schulbiografien war die Rede, von Klassenwiederholungen in der Grundschule, von Umwegen über Hauptschule, Real- oder Gesamtschule bis in die gymnasiale Oberstufe. Sie alle hatten es zwar schließlich mit viel individuellem Einsatz geschafft, hatten Abitur gemacht, doch wie sie bedauerten, auch um den Preis der Verkümmerung ihrer »Muttersprache«. Vom Seminar erwarteten sie Aufschluß, ob und wie sich mit der sprachlichen Situation von Kindern nichtdeutscher Erstsprache anders umgehen ließe.

Befunde zur (mangelnden) Interkulturalität der Regelschule

Handelt es sich bei diesen Negativerfahrungen meiner nichtdeutschen Studierenden um bedauerliche Einzelfälle, zudem um Erfahrungen aus einer längst vergangenen Zeit? Ich denke nicht, sondern sie erscheinen mir symptomatisch für den schulischen Umgang mit Zwei- und Mehrsprachigkeit. Veranschaulichen möchte ich diese Hypothese mit Interviewaussagen aus einer eigenen aktuellen empirischen Untersuchung bei Berliner GrundschullehrerInnen zu ihren Sichtweisen und Orientierungen bezüglich Multiethnizität der bundesdeutschen Gesellschaft und den Konsequenzen für Schule und Unterricht (Marburger, Helbig, Kienast 1997). Auf die Frage »Welche Rolle sollten die Migrantensprachen in der Schule spielen?« antwortete die Mehrheit der Lehrkräfte etwa wie folgt:

»Also wenn Sie mich fragen, überhaupt keine Rolle. Was nützt uns im Unterricht, wenn ein Kind mir ausländisch antwortet, und ich kann damit nichts anfangen? Was und wie ich unterrichte, das mach ich nach den herrschenden Gesetzen und Lehrplänen. Ich lebe und arbeite in Deutschland, und in Deutschland herrschen deutsche Gesetze« (a.a.O., S. 38).

»Wenn ich mich für dieses Land entscheide, muß man auch akzeptieren, daß es in der Schule keinen Weg geben kann, daß die Sprache weiter gefördert wird, gepflegt werden kann« (a.a.O.).

»Und das Ganze muß auf Deutsch passieren. Und wenn dann noch Zeit bleibt, kann mal in einem Rollenspiel ein Türke in der Muttersprache auftreten. Aber das Übergeordnete kann es nicht sein.« (a.a.O., S. 41).

Diese wie ähnlich gelagerte Aussagen korrespondieren unmittelbar mit den geschilderten Erfahrungen der nichtdeutschen Studierenden. Sie weisen insgesamt auf eine unhinterfragte Dominanz des Deutschen als für alle verbindliche Schul- und Unterrichtssprache. Die Erstsprachen von Zugewanderten werden überwiegend als Störung empfunden, als Beeinträchtigung eines ordnungsgemäßen Unterrichtsbetriebs. Zum Teil werden sie explizit rigoros ausgegrenzt, zum Teil einfach ignoriert, allenfalls erhalten sie als »Untergeordnetes« dann Raum, wenn das Lehrplansoll erfüllt ist. Schulische Monolingualität lautet das Prinzip. So delegierte ein Großteil der befragten LehrerInnen die Verantwortung für die Weiterentwicklung der Erstsprachen ausdrücklich an die Betroffenen selbst: freiwilliger Nachmittagsunterricht in der Verantwortung von Konsulaten oder Botschaften.

Doch auch die wenigen Lehrkräfte, die eine schulische Zuständigkeit für die Migrantensprachen sehen, wie etwa jene, die sich im Modellversuch zur deutsch-türkischen Alphabetisierung engagieren, betrachten diese eher als Hilfssprachen, als Vehikel zum effektiveren Deutschlernen (Heintze 1997). D. h. ausschlaggebend für die schulische Arbeit an der Erstsprache ist nicht deren eigenständige Wertigkeit als Erstsprache der SchülerInnen, sondern Deutsch ist Zielsprache, der die vorübergehende Zweisprachigkeit dienen soll: erstsprachlicher Unterricht als kompensatorische Sondermaßnahme für Kinder mit geringen Deutschkenntnissen, die den Regelunterricht entlasten soll.

Betrachtet man die ebenfalls in der genannten Untersuchung erfaßten LehrerInnenaussagen auf die Frage nach der Rolle von Migrantenkulturen für Schule, so zeigt sich ein der mehrheitlichen Sicht auf Migrantensprachen sehr ähnliches Antwortenspektrum. So wird in deren Einbeziehung kaum eine Relevanz für die allgemeine schulische Erziehung und Bildung gesehen. Etwa ein Viertel der Befragten verbindet mit der Thematisierung offenkundig lediglich das Bestreben, Migrantenkindern damit Möglichkeiten der Selbstdarstellung, ihres »Einbringens« in den Unterricht zu bieten. Dabei bewegen sich die Ausführungen häufig am

Rand einer Mitleidspädagogik, denn sie implizieren, daß sich Migrantenkinder eben weniger durch schulische Leistungen als vielmehr »mit solchen Dingen« beweisen können (Marburger, Helbig, Kienast 1997, S. 32). Auch erfolgte sehr schnell ein Hinweis auf Rahmenpläne und knappes Zeitbudget: »Da fehlt ja oft die Zeit. Ich denke nicht, daß wir vom Rahmenplan her Gelegenheit haben, zusätzlich etwas einzubauen über fremde Kulturen.« »Ja, das steht nicht im Lehrplan drin, irgendwie muß man das begrenzen, daß man auch die anderen Sachen noch schafft« (a.a.O.).

Diese Bezugnahme bietet offensichtlich die willkommene Legitimation, sich nicht ausführlicher mit dieser Thematik auseinandersetzen zu müssen, denn die Richtlinien gerade im Grundschulbereich sind keineswegs so rigide, wie es solche Aussagen glauben machen wollen, sondern lassen durchaus auch Spielräume für eigene Schwerpunktsetzungen. Ebenfalls als mehrheitlich typisch dokumentierte sich eine Sichtweise auf Migrantenkulturen, die diese reduziert auf Folklore, Kulinarisches und Touristenattraktionen. Damit verbunden war die Vorstellung, daß die Vermittlung von Migrantenkulturen, ihre unterrichtliche Präsentation mit wenig Aufwand rasch zu realisieren sei: mal ein Projekttag zu Afrika, mal einer zur Türkei, etwas arabisches Fladenbrot, ein wenig Bauchtanz oder ein vietnamesisches Gedicht (a.a.O., S. 32 ff.). Zudem waren die meisten dieser Vorschläge zu einer möglichen schulischen Verortung von Migrantenkulturen nicht nur sehr vage, sondern wurden auch eingeleitet mit »ich könnte mir vorstellen«, »ich denke mal«, »man müßte«, »man sollte«, erfolgte somit nicht im Rückgriff auf eigene konkrete Unterrichtserfahrungen. Daher liegt die Vermutung nahe, daß es in der Praxis der befragten Lehrkräfte nicht einmal dafür Raum gibt.

Ohne die Befunde überzubewerten oder vorschnell zu verallgemeinern, so scheint mir doch folgende Grundeinschätzung erlaubt: *In der Regelschule geschieht kaum so etwas wie Interkulturelle Erziehung, und zwar weder unter sprachlichen noch unter allgemeinen Aspekten.* Und auch die Notwendigkeit dazu wird selten gesehen – eine Annahme, die im übrigen auch durch das von mir eingangs konstatierte Desinteresse deutscher Lehramtsstudierender an solchen Fragestellungen erhärtet wird: ihre eigene Schulzeit hat sie für einen entsprechenden Erziehungs- und Bildungsbedarf offensichtlich wenig sensibilisiert. Wenn überhaupt Regelschule ein Erfordernis für Interkulturelle Erziehung registriert, dann allenfalls als »Nothilfe« mit Blick auf die Zugewanderten: Erstsprachlicher Unterricht zur Unterstützung des Deutschlernprozesses, Thematisierung herkunftskultureller und kulturvergleichender Elemente zur Vermeidung von Kulturschock, Desorientierung und Identitätsproblemen. All dies jedoch unter dem Motto, daß bei einem Fortzug der Migranten oder ihrer Assimilation in der kommenden Generation diese Interkulturelle Erziehung wieder überflüssig werde. Theoretische Konzeptionen und Entwürfe aus der interkulturellen Erziehungwissenschaft, die unter Verweis auf den innergesellschaftlichen wie internationalen Wandel von generell von Einheimischen wie Zugewanderten zu erbringenden neuen Lernleistungen sprach- und kulturenübergreifenden Kommunizierens und Agierens ausgehen (Marburger [Hrsg.] 1991), haben an dieser Sicht der schulischen Praxis bislang offensichtlich wenig ändern können.

Als zentrale Ursache hierfür vermute ich die spezifische Diskursentwicklung zur Interkulturellen Erziehung in der Bundesrepublik. Obwohl aus der Kritik der sog. Ausländerpädagogik als neues konzeptionelles Modell hervorgegangen (Marburger 1991), haftet ihr damit deren Stigma zumindest in der Praxis dennoch an. Ihr Anliegen erscheint als kompensatorische Sondermaßnahme für Minderheiten und nicht als allgemeine Notwendigkeit angesichts innergesellschaftlicher Entwicklungen zu struktureller Multikulturalität wie weltweiten Internationalisierungs- und Globalisierungsprozessen.

Interkulturalität als Ressource in der Staatlichen Europaschule Berlin

An dieser Stelle eröffnen die Diskussionen um die Europaschulen meines Erachtens einen neuen Zugang zur Relevanz von Interkultureller Erziehung, der nicht durch diese Hypothek vorbelastet ist. Die Konzeption der Staatlichen Europaschule Berlin (SESB) entwirft ein Bild von Schule, in der Multikulturalität einen konstitutiven Platz hat. D. h. schulische Multilingualität wird als Bereicherung verstanden, und zwar nicht nur mit Blick auf die dominanten Weltsprachen, sondern **grundsätzlich,** wie das Spektrum der schon jetzt unterrichteten Partnersprachen zeigt. Kinder ohne Deutschkenntnisse werden nicht als »Störfaktor«, als »Sand im Getriebe« betrachtet – Sichtweisen von LehrerInnen der bereits zitierten Untersuchung (Marburger, Helbig, Kienast 1997, S. 26) – sondern sie sind erwünscht, willkommen. Ihre Erstsprachen haben ihren legitimen Ort im Unterricht, ihnen haftet nicht der Geruch des Defizitären an, sondern sie rangieren gleichwertig und gleichberechtigt neben der deutschen Sprache. Entsprechendes gilt für die Herkunftskulturen dieser

Kinder. Die Auseinandersetzung mit deren Orientierungs- und Deutungsmustern gilt nicht als Konkurrenz im knappen Zeitbudget zur Vermittlung »eigener« Inhalte, sondern auch hier gilt das Prinzip der Gleichheit. Ziel ist ein wechselseitiges intensives Kennenlernen des anderen kulturellen Bezugssystems unter der Perspektive einer Öffnung und Erweiterung des jeweils national geprägten Bildungshorizonts. Damit zugleich intendiert ist das Wecken von Neugier und Verständnis für andere kulturelle Prägungen sowie ein selbstverständliches Umgehen mit Fremdem und Fremdheit. Das Erlernen von Toleranz, Empathie und Flexibilität sowie ein Denken in globalen Zusammenhängen sind meines Erachtens weitere Essentials des Europaschulkonzepts. Zusammengefaßt und auf den Punkt gebracht: Der Erwerb interkultureller Kompetenz erscheint als wichtige zukunftsträchtige Schlüsselqualifikation für **alle** Schülerinnen und Schüler.

Mit anderen Worten, hier wird konzeptionell verankert und – wie die schulpraktischen Beiträge dieser Tagung zeigen – auch real weitgehend umgesetzt, worauf Vertreter interkultureller Erziehungswissenschaft immer wieder nachdrücklich als generelle schulische Erziehungs- und Bildungsaufgabe hingewiesen haben. Anders als in den Regelschulen ist diese interkulturelle Intention hier nicht mit dem Makel eines kompensatorischen, sondern der Aura eines **prestigeträchtigen** Images behaftet. Der Modellversuch sieht sich nahezu genötigt, nachzuweisen, kein »Elite»projekt zu sein. Deutsche Eltern sind überzeugt, mit der Wahl einer Europaschule »das Beste« für die privaten wie beruflichen Lebenschancen von Sohn oder Tochter zu tun; die Bewerbungen übersteigen bei weitem die Aufnahmekapazitäten. Diese Haltung überträgt sich offensichtlich auf die Kinder: auch sie lernen im Bewußtsein der Dignität anderer Sprachen und Kulturen mehrheitlich gern und bereitwillig die jeweiligen Partnersprachen, öffnen sich für andere kulturelle Lebensformen und – orientierungen. Die beteiligten Lehrkräfte scheinen ebenfalls von der Zielsetzung der Konzeption überzeugt. Das Unterrichten in sprachlich und kulturell heterogenen Klassen erscheint ihnen nicht als mehr oder minder schwere Last, als »aufgedrückt«, sondern als Herausforderung, die sie bewußt gewählt haben und auch mit viel Engagement, didaktisch-methodischem Ideenreichtum wie kollegialem Teamvermögen meistern – so jedenfalls die in den mir inzwischen vorliegenden Praktikumsberichten meiner Studierenden wiedergegebenen Eindrücke ihrer Hospitationen an verschiedenen Europaschulen, so auch mein Empfinden bei meinen praktikumsbegleitenden Besuchen an diesen Schulen.

Auswirkungen des Europaschulversuchs auf die Regelschule

Mit dieser Einschätzung von Konzeption und Realität der staatlichen Europaschulen verbinde ich für die Praxis Interkultureller Erziehung in der Regelschule ein gleich auf mehrere Ebenen zielendes Hoffnungsbündel:

An erster Stelle erhoffe bzw. wünsche ich mir die Ausstrahlung dieses den Europaschulen zugrundeliegenden Leitbildes schulischer Mehrsprachigkeit und -kulturalität auf das Regelschulsystem. Gerade die hohe Nachfrage von bildungsorientierten deutschen Elternhäusern im Zusammenhang mit dem Prestigewert des Modells könnte einen diesbezüglichen Bewußtseinswandel in der Lehrerschaft initiieren bzw. unterstützen und so das »nationale Selbstverständnis der Bildung« (Gogolin [Hrsg.] 1994) auch unter den dort praktisch Tätigen verstärkt in Frage stellen und damit zu einer Überwindung beitragen. Einen ähnlichen Effekt könnte dieses Leitbild in der allgemeinen Elternschaft bewirken, indem diese Mehrsprachlichkeit und Interkulturelle Kompetenz zunehmend als notwendige Qualifikation für ihre Kinder erkennt und von der Institution Schule als Regelangebot einfordert.

Des weiteren erhoffe ich mir durch die rund um die Evaluation des SESB-Schulversuchs aktivierten und intensivierten Forschungsinitiativen eine adäquate Einschätzung der Möglichkeiten bilingualer Beschulung. Denn – dies haben ja die einschlägigen auf dieser Tagung vorgestellten Studien bestätigt – zweisprachige Erziehung und Bildung stellt nicht per se eine ungebührliche Belastung der SchülerInnen dar, sondern es ist eine Frage von Didaktik, Methodik, Unterrichtsmaterialien, Lehrerkooperation usw. sowie gegebenenfalls auch spezieller Stützmaßnahmen für Kinder mit Lernschwierigkeiten, ob die Betreffenden im Rahmen ihres Kräftepotentials erfolgreich eine Mehrsprachenkompetenz erwerben. Die Publikation und Diskussion solcher unter den **hiesigen** Bedingungen gewonnenen Erkenntnisse könnte gerade auch die im Hinblick auf Migrantenkinder so häufig gehörte These ihrer Überforderung durch eine zweisprachige Alphabetisierung und Erziehung widerlegen und so die schulische Bereitschaft zu Erhalt und Weiterentwicklung deren Erstsprachen im Rahmen des Regelunterrichts erhöhen.

Durch die den Schulversuch begleitende Forschung widerlegt werden könnte ebenfalls die gängige Vorstellung, daß ein gleichberechtigtes Einbeziehen anderer Kulturen im Rahmen der gegebenen Stundentafel nicht zu realisieren sei. Auch in diesem Fall zeigen die während dieser

Tagung vorgestellten Praxisbeispiele zahlreiche Ansätze zur Entwicklung alternativer Unterrichtsformen, die vom Gegenteil überzeugen: etwa neue Formen des exemplarischen Lernens, der kulturübergreifenden bzw. fächervernetzenden Verdichtung oder Kontrastierung, um nur einige Möglichkeiten zu nennen. Deren Evaluation gerade auch im Hinblick auf einen Transfer ins Regelsystem könnte Bewegung in die durch die »Sachzwänge« Stundentafel und Rahmenpläne legitimierte Dominanz nationaler Bildung bringen.

Sodann macht der Modellversuch deutlich, daß die Realisierung Interkultureller Erziehung an strukturelle Rahmenbedingungen gebunden ist, d. h. nicht zum Null-Tarif zu haben ist. Notwendig sind die curriculare Verankerung von spezifischen Lehr- und Lerninhalten, damit verbunden die Verfügung über entsprechende Lehr- und Lernmaterialien sowie die Entwicklung neuer Unterrichts- und Lehrformen. Von besonderer Bedeutung ist jedoch die selbstverständliche Anwesenheit von Lehrkräften anderer Kulturzugehörigkeit als gleichberechtigte Mitglieder des Kollegiums. Als Träger ihrer Sprachen und Kulturen sichern erst sie deren authentische Präsentation für alle SchülerInnen. Für die Angehörigen der eigenen Herkunftskultur sind sie Modell, für die anderer Zugehörigkeiten kulturelle Mittler. Ihre Kooperation mit einheimischen Lehrkräften ist einerseits wichtige Voraussetzung interkultureller Unterrichtsplanung und -realisation, andererseits Vorbild interkulturellen Miteinanders für Schüler- und Elternschaft.

Schließlich – und für mich von besonderem Gewicht: Der Modellversuch hat offensichtlich beigetragen zu einer Bewußtseinsänderung auf Seiten der Migranten hinsichtlich der Bedeutsamkeit ihrer Herkunftssprachen und -kulturen unter den Bedingungen der Migration. Denn schon bald nach der Etablierung der deutsch-englischen, deutsch-französischen und deutsch-russischen SESB-Standorte erreichten es sukzessive spanische, italienische, portugiesische, griechische und nicht zuletzt türkische Elterninitiativen, auch jeweils Europaschul-Standorte mit ihrer Partnersprache zu etablieren. D.h. das Projekt hat sie ermutigt bzw. darin bestärkt, ihre herkunftskulturelle und – sprachliche Zugehörigkeit nicht länger als Defizit anzusehen, sondern Bikulturalität und Bilingualität als wichtige Ressource, als Qualifikationsvorteil für Lebenschancen zu erkennen. Diese Erfahrung wird meines Erachtens auch dazu führen, daß Minderheiten den bisherigen Umgang des Regelschulsystems mit ihrem sprachlichen und kulturellen Hintergrund nicht länger als mehr oder minder »naturgegeben« hinnehmen, sondern auch hier zweisprachige, interkulturelle Erziehung offensiv einfordern. Das konkrete Erleben, daß es andere, bessere Wege gibt, wird dieser Forderung Nachdruck verleihen.

Daß es andere, bessere Wege im schulischen Umgang mit Multilingualität und -kulturalität gibt, haben im übrigen auch alle meine Orientierungspraktikumsstudierenden für sich erfahren und zumindest perspektivisch Konsequenzen für ihre spätere Berufspraxis gezogen. Die StudentInnen nichtdeutscher Herkunft rekapitulierten in ihren Praktikumsberichten nun mehrheitlich mit Aufbegehren ihre eigenen Schulbiografien und betonten, ihrerseits alle Energien darauf verwenden zu wollen, die erworbenen Erkenntnisse ins Regelsystem zu transferieren. Die beiden deutschen Studierenden waren sehr nachdenklich geworden durch die Konfrontation der Berichte ihrer nichtdeutschen KommilitonInnen zu deren Erfahrungen im Umgang mit ihrer Bilingualität und -kulturalität und dem, was sie an alternativen Umgangsweisen in den Europaschulen beobachtet hatten. Sie werteten ersteres angesichts der eigenen Mühe, eine Zweitsprache flüssig zu erwerben, nun als Vergeudung von Potentialen, die sie der Institution Schule schwer anlasteten. Auch sie haben sich eine bedachtsame Pflege von Mehrsprachigkeit vorgenommen.

Mein Fazit: Leitideen und praktische Erfahrungen der Europaschulen und erziehungswissenschaftliche Konzeptionen Interkultureller Erziehung müssen im Interesse einer umfassenden Implementierung interkultureller Erziehungs- und Bildungspraxis im Regelschulsystem stärker zusammengebracht werden. Dabei profitiert das allgemeine Anliegen Interkultureller Erziehung – wie skizziert – sowohl von der Prestigeträchtigkeit des Pilotprojekts wie von den konkreten Erfahrungen seiner Etablierung auf curricularer, schulorganisatorischer, personeller und methodisch-didaktischer Ebene. Und für den Europaschulgedanken bedeutet diese Zusammenführung ein notwendiges Gegengewicht gegenüber der Gefahr eines neuen Nationalismus, der zwar die Grenzen der bisherigen Nationen überschreitet, dafür aber auf höherer Ebene ebensolche Grenzen nach außen zieht.

Literatur

Gogolin, Ingrid: Der monolinguale Habitus der multilingualen Schule, Münster 1994

Gogolin, Ingrid (Hrsg.): Das nationale Selbstverständnis der Bildung, Münster, New York 1994

Heintze, Andreas: Das Kreuzberger Modell einer zweisprachigen Alphabetisierung und Erziehung türkischsprachiger Kinder: Geschichte, Konzeption und Sichtweisen beteiligter LehrerInnen. In: Heintze/Helbig/Jungbluth/Kienast/Marburger: Schule und multiethnische Schülerschaft. Sichtweisen, Orientierungen und Handlungsmuster von Lehrerinnen und Lehrern, Frankfurt (Main) 1997, S. 63–124

Marburger, Helga: Von der Ausländerpädagogik zur Interkulturellen Erziehung. In: Marburger, Helga (Hrsg.): Schule in der multikulturellen Gesellschaft. Ziele, Aufgaben und Wege Interkultureller Erziehung, Frankfurt (Main) 1991, S. 19–34

Marburger, Helga (Hrsg.): Schule in der multikulturellen Gesellschaft. Ziele, Aufgaben und Wege Interkultureller Erziehung, Frankfurt (Main) 1991

Marburger, Helga, Helbig, Gisela, Kienast, Eckhard: Sichtweisen und Orientierungen Berliner Grundschullehrerinnen und – lehrer zur Multiethnizität der bundesdeutschen Gesellschaft und den Konsequenzen f. Schule u. Unterricht. In: Heintze/Helbig/Jungbluth/Kienast/Marburger: Schule und multiethnische Schülerschaft. Sichtweisen, Orientierungen und Handlungsmuster von Lehrerinnen und Lehrern, Frankfurt (Main) 1997, S. 4–62

Schulentwicklung

Michael Göhlich

Schulentwicklung als Europaschul-Baustein

Einführung in die Thematik der nachfolgenden Beiträge

Zur Schulentwicklung als Entwicklung, Autonomisierung und qualitative Verbesserung von Einzelschulen lassen sich in der Diskussion um bilinguale und europäisch bzw. interkulturell orientierte (Grund-)Schulen bisher bedauerlicherweise erst wenige Reflexionen orten. Dabei ist gerade hierzu eine Diskussion innerhalb dieser Modellschulen, so auch innerhalb der einzelnen Standorte der Staatlichen Europaschule Berlin, sowie zwischen dem jeweiligen Lehrerkollegium und einer (zu dieser Frage bisher leider nicht existenten) wissenschaftlichen Begleitung vonnöten. Denn ob schließlich alle beteiligten Kinder sicher zur Zwei- oder Mehrsprachigkeit geführt werden und ob schließlich alle beteiligten Kinder sich in Richtung einer European Citizenship entwikkelt haben, die Akzeptanz und solidarische Aufmerksamkeit gegenüber Anderen, Fremden, Einzelpersonen und Kulturen beinhaltet, das ist nicht nur, aber doch sehr abhängig von der jeweiligen einzelnen Schule, dem mit SchülerInnen und Eltern abgestimmten Schulkonzept des Kollegiums.

Um den in Erziehungswissenschaft und Schulpädagogik etablierten Diskurs zu Schulentwicklung, -autonomie und -qualität zukünftig für den spezifischen Entwicklungsbedarf der Europaschulen nutzen zu können, wird er im folgenden in seinen Hauptlinien skizziert und durch die Beiträge von Steffens/Bargel und Avenarius an zwei Fragen spezifiziert.

Seit Rutter's Langzeituntersuchung die Bedeutung des spezifischen Ethos der einzelnen Schule für den Schulerfolg aufgezeigt hat, und seit Fends Schultyp-Vergleich (Gymnasium/Gesamtschule) zeigte, daß die Unterschiede zwischen einzelnen Schulen des gleichen Typs größer sein können als die zwischen den verschiedenen Schultypen, erhält die Einzelschule und ihre Entwicklung erhöhte Aufmerksamkeit. In der Folge etablierte sich der Diskurs um Schulautonomie und der Diskurs um Schulentwicklung als Entwicklung der Einzelschule.

Der Diskurs um Schulautonomie dreht sich um Forderungen und Bedenken, die offenbar wirksamen Selbststeuerungs- und Innovationskräfte der Einzelschule stärker zu nutzen und der Schulleitung oder bestimmten Schulgremien den Finanzhaushalt, die Personalauswahl, die pädagogische und organisatorische Konzeption selbst zu überlassen. Verschiedene Bundesländer haben hierzu unterschiedlich weitgehende Modellversuche gestartet. Der entsprechende Berliner Versuch von »Schulen in erweiterter Verantwortung« geht nicht sonderlich weit. Dennoch ist bedauerlich, daß die zwölf Standorte der Staatlichen Europaschule Berlin bisher nicht an ihm beteiligt sind, zumal die ihnen gerade während des Aufbaues eigene, in den nachfolgenden Beiträgen von Kaiser und McTaggart u. a. aufgezeigte Entwicklungsnotwendigkeit (z. B. jährliche Neueinstellungen, Personalentwicklung, tarifliche Gleichstellung, Projektarbeit) nahelegt, den Spielraum des Versuchs »Schulen in erweiterter Verantwortung« quasi von innen her auszudehnen.

Der erziehungswissenschaftliche Diskurs um Schulentwicklung nimmt einerseits Organisationsentwicklungsansätze (z. B. Rolff) aus der Wirtschaft, die in Überlegungen der Humanistischen Psychologie, der Betriebssoziologie und nicht zuletzt der neueren Systemtheorie wurzeln, andererseits Aktionsforschungmethoden und Handlungstheorie (z. B. Altrichter/Posch) auf und versucht z. T. an die eher curriculums- und unterrichtsbezogene innere Schulreform anzuknüpfen (z. B. Bastian). Alle drei Aspekte des Diskurses können die SESB-Standorte sowohl in der Frage des Partnersprachlichen Unterrichts als auch in der Frage der Europäischen Dimension und Interkultureller Erziehung qualitativ voranbringen. »Daß das ›Konzept der guten Schule‹ auch das Richtige ist für die Schule in den Brennpunkten der Migration« (Hamburger, 73), trifft ebenso auf die einzelnen Europaschulen zu.

Die im Vergleich zu Regelschulen hohe Dynamik der einzelnen Europaschulen soll hier nur angedeutet werden, da die nachfolgenden Beiträge dies in Reflexionen je eigener Schulwirklichkeit konkret belegen.

Hochdynamisch ist insbesondere die Veränderung des Kollegiums in den Berliner Europaschulstandorten. Da die SESB in der Regel als (ein- oder zweizügiger) Zweig an einer bestehenden (Grund-)Schule eingerichtet worden ist, sind an allen Standorten Jahr für Jahr für die jeweilige erste Klasse neue »native speakers« eingestellt worden. In vielen Fällen handelt es sich um eher jüngere Menschen, die ihre Lehrerausbildung in ihrem Herkunftsland erhalten, dort auch ihre bisherigen Schul- und Unterrichtserfahrungen gesammelt haben und der deutschen Sprache nur eingeschränkt mächtig sind. Sie kommen nun in ein im Durchschnitt meist deutlich älteres deutsches und selbstverständlich die deutsche Sprache als innerkollegiale Sprache verwendendes Kollegium. Aber es ist nicht so sehr das Alter, was die Dynamik ausmacht, sondern die unterschiedliche Kultur, die unterschiedlich sozialisierten und studierten Auffassungen von Schule und Unterricht.

Dies bedenken auch Gleeson/Hertz, deren Beitrag die Reflexionen über die Entwicklung einzelner Schulen zu guten Europaschulen abschließt. Konkrete Schwierigkeiten und Möglichkeiten der Zusammenarbeit als Lehrerinnen derselben Europaschulklasse benennend, macht ihr Beitrag deutlich, wie der Umgang mit der genannten Dynamik und damit konstruktive Schulentwicklung im Sinne der Entwicklung einer Schule hin zu einer guten Europaschule gelingen kann.

Literatur

Altrichter, H. /Posch, P. (Hg.): Mikropolitik der Schulentwicklung, Innsbruck 1996

Bastian, J.: Pädagogische Schulentwicklung, in: Pädagogik 2/97, 6–11

Göhlich, M.: Schule als schismogene Kulturgemeinschaft, in: Zeitschrift für Sozialisationsforschung und Erziehungssoziologie 4/1997, S. 356–367

Hamburger, F.: Interkulturelle Erziehung, Eigenverantwortung und Profilierung von Schulen in Ballungsräumen, in: Interkulturelle Erziehung in den großen Städten Europas, Berliner Institut für Lehrerfort- und weiterbildung 1995, S. 68–78

Holtappels, H. G.: Schulkultur und Innovation. Ansätze, Trends und Perspektiven der Schulentwicklung, in: ders. (Hg.), Entwicklung von Schulkultur, Neuwied 1995, S. 6–36

Rolff, H. G.: Wandel durch Selbstorganisation. Theoretische Grundlagen und praktische Hinweise für eine bessere Schule, Weinheim und München 1993

Rutter, M. u. a.: Fünfzehntausend Stunden. Schulen und ihre Wirkung auf die Kinder, Weinheim 1980

Ulrich Steffens und Tino Bargel

Qualitätsstandards

Kriterien guter Schulen

Die aktuelle Diskussion um Schulentwicklung wird von der Frage nach Qualitätssicherung und Qualitätsentwicklung beherrscht. Die bisher praktizierten Steuerungsstrategien stehen zur Disposition, neue Instrumente der Sicherung von Leistungsfähigkeit werden allerorten diskutiert. Die breite Diskussion um die Qualität und Effektivität von Schule ist kein auf Deutschland begrenztes Phänomen. Es handelt sich vielmehr um einen internationalen Trend, bisher eingesetzte Mittel um weitere Maßnahmen zu ergänzen oder durch neue Verfahren zu ersetzen. Hinter diesen Bestrebungen steht ein neuer Ansatz von Schulentwicklung, der das klassische ›Bürokratiemodell‹ für die Entwicklung und Gestaltung von Schule als nicht mehr zeitgemäß und praxistauglich sieht und der einzelnen Schule eine erweiterte Selbstverantwortung zuschreibt. Aus dieser neuen Sicht von Schule ergeben sich folgende Konsequenzen:

- Erstens ist davon auszugehen, daß Schulen *sehr verschieden* sind. Bisher war die Vorstellung vorherrschend, daß die Schulaufsicht durch entsprechende Maßnahmen an allen Schulen gleich gute Lehr- und Lernbedingungen sicherstellen kann. Aber bereits die unterschiedliche Personalausstattung von Schulen ein und derselben Schulform läßt ungleiche Bedingungen erkennen (Über- versus Unterversorgung). Deutlicher fallen die Unterschiede bei Vergleichen verschiedener Schulformen aus (etwa Hauptschule versus Gymnasium). Verläßt man diese äußeren Rahmenvorgaben und wirft einen Blick auf das Innenleben von Schulen (etwa auf die pädagogische Kultur in einem Kollegium oder auf die fachliche, methodische und humane Kompetenz der einzelnen Lehrpersonen), so wird die Frage nach der schulaufsichtlichen Sicherung von ›Gleichartigkeit‹ nahezu unbeantwortbar.
- Eine zweite Konsequenz für die weitere Schulentwicklung liegt in

der Einsicht, daß Schulen *weniger von außen steuerbar* sind, als es die zweite Schulreformbewegung dieses Jahrhunderts erwarten ließ: Die Einrichtung von Gesamtschulen in den 70er Jahren als die entscheidende Maßnahme äußerer Schulreform konnte beispielsweise durch strukturelle organisatorische Veränderungen zwar die Zielsetzungen teilweise einlösen, nicht jedoch automatisch eine bestimmte pädagogische Kultur herbeiführen. Dazu bedarf es einer innerschulischen Entwicklungsarbeit im Sinne einer bewußten pädagogischen Ausgestaltung durch das jeweilige Kollegium.

- Eine solche Entwicklung kann angesichts der organisatorischen Verfaßtheit von Schule schwerlich durch Erlasse oder Verordnungen gesichert werden. Hiermit ist eine dritte Konsequenz für die weitere Schulentwicklung angesprochen: Schulen lassen sich schwerlich als hierarchisch-bürokratisch organisierte Einrichtungen beschreiben, die ›von oben‹ vorgeschrieben bekommen, was sie zu tun und zu lassen haben und was die einzelne Lehrperson (betrachtet als ›unterstes Glied‹ in dieser Hierarchie) als ›weisungsempfangende/r Beamter/Beamtin‹ auszuführen hat. Schulen erscheinen vielmehr als *Systeme lose miteinander gekoppelter Subeinheiten* (etwa Schulleitung, Gesamtkonferenz, Fachkonferenz, Jahrgangsteam und vor allem die einzelnen Lehrenden), die nicht hierarchisch aufeinander bezogen sind.
- Schulen besitzen faktisch einen beträchtlichen Freiraum, der häufig jedoch nicht erkannt wird. Damit ist – als vierte Konsequenz – die Einsicht verbunden, daß Schulen als Organisationen zu begreifen sind, die durch die in ihr *handelnden Organisationsmitglieder,* insbesondere durch die Lehrerinnen und Lehrer, gestaltet werden. Kollegien, die sich nicht als pädagogische Instanzen von Aushandlungs- und Problemlösungsprozesse begreifen, können keine gemeinsame Schulkultur entwickeln, sie verfügen über kein kollektives Anliegen und begreifen ihre Schule nicht als ein Ganzes, das es gemeinsam zu verantworten gilt.
- Obwohl die schulspezifischen Gestaltungsfreiräume nachweisbar sind, werden die Gestaltungsmöglichkeiten von Kollegien bisher nur selten erkannt. Die fünfte Konsequenz lautet deshalb, daß es für eine Verbesserung von Schule zunächst ein *Gestaltungsbewußtsein* in der Lehrerschaft zu wecken gilt, verbunden mit der Einsicht in die Organisierbarkeit innerschulischer Veränderungen.
- Dies setzt eine bewußte Pflege von *Partizipation* voraus. Nach innen gewendet bedeutet Partizipation die aktive Teilhabe des Einzelnen

am Schulleben. Nach außen gewendet setzt Partizipation eine schulspezifische Autonomie voraus. Eine weitere, sechste Konsequenz liegt demnach darin, den bereits bestehenden Gestaltungsfreiraum der Einzelschule den Kolleginnen und Kollegen und insbesondere den Schulleitungen bewußter zu machen, den Schulen offiziell mehr Autonomie zu gewähren und durch flankierende Maßnahmen Partizipation und verstärkte Selbstverantwortung zu fördern. Dies erfordert zugleich ein Umdenken innerhalb der Schulaufsicht selbst.

Wenn Schulen unterschiedlich sind, in produktiver Weise sogar sein sollen, und wenn sich Schullandschaft vielfältig darstellt, dann wird die Frage und die Suche nach den möglichen Kriterien der Schulqualität um so bedeutungsvoller. Sie kann dazu verhelfen, die qualitative Gleichwertigkeit verschiedener Schulen zu klären und Mindeststandards der Schulgüte in der Schulvielfalt zu sichern.

Die Suche nach den Kriterien für Schulqualität ist *empirisch* orientiert: Sie betrifft das Terrain, welches die empirische Schulforschung für Sondierungen zur guten Schule bereitstellt und umfaßt die Koordinaten, welche die Suche nach den Kriterien guter Schulen leiten können. Dabei beziehen wir uns auf Forschungsbefunde, wie sie im Rahmen des Arbeitskreises *Qualität von Schule* seit 1985 diskutiert und gebündelt wurden (vgl. Steffens/Bargel 1993). Der Vorteil einer empirischen Ausrichtung von Schulqualität liegt vor allem darin, daß sie Kriterien guter Schulen einer rationalen Diskussion zugänglich macht und bei Kontroversen zu begründeten Entscheidungen verhilft.

Ohne Leitfaden kann die Suche nach den Kriterien guter Schulen im unwegsamen, teilweise unübersichtlichen Gelände der Schulwirklichkeit zu Einseitigkeiten, Verengungen und Lücken führen. Der folgende Orientierungsrahmen dient als ein Suchraster, um mögliche Komponenten und Elemente in eine Ordnung zu bringen und wichtige Faktoren nicht zu übersehen. Der Bereich möglicher Kriterien für Schulqualität läßt sich in vier Felder unterteilen:

1. Wirkungen schulischen Lernens,
2. Lernbedingungen und erzieherische Prozesse,
3. Innere Schulgestaltung,
4. Rahmenbedingungen für Schulen.

Das Feld der Wirkungen schulischen Lernens

Im Feld der erzieherischen Wirkungen und der Erträge schulischen Lernens sind viele ausschlaggebende Kriterien für Schulqualität zu finden. Weitgehende Einmütigkeit besteht darin, daß Schulen mit mäßigen Lernleistungen ihrer Schüler/innen, mit Mängeln in deren Förderung und Entwicklung, kaum als gute Schulen gelten können. Größere Differenzen bestehen darüber, welche Elemente als Kriterien herangezogen werden sollen und wie diese zu gewichten sind. Viele Untersuchungen zur Wirksamkeit von Schulen betonen die fachlichen Lernleistungen oder die Lernhaltungen der Schüler/innen. Sie engen damit die Kriterien zur Bestimmung guter Schulen von vornherein auf die Fachleistungen ein. Diese Konzentration mag zwar effektive Schulen ausweisen, sie verfehlt aber wichtige Kriterien außerfachlicher Art, die ebenfalls als Ziele schulischer Erziehung gelten. Daher sollten folgende Komponenten gleich gewichtet werden:

- Fachliche Lernleistungen und Lernhaltungen,
- Allgemeinbildung und kulturelle Interessen,
- Soziale und partizipative Kompetenzen,
- Personale Mündigkeit und Urteilsfähigkeit.

Ein entscheidendes Kriterium von Schulqualität liegt in dem gelingendem Ausbalancierungsprozeß dieser Zielbereiche der Erziehung.

Häufig wird die aktuelle Schulsituation der Kinder und Jugendlichen bei der Bestimmung guter Schulen übergangen. Im Feld der erzieherischen Wirkungen von Schule sollte daher auch die *Befindlichkeit* der Schüler/innen in der Schule als qualitätsdefinierend herangezogen werden. Als hauptsächliche Kriterien sind hierbei die *soziale Integration,* d. h. das Zusammenleben und der Zusammenhalt von Schüler/innen verschiedener Herkunft und unterschiedlichen Könnens sowie ihr Wohlbefinden und Selbstvertrauen zu berücksichtigen.

Zwei weitere Komponenten erscheinen bedeutsam, die über das Feld der erzieherischen Wirkungen hinausweisen: die *Verringerung ungleicher Bildungschancen,* sowie der *Nutzen des Gelernten in ihrem weiteren Leben,* für berufliche Qualifikation wie Teilhabe am kulturellen und öffentlichen Leben. Beide Komponenten sind zweifelsohne in ihrer Definition wie Messung schwierige Kriterien. Sie sind aber zugleich individuell wie gesellschaftlich besonders schwerwiegend, weshalb sie trotz aller Problematik bei der Bestimmung der Güte von Schulen nicht ausgeklammert werden dürfen.

Das Feld der Lernbedingungen und erzieherischen Prozesse

Manche favorisieren, daß sich Schulqualität vorrangig in den Wirkungen schulischen Lernens ausweist, andere beharren darauf, daß sie sich vor allem in den Lernprozessen erweist. Stellt man jedoch einseitig auf die Wirkungen schulischen Lernens ab, so könnten sie mit erzieherischen Verhältnissen erkauft sein, die keinem Kriterium von schulischer Lebensqualität genügen. Hebt man umgekehrt auf die Art und Weise unterrichtlicher und erzieherischer Verhältnisse ab, so könnte der Fall eintreten, daß sich die Schüler/innen zwar an der Schule wohlfühlen, aber in ihren Leistungen und Kompetenzen zu wenig gefördert werden. Da solche Wechselfälle keineswegs auszuschließen sind, ist zu empfehlen, die Lernbedingungen und Erziehungsprozesse an den Schulen als Feld der Erkundungen zu Schulqualität gesondert zu beachten.

Neben der Produktqualität von Schule steht also deren *Prozeßqualität,* d. h. die innerschulischen Lernbedingungen und erzieherischen Prozesse. Vier Komponenten werden in diesem Feld unterschieden:

- Lernorganisation und Lernbedingungen: Soziale Konstanz und Überschaubarkeit, Leistungsdifferenzierung und Individualisierung, Verbund von Fach- und Projektunterricht, Zeit- und Raumplanung.
- Unterrichtsdidaktik und Lehrstrategien: Aufgabenorientierung und Zeitnutzung, Hilfestellungen und Rückmeldungen, Wechsel der Lehr- und Lernmethoden, Schüler- und Klassenorientierung.
- Lerninhalte und Lernbereiche: Fachliches Lernen und außerunterrichtliche Aktivitäten, demokratische Erziehung, Interessenförderung und Lebensbewältigung, handlungsbezogenes und praktisches Lernen.
- Allgemeines Erziehungsverhalten der Lehrer/innen: Verhalten der Lehrenden hinsichtlich Schülerzuwendung und Unterstützung, Leistungsanforderungen und Selektivität, Verantwortlichkeit gegenüber Schüler/innen, Klarheit der Regelungen und des pädagogischen Handelns sowie hinsichtlich ihres Beitrags zur Aufrechterhaltung des Schulbetriebs.

Das Feld der inneren Schulgestaltung

Die Komponenten im Feld der inneren Schulgestaltung beziehen sich auf Kriterien der Organisation und Ressourcen an den Schulen sowie ihrer effizienten Nutzung. Außerdem umfassen sie als Kriterien Haltungen und Kompetenzen von Kollegien und Schulleitungen. Vier Komponenten sind, auf die Schule als Ganzes bezogen, bedeutsam:

- Grundverständigung über Erziehungsauffassungen im Kollegium: Als eine Schlüsselvariable für Schulqualität kann angesehen werden, wie die Schule zu ihren Schüler/innen steht: Daß sie ihnen nicht gleichgültig gegenübertritt, vielmehr optimistische Erwartungen und Zutrauen in sie setzt, sowie ihre Leistungsergebnisse und personale Entwicklung schätzt.
- Zusammenarbeit im Kollegium: Die Lehrerkooperation gilt als Gelenkstück von Schulqualität und Schulerneuerung. Dabei reicht aber eine sporadische, nur formale Zusammenarbeit nicht aus. Der fachlich-didaktische Austausch, die Unterstützung und Anregung sowie ein sozial-emotional positives Klima unter den Kollegen gehören dazu.
- Verhalten und Kompetenzen der Schulleitung: Nicht nur für das arbeitsorganisatorische Funktionieren, sondern auch für die pädagogische Qualität der Schule ist das Verhalten und die Kompetenz der Schulleitung zentral. Deren Zielgerichtetheit, deren Kompetenzen der Strukturierung und Anregung sind außerdordentlich bedeutungsvoll. Dabei ist ein partizipativer Stil im Umgang mit dem Kollegium förderlich.
- Berufs- und Schulengagement von Lehrer/innen und Schulleitung: Diese drücken sich nicht nur im Bemühen um fachliche und didaktische Kompetenzen aus; sie zeigen sich vor allem in der Mitwirkung an der Schule als Gemeinschaft, in der Mitgestaltung des Schullebens über den Unterricht hinaus, und in der Identifikation mit der eigenen Schule.

Aus diesen vier Komponenten setzt sich zusammen, was als *Ethos* einer Schule oder als Schulkultur bezeichnet wird. In einem solchem Schulethos ist jene grundlegende Kraft zu identifizieren, die in vielfältiger und verzweigter Weise eine gute Schule ausmacht und in vielen Bereichen günstige erzieherische Wirkungen erzielt. Es sind jene Komponenten, die die Basis dafür abgeben, daß sich Schulqualität einstellt oder Schulerneuerung als Prozeß in Gang kommt.

Das Feld der Rahmenbedingungen für Schulen

Es wäre ein Mißverständnis, äußere Rahmenbedingungen als unerheblich für die Qualität von Schulen einzustufen. Ebenso unzutreffend ist es, ›äußere‹ gegen ›innere‹ Reform- und Entwicklungsbemühungen auszuspielen: Sie müssen ineinandergreifen. Als äußere Rahmenbedingungen von Schulen sind anzusehen:

- Rechtliche Vorgaben: Auf der ›Systemebene‹ im Hinblick auf ein wohnortnahes Bildungsangebot, auf Schulformen und Schulstufen; auf der Ebene der Bildungsinhalte vor allem hinsichtlich Stundentafel, Lehrpläne und Zulassung von Schulbüchern; auf der Ebene innerschulischer Arbeitsstrukturen vor allem bezüglich Schulleitung und Kooperationsformen im Kollegium. Ferner betreffen die Vorgaben die Organisation von Lehr- und Lernprozessen sowie die Lenkung von Bildungslaufbahnen.
- Schulaufsicht als Teil der Schulverwaltung in kontrollierender und beratender Funktion.
- Ressourceneinsatz: Personalrekrutierung und -einsatz, Lehrerversorgung, Versorgung und Unterhalt der Schule, Bereitstellung von Lehr- und Lernmitteln.
- Stützsysteme der Lehrerfortbildung und Schulbegleitung: Möglichkeiten der Lehrerfort- und -weiterbildung, schulinterne Lehrerfortbildung, Unterstützung bei der Schulkonzeptentwicklung, Schulprogrammarbeit und interne Evaluation.
- Zusammensetzung der Schüler/innen einer Schule und das schulische Umfeld: Lernvoraussetzungen der Schüler/innen, Anregungsgehalt im Elternhaus und Verhältnisse im schulischen Umfeld.

Aus zwei Gründen sind solche Rahmenbedingungen in das Feld der Koordinaten aufzunehmen, wiewohl sie nicht unmittelbar die pädagogische Qualität einer Schule bestimmen:

Zum einen gilt es, ihren Stellenwert im einzelnen zu prüfen, inwieweit sie die innere Schulqualität fördern oder hemmen. Welche von ihnen sind geeignet, bei möglichst vielen Schulen zumindest die Mindeststandards der Schulgüte zu sichern? Welche anderen haben ambivalente Auswirkungen, je nachdem wie sie genutzt werden können? Und welche schließlich haben sogar eine kontraproduktive Konsequenz für die Schulqualität in mancher Hinsicht (wie etwa Erlaßflut oder allzu starre Kontrollen der Schulaufsicht)?

Zum anderen sind sie zu berücksichtigen, um der einzelnen Schule bei der Beurteilung ihrer Qualität gerecht zu werden. Denn es wäre unangemessen, alle Schulen über einen Kamm zu scheren. Bei ungünstigen Rahmenbedingungen, etwa hinsichtlich des Umfeldes, der Zusammensetzung der Schülerschaft oder der Schulausstattung, sind die hergestellten Lernbedingungen und erzielten Erziehungsresultate anders zu qualifizieren, als bei Schulen mit günstigeren Voraussetzungen.

Angesichts des Umfangs der Komponenten, der Fülle möglicher Elemente und Indikatoren, die bei der Suche nach den Kriterien guter Schulen zu beachten sind, erscheint der Hinweis angebracht, daß solche Breite beabsichtigt ist. Gerade in Anbetracht der aktuellen Debatte um Leistungsstandards gilt es, ein *weitergehendes Verständnis von Schulqualität* zu betonen. Denn beim gegenwärtigen Wissensstand zur Schulqualität ist es nur günstig, wenn Schule aus verschiedenen Blickwinkeln vermessen wird. Nur so können die Möglichkeiten und Gefahren bestimmter Kriterien erkannt werden.

Literatur

Steffens, U. / Bargel, T.: Erkundungen zur Qualität von Schule, Neuwied u. a. 1993

Hermann Avenarius

Schule in erweiterter Verantwortung

Anmerkungen eines Juristen

Über Schule in erweiterter Verantwortung, oft mit dem nicht ganz zutreffenden Schlagwort »Schulautonomie« belegt, wird heute viel geschrieben und geredet. Tagungen und Denkschriften befassen sich mit dem Thema. Hier in Berlin wird die »Schule in erweiterter Verantwortung« sogar in einem Modellversuch der Bund-Länder-Kommission für Bildungsplanung und Forschungsförderung erprobt, den wir mit einer Projektgruppe des Deutschen Instituts für Internationale Pädagogische Forschung wissenschaftlich begleiten. In all den Beiträgen, Konzepten und Programmen werden pädagogische, organisatorisch-administrative und ökonomische Aspekte ausführlich erörtert. Die damit verbundenen juristischen Probleme bleiben hingegen zumeist ausgeblendet.[1] Das überrascht umso mehr, als mit den geltenden Gesetzen der rechtliche Rahmen schulischer Selbstverwaltung vorgegeben ist, dessen eventuelle Modifikation genauer Kenntnis und dessen praktische Ausgestaltung sorgfältiger Interpretation bedarf.

Eines der Motive, die die Debatte über die Erweiterung schulischer Selbstverantwortung prägen, ist der Wunsch nach größerer Schulvielfalt. Ihm liegt die Einsicht zugrunde, daß der Konsens über Werte und Normen in unserer Gesellschaft weithin zerbrochen und der Versuch, ihn ausgerechnet in und durch die Schule wiederherzustellen, zum Scheitern verurteilt ist. Zwar hat, wer sich berufen fühlt, eine Schule mit spezifischem Profil als Gegenentwurf zur diffusen staatlichen Schule anzubieten, nach Art. 7 Abs. 4 GG die Freiheit, eine Privatschule zu

---

1 So hat beispielsweise eine vom nordrhein-westfälischen Ministerpräsidenten Rau eingerichtete Kommission mit erheblichem publizistischen Aufwand eine Denkschrift »Zukunft der Bildung – Schule der Zukunft« vorgelegt. Dieser Kommission gehörten Erziehungswissenschaftler, Ökonomen, Philosophen, Informatiker, Banker, Vertreter der Industrie und der Arbeitnehmerorganisationen an, jedoch – und das ist typisch – kein einziger Jurist.

gründen[2]. Die staatlichen Zuschüsse decken jedoch die Kosten für deren Gründung und Betrieb bei weitem nicht. Zudem hat das Bundesverfassungsgericht die staatliche Förderungspflicht für das private Ersatzschulwesen mit weitreichenden Einschränkungen versehen (vgl. BVerfGE 75, 40, 66 ff.). Das sind keine günstigen Voraussetzungen für eine neue Blüte des Privatschulwesens. Daher kann es kaum verwundern, daß immer mehr Stimmen laut werden, die eine buntgestaltete öffentliche Schullandschaft befürworten. So kommen wir zu der überaus spannenden Frage, ob der Staat selbst eine Vielfalt von Schulen vorhalten und den einzelnen Schulen ermöglichen kann, ihr eigenes Profil selbstverantwortlich zu entwickeln.

Es gibt Autoren, die dies nicht nur für zulässig, sondern sogar für erforderlich halten. So heißt es in einer vor wenigen Jahren erschienenen juristischen Monographie, die gegenwärtige Ausrichtung schulischer Erziehung beruhe auf einem einseitigen Verständnis von Persönlichkeitsentfaltung, damit sei die Grenze zulässiger Persönlichkeitsformung durch den Staat in einer pluralen Gesellschaft überschritten. Demgegenüber habe der Staat die Verpflichtung, durch organisatorische und finanzielle Maßnahmen Schulvielfalt im Sinne der Verwirklichung verschiedener pädagogischer Erziehungskonzeptionen zu gewährleisten. Dies wiederum setze voraus, daß die einzelne Schule ihre pädagogische Konzeption unter der Mitwirkung der Eltern autonom bestimmen könne.[3]

Gegen eine so verstandene schulische Selbstverwaltung spricht das herkömmliche Verständnis der in Art. 7 Abs. 1 GG konstituierten *staatlichen Schulaufsicht.* Nach der Rechtsprechung des Bundesverwaltungsgerichts umfaßt dieser Begriff die »Gesamtheit der staatlichen Befugnisse zur Organisation, Planung, Leitung und Beaufsichtigung des Schul-

---

2 Auch Privatschulen unterliegen, als Teil des gesamten Schulwesens, nach Art. 7 Abs. 1 GG der staatlichen Aufsicht. Deren Rahmen ist nach Art. 7 Abs. 4 GG abgesteckt. Sie hat darüber zu wachen, ob die Schule auch nach Erteilung der Genehmigung den allgemeinen gesetzlichen und ordnungsrechtlichen Anforderungen entspricht. Im übrigen aber ist die Privatschule frei, insbesondere was die Erziehungsziele, die weltanschauliche Basis, die Lehrmethode und Lehrinhalte betrifft. Der Staat muß diesen schulischen Pluralismus »auch gegen sich selbst in der Weise garantieren, daß er auf eigenen Akten beruhende Beeinträchtigungen dieses Pluralismus durch staatliche Förderung in ihrer Wirkung neutralisiert« (BVerfGE 75, 40, 66).

3 Jach, F. R.: Schulvielfalt als Verfassungsgebot, Berlin 1991, S. 78 ff. Ähnlich auch E. Bärmeier: Über die Legitimität staatlichen Handelns unter dem Grundgesetz der Bundesrepublik Deutschland, Frankfurt/M 1992

wesens« (BVerwGE 6, 101, 104). Ganz ähnlich formuliert es das Bundesverfassungsgericht (BVerfG 59, 360, 377). Aus dieser Definition wird gelegentlich ein wahres Totschlagargument gegen jede Form schulischer Selbständigkeit hergeleitet. Dabei wird allerdings übersehen, daß die Gerichte sich in den zitierten Entscheidungen gar nicht mit dem Verhältnis zwischen staatlicher Schulbehörde und Einzelschule befassen, sondern mit der lange Zeit umstrittenen Grenzziehung im Schulbereich zwischen der Zuständigkeit des Staates, zu dem die Einzelschule ja ihrerseits gehört, und der grundgesetzlich durch Art. 6 Abs. 2 garantierten Erziehungsverantwortung der Eltern.

Daß die Schule auf die religiösen und weltanschaulichen Überzeugungen der Schüler und ihrer Eltern Rücksicht zu nehmen hat, ist unstrittig. Kaum noch bestritten ist auch, daß eine institutionalisierte Partizipation der Lehrer, Eltern und Schüler am schulischen Geschehen verfassungsrechtlich geboten ist. Die Schule kann nämlich ihren durch Art. 7 Abs. 1 GG vorgegebenen Auftrag, die Schüler zur Übernahme von Mitverantwortung in Gesellschaft und Staat zu befähigen, nur dann erfüllen, wenn sie im Geist der Demokratie, der Toleranz und Offenheit erzieht. Dem entspricht am ehesten eine Schulverfassung, die partizipatorisch ausgestaltet ist. Demgemäß sehen inzwischen alle Bundesländer mehr oder weniger weitgehende Beteiligungsrechte der Lehrer, Schüler und Eltern von Gesetzes wegen vor. So läßt sich die gängige Meinung in Rechtsprechung und juristischem Schrifttum dahin zusammenfassen, daß der Staat die Schule beherrscht, seine Herrschaft aber durch die Rechte der ihr Unterworfenen gemäßigt ist.

Die Schwäche dieser liberalen Lehre von einer pluralistischen staatlichen Schule zeigt sich darin, daß diese mangels klaren Profils nicht gründlich erziehen kann. Nicht zuletzt auf diese Erfahrung stützt sich die Forderung, mit der staatlichen Einheitsschule und ihrem diffusen pädagogischen Erscheinungsbild Schluß zu machen und statt dessen weithin selbstverwaltete Schulen mit unverwechselbarem pädagogischen Profil einzuführen.

Allerdings zieht das Grundgesetz der Selbstverwaltung öffentlicher Schulen Grenzen:

- Zunächst ist daran zu erinnern, daß der Staat mittels seiner Schulaufsicht für die weltanschauliche Neutralität der öffentlichen Schule zu sorgen hat. Das Grundgesetz (Art. 4 Abs. 1) verbietet es dem Staat zuzulassen, daß Schüler einer öffentlichen Schule, wie »autonom« sie auch immer sein mag, monistischen Lehren ausgesetzt und für bestimmte weltanschauliche Tendenzen vereinnahmt werden. Die öffentliche Schule darf keine missionarische Schule sein, sie darf religiöse und weltanschauliche Überzeugungen weder verdrängen noch indoktrinierend aufdrängen (BVerfGE 41,29,51). Das Bundesverfassungsgericht hat diesen Grundsatz in seiner Sexualkundeentscheidung fortgeführt (BVerfGE 47,46). Selbstverwaltung der öffentlichen Schule darf also nicht zur Vernachlässigung des Gebots der Neutralität und Toleranz führen.

- Darüber hinaus ist zu fragen, ob und wieweit sich Eigenverantwortung der Schule mit dem verfassungsrechtlich verankerten Demokratiegebot (Art. 20 Abs. 1 und 2, 28 Abs. 1 GG) verträgt. Zwar ist es Aufgabe der Schule, die Schüler zur Demokratie zu erziehen. Doch läßt sich aus dem Demokratieprinzip des Grundgesetzes keineswegs die Forderung ableiten, die Schule zu »demokratisieren«. Vielmehr verlangt das Demokratieprinzip, daß die Willensbildung im Staat als dem Gemeinwesen aller Bürger demokratisch legitimiert ist. Demokratie- und Rechtsstaatsprinzip verpflichten den Gesetzgeber – so das Bundesverfassungsgericht –, die wesentlichen Entscheidungen im Schulwesen selbst zu treffen und nicht der Schulverwaltung zu überlassen. Ob er, wenn er schon der immerhin demokratisch legitimierten Exekutive keine wesentlichen Entscheidungen überlassen darf, schulischen Selbstverwaltungsgremien wie etwa der Schulkonferenz die Befugnis einräumen darf, über wichtige Angelegenheiten von Unterricht und Erziehung (z. B. die Zusammenfassung von Fächern zu Lernbereichen, den Beginn des Fremdsprachenunterrichts schon in der Grundschule) zu entscheiden, ist eines der unter Verfassungsjuristen heftig umstrittenen Themen.

- Schließlich ist zu klären, ob eine sich selbst verwaltende Schule mit dem verfassungsrechtlichen Gebot der Chancengleichheit im Einklang steht; dieses ergibt sich aus dem Sozialstaatsprinzip (Art. 20 Abs. 1, 28 Abs. 1 GG) sowie aus dem Recht des Kindes auf gleiche Chancen bei der freien Entfaltung seiner Persönlichkeit und der freien Wahl der Ausbildungsstätte (Art. 2 Abs. 1, 12 Abs. 1 in Verbindung mit Art. 3 Abs. 1 GG). Gegenwärtig ist im Kontext der Schulautonomie-Debatte viel von »Qualitätssicherung« die Rede. Doch geht es nicht nur um Qualität, sondern auch und besonders um *gleiche* Qualität. Das Schulwesen muß so organisiert sein, daß es Chan-

> cengleichheit gewährleistet, Chancengleichheit, die beispielsweise verhindert, daß Schüler in den Problemzonen einer Großstadt bei der Lehrerversorgung und der materiellen Ausstattung ihrer Schule gegenüber Schülern in den bürgerlichen Vierteln benachteiligt werden. Die Tatsache, daß die traditionelle hierarchisch organisierte Schulverwaltung mit dem herkömmlichen administrativen Instrumentarium kaum in der Lage zu sein scheint, Chancengleichheit im Schulwesen zu verwirklichen, ändert nichts an der unaufhebbaren Pflicht des Staates, sich nach Kräften um die Verwirklichung dieses Grundsatzes zu bemühen.

Der Hinweis auf die verfassungsrechtlichen Aspekte bedeutet mitnichten, daß eine Stärkung der Selbstverantwortung und Selbstverwaltung der einzelnen Schule ausgeschlossen wäre. Unter Beachtung der durch das Grundgesetz und durch die jeweilige Länderverfassung gezogenen Grenzen kann der Handlungsspielraum der Schule durchaus erweitert werden. Doch darf man nicht außer acht lassen, daß auch die Schule dem Prozeß der Verrechtlichung unterworfen ist, der unsere immer komplizierter werdenden Lebenswelten ergreift; es handelt sich dabei um eine Tendenz, die trotz allen Redens über Deregulierung und Dezentralisierung nahezu unausweichlich erscheint. Wir Deutschen dürften es freilich in dieser Hinsicht zu unangefochtener Meisterschaft gebracht haben. Nirgendwo auf der Welt ist die Regelungsdichte so groß wie bei uns. Gerade das Schulrecht bietet plastische Beispiele für diese Entwicklung. Allein die vom Luchterhand-Verlag herausgegebene Sammlung der Rechts- und Verwaltungsvorschriften für das Berliner Schulwesen umfaßt beinahe einen halben Meter. Sie enthält nicht nur das Schulgesetz und das Schulverfassungsgesetz sowie die dazu ergangenen Rechtsverordnungen, sondern eine unübersehbare Vielzahl von Ausführungsvorschriften: über Vorträge in Schulen und den Besuch von Gerichtsverhandlungen, über den Besuch von Ausstellungen in Messehallen durch Schulklassen und Schülergruppen, über Möglichkeiten von Lesben- und Schwulenorganisationen zur Aufklärungsarbeit in Schulen, über die Gliederung der Deutschnote auf den Zeugnissen der Grundschule.

»Schulautonomie«, so die Hoffnung vieler Pädagogen, wird uns von diesen Zwängen erlösen, wird erzieherische Spontaneität und Kreativität, die gegenwärtig in der Normenflut zu ersticken drohen, freisetzen, wird Pädagogik wieder zu »ihrem Recht«, einem anderen als dem lähmenden Juristenrecht, kommen lassen. Ist diese Hoffnung auf ein Abschütteln der normativen Zwänge durch eine sich selbst verwaltende Schule begründet?

Ja und nein. Einerseits halte ich die Idee, den Einfluß des Staates im Schulbereich zurückzunehmen, für gut und richtig – wie könnte ich mich sonst an der wissenschaftlichen Begleitung des Berliner Modellversuchs beteiligen? Der Staat kann nun einmal den Anspruch, die Schulen durch zentrale Vorgaben bis ins einzelne zu steuern, heute nicht mehr einlösen, sofern er es denn je vermochte. Andererseits muß man doch Wasser in den Wein allzu hochgespannter Erwartungen mancher Bildungspolitiker und Erziehungswissenschaftler gießen. »Schulautonomie« enthält keineswegs die Gewähr dafür, daß die Schule aus dem Reich der Notwendigkeit in das Reich der Freiheit aufbricht. Worauf beruhen denn all die Normen, die der Staat wie ein enges Netz um die Schule zieht? Es ist nicht so sehr die Regelungswut bürokratischer Perfektionisten, die die zahllosen Erlasse produziert. Es sind häufig die Schulen selbst, die die vorgesetzte Behörde dazu drängen, ihnen durch Vorschriften und Anordnungen die mühsame Last der Entscheidung abzunehmen. Vor allem aber sind es die in einem Konflikt angerufenen Gerichte, die durch ihre Judikate den Handlungsspielraum der Schule eingrenzen.

Für eine Schule, die trotz aller Bedenken und Vorbehalte ein eigenes Profil entwickeln will, sollten folgende Grundsätze maßgeblich sein:

Sie müßte ihr pädagogisches Programm (das Schulprogramm) als eine Art »Grundgesetz« schriftlich fixieren und allen Beteiligten (Lehrern, Schülern, Eltern), der Schulaufsicht, aber auch einer breiteren Öffentlichkeit bekanntgeben. Bei der Zusammensetzung des für Festlegung und Fortschreibung des Schulprogramms zuständigen Mitwirkungsgremiums, also in der Regel der Schulkonferenz, sollten die Lehrer das Übergewicht haben. Sie sind im Unterschied zu Schülern und Eltern mit ihrer beruflichen Existenz an die Schule gebunden, bürgen daher für eine gewisse Kontinuität und Verläßlichkeit. Mindestens ein Drittel der Sitze sollte stimmberechtigten Vertretern der Schüler und Eltern vorbehalten bleiben.

Staat und Schulträger können den Handlungsspielraum der Schule u. a. durch folgende Maßnahmen erweitern:

- Reduzierung des Lehrplankanons, Bereinigung der Stoffkataloge, so daß die Schulen die Freiheit haben, eigene Akzente hinsichtlich der Unterrichtsgegenstände zu setzen;

- Lockerung der Sprengelpflicht, um Schülern und Eltern, die mit dem spezifischen Profil ihres Einzugsgebiet nicht einverstanden sind, den Besuch einer anderen Schule zu ermöglichen[4];
- Berücksichtigung der Personalwünsche der betreffenden Schule, z. B. dadurch, daß ihr die Befugnis eingeräumt wird, Lehrerstellen auszuschreiben und zu definieren, welche besonderen Qualifikationen sie für ihr pädagogisches Profil benötigt[5];
- Zuweisung von Haushaltsmitteln zur Selbstbewirtschaftung, wodurch die Schule in die Lage versetzt wird, bei der Verwendung der Gelder profilbezogene Prioritäten zu setzen (»Budgetierung«);
- Stärkung individueller Verantwortung, indem der Schulleiter die Befugnis erhält, Gremienbeschlüsse zu beanstanden und nötigenfalls aufzuheben, die nicht mit dem Programm der betreffenden Schule übereinstimmen;
- Durchführung einer Qualitätskontrolle als interne Evaluierung durch die Schule selbst, als externe Evaluierung durch die Schulaufsicht; Zweck dieser Evaluierung ist insbesondere zu prüfen, ob die Schule die in ihrem Schulprogramm anvisierten Ziele erreicht hat und ob sie die allgemein geltenden Qualitätsstandards gewahrt hat.

---

4 Allerdings muß dort, wo ein faktischer Zwang zum Besuch einer bestimmten Schule besteht in (also v. a. ländlichen Gebieten), der Handlungsspielraum der Schule mit Rücksicht auf den Minderheitenschutz von vornherein begrenzt bleiben.

5 Als nichtrechtsfähige Anstalt hat die Schule keine Personalhoheit, also keinen *Anspruch* darauf, die ihr geeignet erscheinenden Lehrer auszusuchen. In Form einer Äußerung von *Wünschen* und deren *Berücksichtigung* durch die Schulverwaltung könnte die Schule jedoch Einfluß auf die Auswahl der Lehrer nehmen.

Chantal Kaiser

Entwicklung einer Europaschule aus Sicht der Schulleiterin

Der vorliegende Beitrag geht Fragen der Schulentwicklung an einer ganz bestimmten Schule nach: der Judith-Kerr-Grundschule (JKG), einem französisch-deutschen Standort der Staatlichen Europa-Schule Berlin (SESB). Da die JKG, wie auch ich selbst als Schulleiterin, nur eingeschränkt repräsentativ ist, sind zunächst Gemeinsamkeiten mit und Unterschiede zu anderen SESB-Standorten zu erläutern.

Als Gemeinsamkeiten sind die vorgegebenen rechtlichen Grundlagen zu nennen, insbesondere das Genehmigungsschreiben der Senatsverwaltung für Schule, Berufsbildung und Sport vom 13.4. 1993. Dieses Schreiben regelt die Bedingungen für die Dauer des Versuchs, die Aufnahmekriterien, die Verteilung des Unterrichts, der Unterrichtssprachen, die Anwendung weiterer Regelungen des Berliner Schulwesens, insbesondere Grundschulordnung sowie Ausführungsvorschriften zu »Noten und Zeugnisse«, »Schriftliche Klassenarbeiten« und »Hausaufgaben«. Somit sind wir bei der Verwirklichung des SESB-Konzeptes formal an allen Standorten der SESB an die gleichen Vorschriften und Regelungen gebunden. Bei der Konzeptumsetzung besonders wichtig, daß sich die Standorte mit gleichen Sprachrichtungen, in unserem Fall (Französisch-Deutsch) die Märkische Grundschule und eben die JKG, untereinander abzustimmen, da deren Schüler später eine gemeinsame Oberschule besuchen sollen.

Ein wesentlicher Unterschied zwischen unserer Schule und den anderen SESB-Standorten besteht darin, dass die SESB-Züge an den anderen Schulen einer bestehenden normalen Grundschule angegliedert sind, während die JKG sich zu einer zweizügigen, ausschließlichen Europa-Schule, ohne parallelen deutschen Zug entwickelt. Dadurch ergeben sich Unterschiede in der Gesamtorganisation, zum Beispiel beim Einsatz der Lehrkräfte oder der Raumverteilung. Auch ich selbst als Schulleiterin bin insofern nur begrenzt repräsentativ, als ich zwar deutsche Beamtin, aber keine gebürtige Deutsche bin. Beide Unterschiede sind mit Vor- und Nachteilen verbunden. Nach einigen Jahren Erfahrung an der SESB bin ich inzwischen überzeugt, daß die Vorteile überwiegen.

Geschichte unserer Schule

Zum besseren Verständnis unserer heutigen Arbeit an der JKG berichte ich kurz ihre Vorgeschichte. Der erste Impuls, an der Alt-Schmargendorfer Grundschule (aus der die JKG entstanden ist) einen Grundschulzweig zu errichten, in dem Kinder zweisprachig deutsch/französisch unterrichtet werden, ging auf die Privatinitiative betroffener Eltern und Lehrer zurück. Durch zusätzlichen Französischunterricht sollte die bilinguale Entwicklung der Schüler gefördert werden. Ab 1983 wurde mit Hilfe des französischen Konsulats und ausländischer Vereinigungen Französischkurse für die Kinder aus deutsch-französischen Familien eingerichtet, unter anderem nachmittags im Gebäude des Französischen Gymnasiums. 1984 beantragte das Bezirksamt Wilmersdorf von Berlin im Einvernehmen mit den zuständigen Gremien der Alt-Schmargendorf-Schule (8. Grundschule Wilmersdorf) den zusätzlichen Französischunterricht als Abweichende Organisationsform (AO) dieser Schule. Der Antrag wurde im Juni 1984 vom Senator für Schule, Berufsbildung und Sport genehmigt. Ab 1990 wurde die Veränderung der AO-Französisch in verschiedenen Arbeitsgruppen diskutiert, da die Alt-Schmargendorf-Schule aufgrund des Interesses, das diese AO sowie ein sportbetonter Zug fanden, mittlerweile von ca. 750 Schülern besucht wurde. Eine weitere Ausweitung der Schule wäre pädagogisch nicht vertretbar gewesen. 1991 wurde die Teilung der Schule beschlossen. So wurde die 13. Grundschule Wilmersdorf als zweizügige Schule mit der Abweichenden Organisationsform, also mit zusätzlichem Französisch-Unterricht in einer Klasse pro Jahrgang gegründet. Am 19.11. 1991 fand die Gründungsfeier statt. 1992 wurde die neu gegründete Schule nach der Schriftstellerin und Zeichnerin Judith Kerr benannt. Im selben Jahr wurde die JKG zu einem Standort der SESB. Deutsche Regelklassen wurden von da an nicht mehr eingerichtet, sondern beide Züge wurden Europaklassen.

Schule und Bezirk

Innerhalb des Bezirks bzw. der Außenstelle Wilmersdorf des Landesschulamtes nimmt die JKG die gleiche Stellung ein wie jede andere Grundschule auch. Dies gilt für alle Ebenen des Schullebens. Die Gesamtelternvertretung unserer Schule sendet Delegierte in den Bezirksausschuss, die Gesamtkonferenz Lehrervertreter in den Bezirkslehrerausschuss; die Schulleitung nimmt an den Schulleitersitzungen im Bezirk teil, usw. Spezielle Vertretungsgremien für SESB-Standorte, etwa um den aufgrund des Versuchsstatus besonderen Klärungsbedarf zu befriedigen, sind in der Berliner Schulgesetzgebung nicht vorgesehen. Zur Zeit wird an einigen Schulen, an denen die Europa-Schulzüge angegliedert, d. h. Teil eines größeren Schulganzen sind, die Möglichkeit der Einrichtung einer Teilelternvertretung erwogen.

Der Bezirk spielt an der JKG auch bei der Aufnahme von Schülern eine Rolle, obwohl ja die Einzugsbereiche an den Europa-Schulen aufgehoben sind. Nach dem Schulrecht gehört die Aufnahme von Schülern zum Kompetenzbereich des Schulleiters. An den SESB unterliegt diese Bestimmung einer wichtigen Einschränkung: Die Schüler können zu Beginn der Vorklasse auf einen Antrag ihrer Erziehungsberechtigten aufgenommen werden. Da wir allerdings jedes Jahr zu viele Anmeldungen haben, entscheidet unter ihnen (außer bei Geschwisterkindern) das Los, und zwar getrennt nach den Muttersprachen Deutsch und Französisch. Mitglieder des Bezirksamtes sorgen für die korrekte Durchführung des Losverfahrens. Auch wenn so eine weitgehende Chancengleichheit aller Angemeldeten auf einen Platz gewährleistet wird, erscheinen die Ergebnisse des Losverfahrens nicht immer sinnvoll; z. B., wenn ein Kind aus einer zweisprachigen Familie nicht aufgenommen werden kann, weil seine Französisch-Kenntnisse beim Aufnahmegespräch nicht ausreichen, um es als französischen Muttersprachler einzugruppieren, es also in die wesentlich größere Gruppe von Anmeldungen deutscher Muttersprachler kommt und dort kein Losglück hat.

Zusammensetzung der Schüler, Eltern und Lehrer

Die Tatsache, daß sich Eltern bei der Anmeldung ihrer Kinder an der JKG für die deutsche oder französische Sprache als Sprache des Lesen- und Schreibenlernens der Kinder entscheiden, gibt nur bedingt Auskunft über die tatsächliche Nationalität der Schüler oder ihre Zugehörigkeit zu einem bestimmten Kulturkreis. An der JKG kommen die Schüler aus ca. 40 verschiedenen Ländern, sprechen entweder nur deutsch oder nur französisch oder beide Sprachen auf einem z. Teil sehr unterschiedlichem Niveau, oder sie sprechen deutsch bzw. französisch und eine andere Sprache. Manche Kinder verfügen bereits über Kenntnisse in drei Sprachen. Einige Schüler kommen aus französischsprachigen Ländern oder aus Ländern, deren Amtsprache entweder nur französisch ist oder französisch zusätzlich zur Landessprache, z. B. aus Belgien, Kanada, der Schweiz sowie einigen afrikanischen Ländern. Desweiteren haben wir auch Kinder mit anderen Nationalitäten, die jedoch, bedingt durch den Beruf ihrer Eltern, ihre Grundschulzeit in einem französischsprachigen Land angefangen haben.

Die Zusammensetzung der Elternschaft ist entsprechend heterogen. Im Umgang mit den Eltern, bei Sitzungen von Elterngremien etc. werden beide Sprachen angewandt, auch wenn ein deutliches Übergewicht der deutschen Sprache festgestellt werden kann. Aufgrund der Tatsache, daß die zweite Sprache, deutsch oder französisch, im Elternhaus nicht zwingend bekannt ist, können wir Lehrer nicht davon ausgehen, daß den Kindern im entsprechenden Bereich zu Hause geholfen wird.

Was die Zusammensetzung der Lehrerschaft angeht, so gilt hier (wie bei der Schülerschaft) das Ziel einer paritätischen Besetzung mit französischen und deutschen Muttersprachlern. Da die Klassen der anderen (Nicht-SESB-) Organisationsformen in der JKG allmählich auslaufen, ergibt sich jedes Jahr ein Bedarf an französischsprachigen Kollegen und gleichzeitig ein Überhang an deutschen Kollegen. Umsetzungen werden unvermeidlich. Dieses Problem lastet sehr schwer auf unserem Kollegium. Die deutschen Kollegen, die unter Umständen die Schule verlassen müssen, haben sich bei der Gründung der 13. Grundschule eindeutig für diese neue Schule mit Abweichender Organisationsform entschieden und sich damals von der Alt-Schmargendorf-Schule freiwillig hierher umsetzen lassen. Als die Europa-Züge eingerichtet wurden, unterstützten sie dieses Vorhaben in allen entscheidenden Gremien. Leider sind die deutschen Kollegen, im Unterschied zu den französischen KollegInnen, nur zum Teil zweisprachig. Einige bemühen sich privat um eine Fortbildung in frz. Sprache. Ein entsprechender Sprachkurs für Europaschullehrer wurde von der Senatsschulverwaltung nicht vorgesehen.

Zusammenarbeit zwischen Lehrern, Eltern und Schülern

In einem Schulversuch ist Kooperation zwangsläufig fester Bestandteil der Arbeit. Viel öfter als an anderen Schulen müssen Lehrer hier an Sitzungen teilnehmen, um Unterrichtsstoff und didaktische Fragen mit den Kollegen der gleichen Klassen und der Parallelklasse oder den Erziehern, die in dieser Klasse tätig sind, abzusprechen. Monatlich finden sogenannte Standortsitzungen statt, an denen alle Kollegen, die in den Europa-Klassen unterrichten, teilnehmen. Dort werden Unterrichtsbeispiele und -ergebnisse gegenseitig vorgestellt, analysiert und kommentiert.

Eine Besonderheit gegenüber einer normalen Berliner Grundschule und auch anderen Schulversuchstypen ist die bei uns notwendige enge Zusammenarbeit zweier Kolleginnen, die unterschiedliche Muttersprachen sprechen und zum Teil unterschiedlich, nämlich in Deutschland und Frankreich, ausgebildet wurden und unterschiedliche Schulerfahrungen gesammelt haben. Deshalb ist es günstig, wenn der Schulleiter über gute Kenntnisse beider Schulsysteme verfügt, um entsprechende Probleme bei der Kooperation dieser Lehrer besser zu begreifen und, so weit es seinen Möglichkeiten entspricht, zu entschärfen. Die Verteilung der Ordinariate spielt da eine wesentliche Rolle. Problematisch bleibt nach wie vor, bei aller juristischen Begründung der Schulverwaltung, die unterschiedliche Besoldung der deutschen und der ausländischen Kollegen. Den meisten fällt es sehr schwer zu verstehen, warum gleiche Arbeit nicht gleich bezahlt wird und warum die Lehrerausbildung in einem Fach im Fall der französischen Kolleginnen nicht anerkannt wird, wo doch die meisten Grundschullehrer in Berlin ebenfalls als »Lehrer mit einem Fach« ausgebildet worden sind.

Die Zusammenarbeit zwischen Lehrern und Eltern an der JKG ist im allgemeinen als sehr positiv zu beurteilen. Diese gute Atmosphäre wird aus unserer Sicht leider manchmal durch einige wenige Eltern belastet, die versuchen, überhöhte Ansprüche und angesichts der allgemeinen finanziellen Lage des Landes Berlin unrealistische Forderungen mit allen Mitteln durchzusetzen, oder meinen, schulaufsichtliche Aufgaben übernehmen zu müssen. Wir Lehrer neigen angesichts dieser wenigen manchmal dazu, zu vergessen, dass die meisten Eltern sehr aktiv und produktiv unsere Arbeit unterstützen und sehr viel Zeit opfern, um zum Gelingen des Schulversuchs beizutragen. So hat die Elternschaft der JKG unter anderem einen Förderverein gegründet, um eine sinnvolle Gestaltung des Nachmittags zu ermöglichen. Der Förderverein fungiert als Arbeitgeber. Er stellt muttersprachliche französische Erzieher ein und bezahlt sie. Er ist für die Organisation der Kantine für die Schüler zuständig und kümmert sich um die Bilanz.

Die Schüler werden bei der Gestaltung des Schullebens selbstverständlich immer mit einbezogen. Die Schülersprecher der 5. und 6. Klassen sind in der Schulkonferenz vertreten. Wir bemühen uns, die Schüler möglichst zur Selbstverantwortung zu erziehen; z. B. versuchen wir mit Hilfe der Schülervertretung ein sehr triviales Problem in den Griff zu bekommen, den Zustand der Toiletten an unserer Schule.

Raumgestaltung

Die im Rahmen des Mutter- und Partnersprachunterrichts der SESB vorgesehene Durchführung von Teilungsstunden erfordert zusätzliche Räume. Wir sind in diesem Schuljahr zum ersten Mal in der glücklichen Lage, über ausreichend Räume für den Unterricht am Vormittag zu verfügen, weil die Volkshochschule Wilmersdorf, die teilweise noch in unserem Gebäude untergebracht ist, aus Gebäudeteilen ausgezogen ist. Daher ist es uns zur Zeit möglich, den gesamten Unterricht, der in französischer Sprache stattfindet, in »französischen« Klassenräumen durchzuführen und den gesamten Unterricht, der in deutscher Sprache stattfindet, in »deutschen« Klassenräumen durchzuführen. Diese Räume werden von Lehrkräften und Schülern entsprechend gestaltet, so daß sich eine Identifikation mit der Sprache und dem dazu in Verbindung stehenden Kulturkreis schon visuell und atmosphärisch einstellt.

Europäische Dimension

Zusätzlich zu den sonstigen im Berliner Rahmenplan festgelegten Unterrichtsinhalten erscheint in den Curricula der Europa-Klassen der Begriff der »Europäischen Dimension«. Sie ergibt sich bei vielen sachkundlichen Themen von selbst aufgrund der Erfahrungen, die Schüler, die Familien aus anderen Kulturkreisen angehören, mit in die Schule bringen. Diese Erfahrungen gilt es, in den Unterricht einzubringen.[6] Wichtig ist hier wie auf anderen Ebenen die Gesamthaltung aller Betroffenen, die Aufgeschlossenheit dem Unbekannten gegenüber und Aufnahmebereitschaft voraussetzt. Diese Öffnung gilt nicht nur der deutschen und der

6 Vgl. den Beitrag von Héloury im vorliegenden Buch.

französischen Kultur. Der Versuch der Annäherung und des Verständnisses soll sich zumindest auf alle Kulturen erstrecken, die durch die Schüler und die dazugehörigen Elternhäuser in der JKG vertreten sind. Für die Schulleitung bedeutet dies eine erhöhte Gesprächsbereitschaft und eine oft zeitintensive Beratung der Familien.

Zusätzlich zu den sonst an jeder Schule üblichen Festen wird an den Europa-Schulen am 5. Mai der Europa-Tag gefeiert. An der JKG fand z. B. am 5. Mai 1994 eine Theateraufführung (»Arc en ciel, le plus beau poisson des océans«) statt. 1996 trafen sich Schüler der Märkischen Grundschule und der JKG, also beider französischen Europaschulen, zu einem gemeinsamen Picknick. 1998 planen wir am 5. Mai eine Abschlußfeier unserer Projekttage (»Die 4 Elemente, Luft, Wasser, Feuer, Erde«), die wir in Kooperation mit unserer Nachbarschule gestalten möchten.

Jedes Jahr finden ein Adventssingen und ein Frühlingssingen für die gesamte Schülerschaft statt. Selbstverständlich wird bei solchen Gelegenheiten wie auch bei traditionellen Schulfeiern wie den Einschulungsfeiern die europäische und interkulturelle Dimension zwangsläufig mitberücksichtigt. So werden nicht nur traditionell deutsche und französische Feste wie St. Martin, Weihnachten, Dreikönig, Fasching gefeiert und dazu Lieder oder Theaterstücke in den verschiedenen Sprachen aufgeführt. Auf Anregung von Schülern oder Eltern anderer Nationalitäten können auch andere Tage gefeiert werden, wie z. B letztes Jahr Santa Lucia in einer Vorklasse, die ein deutsch-schwedisches Mädchen besuchte.

Weitere Vorhaben

Kurz erwähnen möchte ich noch die Projekte, die wir in der nächsten Zeit an unserer Schule verwirklichen möchten: die Einrichtung eines »Centre de Documentation et d'Information« (CDI), die Beteiligung am Comenius-Programm und eventuell die Beteiligung am Projekt »Schulen ans Netz«. Ein CDI ist eine Mischung aus Bibliothek und Lernwerkstatt. Zur Zeit erscheint seine Realisierung aufgrund der angespannten Haushaltslage Berlins problematisch. Die Mitwirkung französischer Behörden ist noch nicht endgültig geklärt.

Erweiterte Verantwortung, Schulautonomie

Die Schulen werden zunehmend aufgerufen, mehr Verantwortung zu übernehmen. Die Voraussetzungen jedoch, insbesondere finanzieller Art, um dieser Verantwortung auch gerecht zu werden, werden von der Senatsschulverwaltung nicht automatisch erfüllt. So ist eine Voraussetzung zur Teilnahme am Projekt »Schule in eigener Verantwortung« die Kostenneutralität der Innovation. An der Europa-Schule ist die Forderung schwer umzusetzen. Mehr Verantwortung und erhöhter Arbeitseinsatz sollten entsprechend honoriert werden. Um der Benachteiligung der ausländischen Lehrkräfte entgegenzuwirken, wäre es angebracht, über geeignete Maßnahmen eines finanziellen Ausgleiches nachzudenken.

Wünschenswert wäre es, Europa-Schulen in bestimmten Bereichen mehr Autonomie zu gewähren, als es zur Zeit der Fall ist. Wünschenswert ist beispielsweise ein offizielles Mitspracherecht der Schule bei der Einstellung neuer Lehrer, insbesondere der ausländischen Lehrkräfte. Wünschenswert ist auch ein weniger bürokratisches Verfahren bei der Verwaltung des der Schule zur Verfügung stehenden Etats, z. B. die Möglichkeit der Übertragung von Restgeldern auf das darauf folgende Haushaltsjahr, was zu einer sinnvolleren Ausgabe führen würde. Zum selbstverantwortlichen Umgang der Schule mit dem Etat müßte auch die Möglichkeit der direkten Bestellung von Büchern und sonstigen Lehr- und Lernmitteln im Ausland gehören, samt der Einrichtung entsprechender Konten. Mit der schrittweisen Einführung einer Europäischen Dimension bei Behörden und in der Verwaltung hoffen wir auf die Verwirklichung einiger unserer Wünsche und Vorstellungen.

Daniele Charron und Catherine Bogner

Sozialpädagogisch betreuter Nachmittag als Teil der Europaschule

Schon 1988, also noch im Rahmen der Abweichenden Organisation der Alt-Schmargendorf-Schule, aus der die Judith-Kerr-Grundschule (JKG) entstand,[7] hat das Bezirksamt Wilmersdorf auf Wunsch der Eltern die Stelle einer Leiterin des sozialpädagogischen Bereichs geschaffen, die ich (D. Ch.) seit damals innehabe. 1993 wurde an der JKG ein Förderverein gegründet, der unter anderem für die Essensversorgung der SchülerInnen zuständig ist.[8] Mit den Sparmaßnahmen des Berliner Senats wurden 1996 sämtliche befristeten Erzieherverträge nicht verlängert. Dadurch verloren wir vier unserer zehn Erzieherstellen. Um unser Nachmittagsangebot nicht erheblich reduzieren zu müssen, wurde auf Initiative des Fördervereins in einer Vollversammlung beschlossen, die vier verlorenen Erzieherstellen zu übernehmen. Heute beschäftigt der Förderverein sechs französische ErzieherInnen. Ihnen wurde der gleiche Arbeitsvertrag wie ihren vom Landesschulamt beschäftigten KollegInnen angeboten.

Leitung und Team

Die Situation, die ich (D. Ch.) zu Anfang vorfand, war nicht zufriedenstellend. Es gab damals sechs ErzieherInnen, die die Kinder nachmittags betreuten. Aber jede/r arbeitete für sich. Als vorrangige Aufgabe sah ich deshalb die Schaffung eines gemeinsamen pädagogischen

---

7 zur Geschichte unserer Schule vgl. den Beitrag von Kaiser im vorliegenden Buch

8 Es war von Anfang an klar, daß das Nachmittagsangebot nur möglich war, wenn die Kinder in der Schule zu Mittag essen konnten. Das Bezirksamt stellte uns in der Schule eine eingerichtete Küche und zwei Kantinenräume zur Verfügung. Dazu kamen noch zwei Küchenhilfen, die halbtags beschäftigt sind. In den ersten Jahren kam das Essen aus dem »Quartier Napoleon« (restaurant scolaire). Nach dem Abzug des französischen Militärs mußte der Förderverein einen Vertrag mit einer Privatküche abschließen. Mit unserer neuen Kantine sind die Eltern heute vertraglich verbunden.

Konzepts. Zugleich ging es darum, die Personalsituation zu verbessern. In Zusammenarbeit mit der Schulrätin des Bezirks wurden mehr qualifizierte französische ErzieherInnen eingestellt.

Inzwischen gehört zur Arbeit der ErzieherInnen ein für alle verbindlicher Wochenplan, regelmäßige Vorbereitungsstunden, Koordinationstreffen mit den LehrerInnen, eine wöchentliche pädagogische Dienstbesprechung, und eine Teamwoche am Anfang des Schuljahres.

Bei Bedarf neuer ErzieherInnen suchen nicht das Bezirksamt, sondern die Eltern potentielle BewerberInnen. Das Einstellungsgespräch findet im Beisein der Schulrätin, des Personalrats und mir (D. Ch.) statt. Einstellungskriterien sind: Französisch als Muttersprache; pädagogische Ausbildung (möglichst diplomierte Erzieherin) und Erfahrungen im sozialpädagogischen Bereich.

Das Team ist bunt. Die KollegInnen kommen aus verschiedenen französischen Regionen oder aus Übersee und haben aus diesem Grund unterschiedliche Lebenserfahrungen gesammelt. Für die Arbeit kann das sowohl Bereicherung als auch Erschwernis bedeuten.

Die ErzieherInnen haben alle eine Halbtagsstelle. Jede/r betreut ca. fünfzehn Kinder. Im Rahmen der vereinbarten Ziele bleibt es jedem einzelnen überlassen, seine Nachmittagsangebote individuell zu gestalten. Wichtig ist allerdings, die jeweilige Arbeit für die anderen transparent zu machen, z. B. durch Dokumentation.

Ein Problem ist, daß die Stellen der französischen KollegInnen, die aus unterschiedlichen Gründen ausgeschieden sind bzw. ausscheiden, seit September 1997 von deutschen KollegInnen (aus dem sogenannten »Überhang« an ErzieherInnen im öffentlichen Dienst Ostberliner Bezirke) besetzt werden. Dies erfordert ein neues pädagogisches Konzept, weil die neuen KollegInnen kein Französisch sprechen.

Zusammenarbeit zwischen LehrerInnen und ErzieherInnen

Diese Zusammenarbeit ist von großem Belang, um den Kindern einen ausgewogenen Schultag anzubieten. Zur Abstimmung zwischen Vor- und Nachmittagsgeschehen finden deshalb regelmäßige Koordinationstreffen zwischen LehrerInnen und ErzieherInnen statt. Darüber hinaus sind die ErzieherInnen in das Lehrerkollegium integriert. Sie sind bei den Konferenzen dabei und nehmen auch am jährlichen Studientag teil. Außerdem gestalten ErzieherInnen und LehrerInnen gemeinsam Schulfeste, die einen Bezug zu französischen bzw. französischsprachigen Kulturen haben.

Sozialisation der Kinder

Sozialisation ist »der Prozeß des Hineinwachsens des Menschen in die Gesellschaft«, so ist im Brockhaus zu lesen, und weiter: »Auf Grund seiner sozialen Bildsamkeit (Soziabilität) lernt das Individuum Formen des sozialen Umgangs, Verhaltensmuster und gesellschaftlich-verbindliche Denkweisen (Normen). Das wesentliche Medium dafür ist die Sprache.«

Da viele Kinder in unserer Schule von klein auf zweisprachig aufwachsen, durchlaufen sie eine auf zwei Kulturen bezogene Sozialisation. In der JKG finden sich zudem Kinder, die in oder zwischen mehreren Kulturen aufwachsen. Beispielsweise stammt der Vater aus Afrika, die Mutter aus Frankreich und die Familie lebt seit Geburt des Kindes in Deutschland. Zuhause wird Französisch mit einem afrikanischen Dialekt gesprochen. Außerhalb der Familie ist Deutsch die Umgangssprache. Es ist nicht schwer, sich auszumalen, wie schwierig der Prozeß der Sozialisation für solche Kinder werden kann. Sie sollen Verhaltensmuster und Denkweisen übernehmen, aber von welchem Kulturkreis? Diese Problematik muß im Angebot des sozialpädagogischen Nachmittagsbereichs berücksichtigt werden.

Ablauf des Nachmittags

Weil die Kinder zu unterschiedlichen Zeiten Schulschluß haben, richteten wir drei Kantinenzeiten ein. Die gesamte Essenszeit erstreckt sich ungefähr zwischen 12 und 14 Uhr. Ab zwölf Uhr sind die ErzieherInnen da. Die nächste halbe Stunde bietet meist Zeit für Absprachen und spezifische Vorbereitungen. Ab halb eins übernehmen die ErzieherInnen die Vorklassenkinder auf dem Schulhof und die Betreuung des Mittagessens der Erst- und Zweitklässler. Ab halb zwei werden für die Erst- und Zweitkläßler sowie für die Vorklassenkinder auf dem Schulhof Spiele angeboten. Gleichzeitig betreuen ErzieherInnen das Mittagessen der Dritt-, Viert- und Fünftkläßler. Um zwei Uhr nachmittags beginnen dann die Aktivitätsangebote für Vorklassenkinder, Erst-, Zweit- und Drittkläßler in den jeweiligen Klassenräumen. Der sozialpädagogisch betreute Nachmittag endet um halb vier.

Daß die Nachmittagsaktivitäten in den Klassenräumen stattfinden, ist mit Nachteilen verbunden. Es besteht die Gefahr, daß die Kinder den Nachmittag so eher als Teil des lernorientierten Schultags erleben und nicht als gemütlichen Teil des Tages bzw. als Zeit, in der man das tut, was Spaß macht. Außerdem sind die Klassenräume in erster Linie für unterrichtliche Lernprozesse eingerichtet und nicht für Bewegungsspiele, Kuschelspiele, große Bastelaktionen oder Ausruhbedürfnisse. Selbst Gesellschaftsspiele und Bastelmaterialien können nur in begrenztem Umfang einen festen Platz im Raum finden. Für die ErzieherInnen bringt das Arbeitserschwernisse mit sich, weil sie den Klassenraum, der ohnehin meist zu klein ist, nur bedingt umgestalten können. Nach Beendigung des Nachmittags muß der Raum wieder funktionstüchtig werden, damit der Schulunterricht am nächsten Tag stattfinden kann.

Die Angebote der ErzieherInnen sind vielseitig und richten sich nach Interessensschwerpunkten der jeweiligen Kindergruppen: Basteln, Malen, Töpfern, Holzarbeit, Feste feiern, Gruppenspiele, Kochen, Geschichten erzählen, Theater spielen, Tanzen, Rhythmik und Musik, Sport, Geländespiele, Ausflüge, Ausarbeiten thematischer Projekte.

Jeden Mittwochnachmittag zwischen 14 und 15.30 Uhr finden (als Angebot für die älteren Kinder ab der 3. Klasse) sogenannte »Ateliers« statt. Die Kinder suchen selbst ihr Atelier aus und melden sich dafür an. Für eine bestimmte Zeit nehmen sie daran teil. Das Thema der jeweiligen Ateliers wechselt in der Regel nach den Schulferien. Einige Beispiele: Herstellung von Masken, afrikanischer Tanz, orientalischer Tanz, Strick- und Häkelarbeit, Kochunterricht, Herstellung einer Schülerzeitung, Gartenarbeit, Herstellung von Skulpturen.

Die Ateliers finden bei den Kindern einen großen Anklang. Dort haben sie die Möglichkeit, ihren Neigungen nachzugehen, neue Freunde zu finden oder alte Freundschaften zu pflegen. Die Schule wird hier ein Ort der Begegnung.

Auch für die ErzieherInnen bieten die Ateliers Vorteile. Ein Atelier wird immer von zwei KollegInnen gemeinsam angeboten, so daß eine von der anderen lernt und später in ihrer eigenen Gruppe eventuell damit arbeiten kann. Außerdem sind die Ateliers als Drehscheibe gedacht, durch die immer neue Konstellationen von Erzieherpaaren gebildet werden. So lernen sich die ErzieherInnen untereinander besser kennen.

Sprache, Emotion, Kultur

Ein wichtiges Ziel des Nachmittagsbereichs an der JKG ist, den Erwerb der Partnersprache in nicht-unterrichtlicher Form zu unterstützen. Da die Kinder in Berlin leben, verwenden sie oft automatisch die deutsche Sprache, wenn sie unter sich sind. Stärker als im unterrichtlichen Vormittagsbereich der Schule, in dem ja die 50-zu-50-Regelung gilt, legen die ErzieherInnen nachmittags den Schwerpunkt auf die französische Sprache, um ein Gegengewicht herzustellen.

Der Gebrauch der deutschen Sprache läßt sich allerdings nicht vermeiden, wenn beispielsweise ein Kind in einen Konflikt gerät. In einer Streßsituation greift das Kind meist auf die Muttersprache zurück. Da wir bisher als ErzieherInnen jeweils allein in einer Gruppe eingesetzt wurden, waren wir gezwungen, beide Sprachen zu vertreten. Möglicherweise wurde dadurch bei einigen Kindern manchmal zu beobachtende Sprachvermischungen, wie z. B. »gib mir s'il te plait das sel«, befördert.

Daß ein außerhalb der Schule ausschließlich Deutsch sprechendes Kind überfordert sein kann, wenn es den ganzen Schultag mit der französischen Sprache konfrontiert ist, liegt auf der Hand. Das kann zur Folge haben, daß es sich gegen die Partnersprache Französisch sträubt. Mit der Ankunft der deutschen ErzieherInnen ist jetzt eine neue Möglichkeit entstanden, das Sprachangebot zu verbessern: In jeder Gruppe werden in Zukunft zwei ErzieherInnen arbeiten, eine deutsche und eine französische KollegIn. Da die beiden sich jeweils in ihrer Muttersprache den Kindern mitteilen, lassen sich dadurch u. a. Tendenzen zur Sprachvermischung verringern. Aber es geht ja nicht nur um Sprachlernen im engeren Sinne. Die Verstehens- und Ausdrucksfähigkeit eines Kindes in der betreffenden Sprache steht in direkter Verbindung mit dem emotionalen Zugang zur Bezugsperson. Wenn das Kind dieser Person vertraut, wird es auch sprechen. Umgekehrt erleichtert das gegenseitige sprachliche Verständnis den Aufbau von Vertrauen. So sprach z. B. ein deutsches Kind in einer von einer französischen Kollegin betreuten Gruppe zwei Jahre lang kaum. Das Kind konnte zunächst kaum Französisch und die französische Erzieherin kaum Deutsch. Aus diesem Grund fand das Kind keinen Zugang zur Erzieherin und teilte sich nicht mit. Anfang dieses Schuljahres kam nun eine deutsche Kollegin dazu. Das Kind fühlte sich verstanden und gewann Vertrauen. Inzwischen fängt es an, sich immer mehr mitzuteilen, natürlich überwiegend in Deutsch, aber es ist mittlerweile auch bereit, selbst Französisch zu sprechen.

Neben der außerunterrichtlichen Unterstützung des Erwerbs der französischen Sprache wird am Nachmittag auch versucht, den Kindern die französische Kultur mit ihren Bräuchen und mit ihrer Mentalität nahezubringen. Manchmal ist der Nachmittag auch ein Forum, in dem beide oder ganz andere Kulturen Ausdruck finden und verglichen werden.

Den Komplex Sprache, Emotion, Kultur zusammenfassend, erscheint die Schaffung zweier Voraussetzungen als besonders wichtig: Erstens soll sich das Kind innerhalb des sozialpädagogischen Nachmittagsbereichs, insbesondere innerhalb seiner Gruppe, wohl fühlen. Ohne dieses Wohlbefinden wird es sich nicht mitteilen, weder in der einen, noch in der anderen Sprache. In dem Moment, in dem das Kind Vertrauen hat, ist es auch motiviert, sich auszudrücken und wird die andere Sprache spielend lernen, sozusagen ohne Anstrengung, weil es »nur« wiederholt, was es hört. In diesem Zusammenhang haben Rituale und Wiederholungen eine große Bedeutung. Rituale flößen dem Kind Vertrauen ein und geben dem Alltag eine bekannte Struktur. Wenn diese Rituale französisch stattfinden, wird das Kind nach einer Weile mühelos die Sprache lernen. Zweitens ist der Nachmittag nicht als Schulzeit zu verstehen, in der fest umrissene Inhalte vermittelt und begriffen werden müssen. Der sozialpädagogisch betreute Nachmittag ist der Kreativität, der Motivation und dem (nicht zuletzt interkulturellen) Zusammensein gewidmet.

June McTaggart, Maro Marschall, Mara Klein und Emma Pott

Gemeinsam eine gute Europaschule schaffen

Erfahrungen und Wünsche aus Lehrer-, Eltern- und Schülersicht

Aus meiner Sicht (June McTaggart) als Lehrerin des Pilotjahrgangs unserer Europaschule sind fünf Aspekte wichtig, um gemeinsam eine gute Europaschule zu schaffen: Verständnis, Flexibilität, Interesse, Motivation, Qualifikation. Alle fünf Aspekte müssen auf die verschiedenen Beteiligten (Lehrer, Schüler, Eltern, Schulleitung, Schulverwaltung) bezogen werden.

Ich beginne mit den Voraussetzungen »Verständnis« und »Flexibilität« und beziehe sie zunächst auf unser Kollegium. Wichtig ist mir, daß es nicht nur um ein Verständnis der Sprache geht, sondern auch um Kultur, Unterrichtsmethoden und Unterrichtsmaterial.[9]

Wenn wir über die Voraussetzungen im Kollegium sprechen, dürfen wir nicht unseren Hort vergessen. Verständnis und Flexibilität der Erzieherinnen sind nötig, um den Nachmittag als die Zeit zu gestalten, in der unsere Kinder beide Partnersprachen spielend benutzen, ohne den Druck, der im gezielten vormittäglichen Unterricht etwa der Grammatikregeln eher entstehen kann. Verständnis und Flexibilität hinsichtlich zweisprachiger Erziehung und kultureller Unterschiede bauen sich im Nachmittagsbereich um so eher auf, je mehr das Erzieherteam (wie das vormittags wirkende Lehrerkollegium) gleichgewichtig aus deutschen und englischen Muttersprachlern besteht.

Eine besondere Aufgabe ist die Entwicklung von Verständnis zwischen den beiden Zweigen der Schule. An unserer Schule gibt es neben dem einzügigen Europaschulzweig einen teils ein-, teils zweizügigen Regelschulzweig. Unsere Aufgabe im Europaschulzweig ist etwas anders als die unserer Kollegen in den Regelklassen. Dafür müssen wir anders agieren. Wir benützen anderes Material, müssen neue Materialien entwickeln, setzen unterschiedliche Methoden ein und müssen einfach

9 s. auch den Beitrag von Fiona Gleeson und Gabi Hertz im vorliegenden Buch

Neues ausprobieren. Das wird von manchen als Konkurrenz wahrgenommen, und nicht als das, was es ist, nämlich als notwendige Antwort auf bestimmte Schwierigkeiten.

Eine entscheidende Schwierigkeit ist, daß die Kinder auf der Straße, auf dem Spielplatz, beim Einkaufen nur oder doch in erster Linie Deutsch hören und sehen. Deshalb ist uns wichtig, daß wir einen ganz festen Bereich in unserer Schule haben, in dem wir englische Wörter, Bilder, Materialien aufhängen und aufstellen können, etwas, das mit unserer Kultur zu tun hat. Wir brauchen in unserer englisch-deutschen Europaschule einen kleinen Teil Großbritanniens.

Zum Aufbau einer guten Europaschule gehört also nicht nur, vom Konkurrenzdenken wegzukommen, sondern darüber hinaus das Verständnis der Lehrer der dominanten Sprache und Kultur (hier: Deutsch) dafür, daß wir (d. h. die englischen Lehrer bzw. die Lehrer der Europaklassen) räumlich eng beieinander bleiben wollen.[10] Nur durch den in dieser Bündelung entstehenden sprachlich und kulturell englisch mitgeprägten Bereich haben wir eine Chance, die Partnersprache und -kultur auch außerhalb des Unterrichts zu stärken. Nur so ist möglich, daß etwa Kinder nach meinem Unterricht auf dem Weg in die Hofpause meine Kollegen in der Chatting-Halle treffen und eine Kollegin zur neuen Frisur eines vorbeigehenden Kindes sagt: »Oh what a super haircut! Isn't that lovely? It suits you.« Wenn die Kinder keine Gelegenheit für solche informellen Gespräche hätten, wäre etwas verloren.

In einer guten Europaschule muß die Selbstverständlichkeit aufgehoben werden, mit der Deutsch als alleinige Konferenzsprache bei Lehrerkonferenzen angesehen wird. Gerade neue Kollegen aus dem englischen Sprachraum werden durch die damit entstehende Sprachbarriere aus der Diskussion ausgeschlossen. Zu einer guten Europaschule gehört, daß den Kollegen englischer Muttersprache ausdrücklich Gelegenheiten eröffnet werden, sich auch in ihrer Muttersprache auszudrücken. Hier liegt eine Aufgabe der Schulleitung.

Eine andere Aufgabe der Schulleiterin (sowie der Sekretärin) ist, die Schule nach außen zu repräsentieren und etwa bei der Erstbegegnung mit neuen Eltern und Kindern einen guten Eindruck von unserer Schule zu vermitteln. Es ist nicht nötig, daß sie beide Sprachen perfekt beherr-

---

10 Unsere Schule verfügt über ein Hauptgebäude und ein kleineres Gebäude. In letzterem sind die Europaklassen und ihre sozialpädagogische Nachmittagsbetreuung untergebracht.

schen. Aber sie müssen Eltern und Kindern englischer Muttersprache ermöglichen, sich in ihrer Muttersprache zu äußern. Die neuen Eltern und Kinder aus englischsprachigen Ländern sind vielleicht erst seit kurzem in Berlin, können vielleicht kein oder sehr wenig Deutsch, verstehen das deutsche Schulsystem nicht. Wir wollen ja diese Eltern und ihre Kinder gewinnen. Immerhin gibt es im Berliner Raum fünf englischsprachige Schulen (neben den beiden englisch-deutschen Europaschulen, also der Charles-Dickens-Schule und der Erich-Kästner-Schule, gibt es die John-F-Kennedy-Schule sowie zwei Privatschulen, die Berlin British School und die Potsdam International School). Die Güte unserer Schule als Europaschule zeigt sich also auch darin, wie viele englischsprachige Eltern ihre Kinder bei uns anmelden.

Deshalb ist mir sehr wichtig, daß es alle Informationen unserer Schule nicht nur auf Deutsch, sondern auch auf Englisch gibt. Dementsprechend haben wir englischsprachigen Lehrer Informationen zu Konzeption, Organisation und Praxis unserer Europaschule in englischer Sprache hergestellt, die wir neuen Eltern geben. Wichtig ist dabei, daß unsere Schulleiterin hinter uns steht, daß sie an all diese Punkte denkt, wenn sie unsere Schule organisiert, an die englischsprachigen Informationsblätter, an die räumliche Nähe der Klassenräume der Europaklassen, an die Ermöglichung englischer Sprache in Lehrerkonferenzen, an die zweisprachige Nachmittagsbetreuung und so weiter.

Auch die Schulverwaltung ist für die Schaffung einer guten Europaschule sehr wichtig. Innovationen von unten gehen von einer oder mehreren Personen aus, die eine tolle Idee haben, sie im kleinen ausprobieren und dann versuchen, Mitarbeiter in der Schulverwaltung von ihrer Neuerung zu überzeugen. Wenn eine solche Innovation dann von der Schulverwaltung auch anderen Schulen empfohlen bzw. genehmigt wird, können auftauchende Probleme leichter gelöst werden, weil man aus der Erfahrung mit dem Prototyp weiß, wie es laufen kann und soll. Im Falle unserer Schule und der SESB überhaupt ist es etwas anders. Zunächst hat jemand von oben, außerhalb der schulischen Praxis, aus schulpolitischer Sicht, gesagt, daß Europaschulen eingerichtet werden sollen. Wir sind jetzt »unten« im Klassenzimmer und arbeiten an der Umsetzung dieser Idee. Die Praxis ist wie ein Tunnel, dessen Ende noch nicht in Sicht ist. So gehen wir zwar im großen und ganzen in eine Richtung, stoßen jedoch immer wieder gegen Hindernisse. Die Praxis fällt schwer, wenn immer wieder zu hören ist: »Nein, das können wir nicht machen, das ist nicht zulässig.« In Deutschland scheint es zu allem ein Gesetz zu geben. Bei mir zuhause sagen wir: »*Where there is a will there is a way.*« Das meine ich mit Flexibilität. Nur mithilfe solcher Flexibilität machen wir Fortschritte auf dem Weg zu einer guten Europaschule.

Neben englischsprachigen Eltern und Kindern müssen wir auch Lehrer englischer Muttersprache finden. Seit Einrichtung der ersten Europaklasse an unserer Schule vor fünf Jahren müssen wir jedes Jahr im Mai feststellen, daß wir noch keinen englischen Lehrer für die neue erste Klasse im nächsten Schuljahr haben. Hier muß vor allem die Schulverwaltung mehr tun. Sie muß die Einstellung neuer Kollegen englischer Muttersprache bis zum vollständigen Ausbau unserer Schule und der SESB überhaupt sicherstellen. Daß die englischen Lehrer bisher schlechter bezahlt werden als ihre deutschen Kollegen, erschwert die Anwerbung neuer Lehrer. Darunter kann die Qualifikation der Bewerber leiden.

Ohne Geld keine Europaschule. Vom Landesschulamt kam kein Geld. Dennoch ist unsere Schule inzwischen sehr gut ausgestattet, weil unsere Eltern viel Zeit und, z. T. über eingeworbene Sponsoren beschafftes, Geld investiert haben. Außer der deutschsprachigen Schulbibliothek haben wir nun eine wunderbare Bibliothek mit englischen Büchern und andere schöne Dinge. Eine Europaschule braucht Material, das man nicht immer hier in Berlin ansehen, oft nicht einmal hier bestellen kann. »*Where there is a will, there is a way.*« Wir Lehrer, z. T. auch Eltern und Kinder, fahren in den Ferien nach England und besorgen das Material dort.

Zu all diesen notwendigen Aktivitäten reichen Verständnis und Flexibilität allein nicht aus. Um gemeinsam eine gute Europaschule zu schaffen, brauchen wir zudem Interesse, Motivation und Qualifikation.

So müssen Eltern zunächst interessiert sein, unsere Schule überhaupt kennenzulernen, und dann motiviert sein, ihre Kinder anzumelden, auch wenn sie nicht im Einzugsbereich der Schule wohnen. Sie müssen interessiert sein, beide Partnersprachen zu unterstützen, insbesondere das Englische, da ja die deutsche Umgebung insgesamt dominiert. Deshalb sage ich den Eltern vielen Dank. Sie machen das großartig.

Die Kinder bringen Qualifikationen mit, z. B. ihre englische oder deutsche Muttersprache. So können sie ihren Klassenkameraden zu Sprachpartnern werden. Interessiert und motiviert sind die Kinder nicht unbedingt an allem, was in der Schule behandelt wird. Sie brauchen Lehrer, die es interessant machen. Das setzt eine Kenntnis der Interessen der Kinder voraus. Was interessiert Kinder? Besonderes Material, Projekte, z. B. produzieren wir jedes Jahr eine Christmas Show, Stories, Videos,

Audiokassetten; wir benutzen von der ersten Klasse an Computer; abgesehen von den Bibliotheken verkaufen wir Bücher über unseren Bookclub; einmal jährlich veranstalten wir eine Bookweek, in der jedes Kind soviel wie möglich anderen Menschen vorliest, selbst Bücher herstellt, schreibt und malt und dadurch Spenden für die Schule sammelt. Schließlich verfügt jede Klasse über einen englisch geprägten Raum, in dem die Kinder nur englisch sprechen und hören, was zum Sprachinteresse und zur Sprechmotivation beiträgt.

Die Lehrer müssen qualifiziert sein. Ich will hier nicht über den Zustand der Lehrerausbildung sprechen. Was ich problematischer finde, sind Lehrer, die ihren Beruf als Job ausüben, weil sie keinen anderen gefunden haben. Diese Lehrer müssen mühsam mit dem Schulversuch vertraut gemacht und zu ihm motiviert werden. Denn an unserer Schule müssen sie mehr tun als üblich, weil es eben keine normale Schule ist, sondern etwas Neues. Ohne Interesse und Motivation findet diese notwendige Mehrarbeit nicht statt. Andererseits kann der Schulversuch eine Chance für bisher unmotivierte Lehrer sein. Das Neue bringt ja auch Spannung und Abwechslung. Einige ermuntert das, einen Neuanfang ihres beruflichen Selbstverständnisses zu wagen.

Ich (Maro Marschall) möchte mich als Elternvertreterin auf die Beziehung der Eltern zu unserer Schule beschränken.

Zunächst zu den Gründen der Eltern, ihre Kinder an unserem Europaschulzweig anzumelden. Wir Eltern haben die Staatliche Europaschule Berlin ja ganz bewußt gewählt. Und zwar haben wir diese Wahl getroffen trotz der Tatsache, daß unsere Kinder in gewissem Sinne »Versuchskaninchen« in einem Schulversuch sind und daß eine gewisse Unsicherheit hinsichtlich des Erfolges des Konzepts besteht. Ob bilingual, monolingual-englisch oder monolingual-deutsch, wir Eltern identifizieren uns mit dem Konzept. Entsprechend der Vielschichtigkeit des Konzepts sind in der Elternschaft unterschiedliche Motive zu finden: Eltern, die ihren Kindern vor allem einen frühzeitigen Zugang zu einer zweiten Sprache verschaffen möchten; Eltern, die ihren Kindern eine frühzeitig bewußte Begegnung mit einer anderen Kultur ermöglichen möchten; Eltern, die sich durch den Einbezug neuer LehrerInnen aus dem Ausland eine breitere Methodenpalette im Unterricht und mehr Leben und Schwung in der Schule erhoffen usw. Diese verschiedenen Motive können in elterliches Engagement umgewandelt werden.

Wie an den anderen Standorten der SESB fehlten an unserer Schule zu Beginn des Schulversuchs Geld und Materialien, aber auch ein ausgereiftes Konzept, Personal und allgemein Unterstützung. Ohne die Hilfe der Eltern (wie auch den enormen Einsatz unserer Lehrer) wäre ein angemessener Unterricht nicht möglich geworden.

Als ersten Aspekt elterlicher Mitarbeit nenne ich die intensiven Public Relations zur Anwerbung v. a. englischsprachiger Schüler, die Eltern und Lehrer gemeinsam organisieren. Mindestens zweimal im Jahr werden in der regionalen sowie europäischen englisch-sprachigen Presse »community notices«, z. B. Anmeldetermine oder Tage der offenen Tür, von uns eingebracht. Ebenfalls zweimal jährlich schicken wir Info-Blätter, Poster oder Briefe an alle englischsprachigen Einrichtungen in Berlin, z. B. Botschaften, Klubs, Kindergärten usw. Wir Eltern helfen auch bei der Suche nach neuen Lehrern englischer Muttersprache. Durch die Einrichtung einer eigenen Internet-Homepage durch einen Elternvertreter (in Zusammenarbeit mit unserer Pionier-Lehrerin Frau McTaggart, die ihrerseits eine E-Mail-Adresse eingerichtet hat) sind neue Möglichkeiten der Öffentlichkeitsarbeit entstanden.

Als zweiter Aspekt elterlicher Beteiligung am Aufbau einer guten Europaschule will ich die durch Eltern innerhalb des Schulganzen gelebte Bilingualität und Interkulturalität nennen. Um die Kommunikation zwischen deutsch- und englisch-sprachigen Eltern sowie zwischen Eltern und Schule (Schulleitung, Lehrerkollegium) zu optimieren, legen wir Wert auf:

- Bilingualität auf allen Elternversammlungen der Schule;
- daß je ein deutsch- und ein englischsprachiger Elternvertreter pro Klasse gewählt wird;
- daß alle an der Schule schriftlich kursierenden Informationen in deutsch und englisch gefaßt werden;
- zusätzlich zu einem englischsprachigen Informationsblatt und einer Broschüre der Lehrer zum Curriculum der Schule haben wir Eltern ein bilinguales Informationsblatt des Fördervereins zur Nachmittagsbetreuung hergestellt;
- zudem geben wir Eltern eine englisch-deutsche Schulzeitschrift (»Our School Bulletin«) heraus, die über aktuelle Ereignisse in der Schule berichtet und außerschulische Informationen, die unsere Schule betreffen, aufnimmt.

Ein weiterer Aspekt elterlichen Engagements ist die Mithilfe der Eltern im Unterricht. Auf Anregung der Lehrer unterstützen englische und deutsche Eltern regelmäßig den Lehrer, z. B. indem sie sich während des Unterrichts in einer Ecke des Klassenzimmers von einzelnen Kindern vorlesen lassen und sie so individuell fördern. Voraussetzung für solche elterliche Mithilfe ist, daß der betreffende Lehrer binnendifferenzierten Unterricht praktiziert und dem Entwicklungsstand des jeweiligen Kindes angemessene Texte bereit stellt.

Was die Förderung eines positiven Verhältnisses der Kinder zu Literatur angeht, gibt es zudem eine enge Zusammenarbeit zwischen Eltern und Lehrern während der Book Week und anderer Projektwochen. Schließlich assistieren Eltern auch in der englischen Bibliothek des Europazweiges der Schule.

Darüber hinaus bieten einzelne Eltern nachmittags Arbeitsgemeinschaften in englischer oder deutscher Sprache an (z. B. Little Scientists, Chor, Inline Skating, Hockey). Die Eltern arbeiten eng mit den Erzieherinnen des sozialpädagogischen Nachmittagsbereichs zusammen, um eine Atmosphäre der Geborgenheit, der Entspannung, der interkulturellen Begegnung, des Spiels sowie eine Vielzahl interessanter Angebote zu schaffen.

Was die materielle Unterstützung der Schule angeht, so sind Eltern zusätzlich zu den üblichen Fundraising- und Sponsoring-Aktivitäten einer Schule aktiv: Verkauf von Europaschul-Souvenirs, z. B. mit Schullogo bzw. Schülerselbstportraits bedruckte Sweatshirts, Tassen und Handtücher; Sponsoring durch Eltern, Freunde und Bekannte während der Book Week; Mitgliedschaft des Europazweiges in einem englischen Book Club; durch Vermittlung von Eltern konnte inzwischen jede Klasse mit einem Computer ausgestattet werden; durch jährliche freiwillige Beiträge der Eltern an den Förderverein werden derzeit im Nachmittagsbereich fünf Helfer/innen englischer Muttersprache finanziert, die die aus Landesmitteln bezahlten deutschen Erzieherinnen ergänzen und so die für eine Europaschule unerläßliche bilinguale Umgebung schaffen.

Abschließend möchten wir beide (Mara Klein, Emma Pott) aus unserer Sicht als Schülerinnen über unsere Schule berichten. Sie steht in der Nähe vom Olympiastadion, also in Charlottenburg. Die Schüler kommen aber nicht nur aus diesem Bezirk, sondern auch aus anderen Bezirken und von weiter her. Meine Freundin kommt zum Beispiel aus Friedrichshain und ich selbst komme aus Brandenburg. Wir lernen von der Vorschulklasse an Englisch und so lernen wir jetzt in der fünften Klasse schon unsere dritte Sprache. Unsere Klasse hat zwei Räume, einen für deutschen Unterricht und einen für englischen Unterricht. Und wir haben zwei Lehrerinnen, eine deutsche und eine englische. Wir haben zwei Computer. An denen können wir spielen und lernen. Wir haben eine englische Bibliothek in unserem Klassenzimmer. Wenn ein Kind aus unserer Klasse Geburtstag hat, bringt es ein englisches Buch mit. So wird unsere Bücherei jedes Jahr um vierundzwanzig Bücher größer.

Meine (E. P.) Mutter ist Engländerin und mein Vater ist halb deutsch. Es ist gut, daß ich in die Europaschule gehen kann. Da kann ich meine Muttersprache und Deutsch lernen. Meine (M. K.) Muttersprache ist Deutsch, aber ich war mit meinen Eltern vier Jahre lang in Afrika, und als wir zurückkamen, wünschten sich meine Eltern, daß ich weiterhin Englisch lerne. Außerdem ist Englisch eine Weltsprache, also wichtig.

In unserer Schule sind nicht nur Kinder aus Deutschland und aus England, sondern aus vielen Ländern, auch aus Amerika, aus Afrika, Asien und Australien. Wir lernen in der Schule, daß wir anderen Kindern gegenüber nicht ungerecht sein sollen, weil sie eine andere Hautfarbe haben oder eine andere Sprache sprechen. Also ich schätze mal, wir alle finden es gut, daß Kinder aus anderen Ländern, die nicht Deutsch oder Englisch als Muttersprache haben, an unserer Schule Deutsch und Englisch dazulernen. Zum Beispiel Kinder aus Afrika, die Englisch schon können, aber eben nicht so gut.

Unsere Klasse fand es toll, daß wir alle zusammen eine Klassenfahrt nach Schottland machen konnten. Wir sind von Berlin nach Amsterdam geflogen, dort umgestiegen und nach Edinburgh weitergeflogen. Nachdem wir zwei Tage in Edinburgh waren, sind wir zu einem *Center for Outer Education* gefahren. Dort haben wir viel zusammen gemacht. Zum Beispiel *gorge walking,* also Schluchtwandern, *hill walking,* Bergwandern, und *canoeing,* Kanu fahren. Als wir noch in Edinburgh waren, haben wir das Edinburgh Castle besucht und dort sehr viel über Edinburgh und die Geschichte von Edinburgh Castle gelernt.

Fiona Gleeson und Gabriele Hertz

Interkulturelle Lehrerkooperation als Voraussetzung bilingualen Unterrichts

Mein Name ist Gabriele Hertz. Nach neunjährigem Englandaufenthalt bin ich mit meiner Familie vor zwei Jahren wieder zurück nach Berlin gezogen. Im August 1996 trat ich meine Stelle an der Charles-Dickens-Europaschule an. Dort übernahm ich gemeinsam mit Fiona eine erste Klasse.

Ich heiße Fiona Gleeson und komme aus Irland. Ich habe in Irland studiert und meine Lehrerausbildung in Schottland abgeschlossen. Im Jahr 1989 bin ich nach Berlin gezogen und wohne jetzt seit über sechs Jahren hier. Seit August 1995 arbeite ich an der Charles-Dickens-Europaschule und unterrichte zur Zeit mit Gabi zusammen eine zweite Klasse.

Wir sind der Meinung, daß diese Lehrerpartnerschaft ausgesprochen gut läuft. Der folgende Bericht reflektiert unsere subjektiven Erfahrungen.

Voraussetzungen für eine gute Kooperation

1. Beide Partner beherrschen die Sprache des anderen

Fiona Gleeson: Gabi und ich sind beide ziemlich fit in der Sprache des anderen. Das reduziert erheblich die Mißverständnisse bei einer interkulturellen Zusammenarbeit. Wenn Mißverständnisse auftreten, können sie sprachlich sehr schnell geklärt werden. Wir kommunizieren miteinander fließend in beiden Sprachen, mal auf englisch, mal auf deutsch. Wir schätzen auch beide die Muttersprache des anderen und dadurch bekommen beide Sprachen die gleiche Priorität im Unterricht. Wenn wir mit der Klasse zusammen sind, rede ich auf englisch und Gabi auf deutsch, und die Kinder antworten mir auf englisch und Gabi auf deutsch. Da wir den anderen immer verstehen, ergibt sich kein Verfremdungsgefühl, denn jeder kann jederzeit am Gespräch teilnehmen.

2. Beide haben Auslandserfahrung und sind für die Probleme des Ausländerseins empfindsam

Fiona Gleeson: Gabi hat neun Jahre in England gewohnt und ich habe jetzt über sechs Jahre in Berlin verbracht. Wir wissen beide, wie es ist, eine Ausländerin zu sein. Im Moment ist es eher Gabis Aufgabe, sich auf mich als Ausländerin einzustellen. Gabi ist dafür sehr empfindsam. Sie versteht die Bedürfnisse, die man hat, z. B. verstärkt Kontakt zu anderen Muttersprachlern zu haben, die eigene Kultur in den Unterricht miteinzubringen und auch die Fremdheiten des Gastlandes erklärt zu bekommen. Sie hat dadurch auch viel Verständnis für unsere ausländischen Eltern, die teilweise andere Bedürfnisse haben als die deutschen Eltern. Gabi hat auch oft eine Art Heimweh nach England und fühlt sich vielleicht auch in Deutschland manchmal fremd. Dieses Gefühl kenne ich sehr gut von kurzen Aufenthalten in Irland.

3. Beide sollten bereit sein, sich selbst zurückzunehmen und sich auf die Bedürfnisse des anderen einzustellen, d. h. Offenheit gegenüber Unterrichtsmethoden und -stilen zu zeigen

Gabi Hertz: Unsere jeweiligen Auslandserfahrungen, die oft auch verletzend sind, legen die Grundlage unserer Bereitschaft, auf die Bedürfnisse der anderen Rücksicht zu nehmen. Weder Fiona noch ich gehen mit der Einstellung in die Klasse, daß unsere Methode der Wissensvermittlung die einzig richtige ist. Wir stibitzen uns gegenseitig Ideen, fragen nach und versuchen sie dann, auf den Mutter- bzw. Partnersprachenbereich zu übertragen. Wir stehen den Methoden und Unterrichtsstilen des anderen offen gegenüber – was nicht bedeutet, daß dies immer problemlos erfolgt. Zu Beginn des Schuljahres haben wir sechs Wochen lang für alle Stunden (also auch die Teilungsstunden) nur einen Klassenraum zur Verfügung gehabt. Während die englische Gruppe (10 Kinder) immer sehr diszipliniert schriftlich arbeitete, stand ich unter Druck, auch meine Gruppe (16 Kinder) ruhig zu beschäftigen, was nicht unbedingt meine Herangehensweise ist. Ich arbeite viel mit Rollenspielen, Gruppengesprächen und Partnerarbeit. Diese Problematik konnten wir nur lösen, indem wir uns noch einen zweiten Raum für die Teilungsstunden erkämpft haben.

Ein anderes Beispiel wäre der Stuhlkreis, der nach meiner Beobachtung eher eine deutsche als britische Herangehensweise ist. Ganz zu Beginn des ersten Schuljahres eröffnete mir Fiona, daß die Couch nur für uns Lehrer da sei und die Kinder auf dem Boden vor ihr/uns zu sitzen hätten. Ich stutzte und dachte mir, daß diese Bemerkung wohl nicht so ernst gemeint gewesen wäre. Allerdings merkte ich schnell, daß dies tatsächlich Fionas Herangehensweise war. Für Vorleseaktivitäten und andere Gruppengesprächssituationen versammelte sie die Kinder auf dem Boden vor sich. Mir wurde dabei aber klar, daß für mich der Stuhlkreis auch eine wichtige Funktion hat. Bei Gesprächen lege ich Wert darauf, daß wir uns alle anschauen können. Ein Stuhlkreis in einer vollen Klasse ist mühsamer und lauter herzustellen, und zumeist dauert es etwas länger. Trotzdem einigten wir uns darauf, bei Gesprächen den Stuhlkreis zu bevorzugen und beim Vorlesen von Büchern Fionas Methode anzuwenden.

Ein weiteres Beispiel: Die britischen Kollegen haben die Tendenz, für Leistungen Preise zu verteilen und Kinder besonders hervorzuheben. Ihr Argument lautet: Wir müssen die Kinder auf das wirkliche Leben vorbereiten, und dies ist von Wettbewerb und Konkurrenz gekennzeichnet. Ein solches Argument steht gegen mein pädagogisches Verständnis. Wir arbeiten mit Kindern, die ganz andere Bedürfnisse haben als Erwachsene. Jedes Kind möchte für seine Bemühungen bestätigt werden, denn jedes Kind hat sich nach seinem Vermögen angestrengt. Mir wird dann entgegnet, ich wolle die Kinder immer nur beschützen und vor Enttäuschungen bewahren, und ich behandle sie so vorsichtig als wären sie zerbrechlich. Hier stehen zwei Meinungen gegeneinander, die kulturellen Unterschieden entspringen, denn das britische Schulsystem wird einschneidend von Listen (*league tables*) geprägt, wo jeder sehen kann, wer auf welchem Platz steht, ob also an 1., 7. oder 26. Stelle. Eine grundsätzliche Einigung werden wir diesbezüglich nicht erreichen, aber unsere Zusammenarbeit ist davon geprägt, daß jeder einmal nachgibt, je nachdem wem in welcher Situation etwas wichtiger ist.

Unterschiedliche kulturelle Hintergründe als Ursache für unterschiedliche Herangehensweisen

1. Umgang mit Disziplin

Fiona Gleeson: Die deutschen Kollegen finden uns meistens ziemlich streng und recht autoritär. Dinge, die wir für selbstverständlich halten, werden oft nur mit großer Mühe akzeptiert. Ein Beispiel: Nach der Hofpause stellen die Kinder sich in Klassenreihen auf. Für uns ist das einfacher, weniger gefährlich als ein großes Gedrängel auf den Treppen und weniger chaotisch. Für die deutschen Kollegen war dies eine militärähnliche Aktion, die man nicht einführen sollte. Inzwischen wurde das Aufstellen akzeptiert, aber wir mußten erst einmal viel erklären.

Gabi und ich gehen auch unterschiedlich mit Regeln um. Ich bin ziemlich konsequent. Auch wenn es mir schwerfällt, versuche ich mich immer daran zu halten, daß eine Regel eine Regel ist, und wenn eine Regel gebrochen wird, wird das Kind entsprechend bestraft. Wir nehmen ein Kind unserer Klasse als Beispiel. Wenn es den Unterricht stört, was häufig der Fall ist, drohe ich ihm an, daß es auf die Hofpause verzichten wird, wenn ich es noch mal ermahnen muß. Ich bin dann konsequent, während Gabi damit anders umgeht. Sie überlegt sich, daß er in den nächsten Stunden noch schwieriger wird, wenn er seinen Bewegungsdrang nicht abreagieren kann. Für mich sind Regeln Regeln, während für Gabi Regeln manchmal Regeln sind. Wir haben schon unterschiedliche Wahrnehmungen von fair. Ich lege mehr Wert auf gleiche Behandlung, während Gabi eher auf die subjektiven Bedürfnisse eingeht.

2. Differenzierung

Fiona Gleeson: Ich glaube nicht, daß Gabi und ich sehr unterschiedliche Meinungen zur Differenzierung haben. Wir arbeiten nicht mit Klassensätzen von Schulbüchern, sondern haben ein vielfältig differenziertes Unterrichtsmaterial, wie z. B. den *Oxford Reading Tree.* Sowohl die Lesehefte als auch das entsprechende Schriftmaterial sind auf das Niveau des einzelnen Schülers abgestimmt. Gabi benutzte im letzten Jahr eine Fibel und suchte sich dann von verschiedenen Seiten differenziertes Material zusammen.

3. Lehrerverhalten

Gabi Hertz: Die Mehrheit der deutschen Lehrer – und da beziehe ich mich mit ein – hat die Tendenz, während des Unterrichts die Tür zuzumachen. Die Türen der Klassenzimmer unserer britischen Kollegen stehen immer (ich betone: immer) weit auf. Dies signalisiert Offenheit und deutet an: Komm herein! Sieh zu! Mach mit! Ich schließe, ohne darüber nachzudenken, die Klassentür. Fiona ärgert sich darüber. Sie interpretiert es als: Stör mich nicht! Laß mich allein! – also als ein Abschotten vor dem anderen. Sie hat Recht, die Angst vor Kontrolle, dabei erwischt zu werden, daß die Klasse nicht so diszipliniert arbeitet wie erwartet, steht dahinter. Durch ihre Äußerungen habe ich mein Verhalten hinterfragt und mußte ihr zustimmen. Ich bemühe mich, mein Verhalten zu ändern – sprich: bestimmte Ängste abzulegen und die Tür aufzulassen.

Ein anderes Lehrerverhalten, das leider auch zu Vorurteilen und Animositäten führte, ist folgendes: Die meisten deutschen Kollegen verlassen mit dem Klingelzeichen ihrer letzten Unterrichtsstunde das Schulgebäude. Auf der anderen Seite ist es nicht ungewöhnlich, unsere britischen Kollegen noch um 16 Uhr oder sogar später im Schulgebäude zu finden. Sie planen und organisieren ihren Unterricht, gestalten ihren Raum. Unser (ich übertreibe) fluchtartiges Verlassen der Schule erweckt den Eindruck, wir wären faul, beschränkten unseren Arbeitseinsatz auf das Minimum. Diese Vorwürfe haben zu sehr negativen Gefühlen geführt, ja zu Verletzungen. Ich glaube, auch hier kommen unterschiedliche kulturelle Hintergründe zum Tragen. Die englischen Schulen, die ich kennengelernt habe, hatten alle ›silent rooms‹ mit Arbeitsplätzen für die Lehrer, so wie wir sie von Universitätsbibliotheken her kennen. Hinzu kam, daß die Lehrer auch Zugang zu Computern hatten, so daß das gesamte Arbeitspensum an der Schule zu erledigen war. Viele der Kollegen verließen erst am frühen Abend die Schule. Wir deutsche Lehrer finden solche Bedingungen an unseren Schulen nicht vor, deshalb sind wir darauf angewiesen, unsere Vorbereitungen zu Hause zu absolvieren. Arbeitszeit, die man nicht sieht, bedeutet nicht, daß sie nicht existent ist. Unsere Schreibtische stehen halt in unseren Wohnungen. Unterschiedliche kulturelle Hintergründe führen zu Mißverständnissen und Verletzungen. Wir können sie nur überwinden, indem wir uns besser kennenlernen, was bedeutet, die Sprache des anderen zu lernen, viel miteinander zu reden und offen füreinander zu sein.

4. Raumgestaltung

Fiona Gleeson: Britische Grundschullehrer lernen, wie wichtig es ist, die Unterrichtsinhalte anschaulich im Klassenraum darzustellen, sie lernen es auch in praktischer Hinsicht. Das ist bei uns in der Schule oft ein heikles Thema, weil die deutschen Lehrer nicht immer so viel Wert darauf legen. Vielleicht fehlen ihnen auch einfach die praktischen Ideen hierzu.

5. Eltern

Fiona Gleeson: In unserer Klasse gibt es eine deutliche Trennung zwischen den Eltern beider Gruppen. Der englische Teil sucht verstärkt Kontakt zu Muttersprachlern. Die meisten englischsprachigen Mütter arbeiten nicht und können sich oft zum Kaffeeklatsch treffen. Daraus folgen engere Freundschaften. Es ist eine Art Notgemeinschaft und sie hängen viel mehr aneinander. Bei uns in der Klasse arbeiten die meisten deutschen Frauen. Sie fühlen sich oft ausgeschlossen und können die andere Gruppe nicht verstehen. Letztes Jahr Weihnachten z. B. haben die englischen Eltern einen geselligen Abend nur für die Eltern ihrer Gruppe organisiert. Sie haben mich auch eingeladen. Die deutschen Eltern fanden das ziemlich unmöglich und fühlten sich absolut ausgeschlossen. Gabi hatte mehr Verständnis dafür, weil sie ja auch als deutsche Mutter in England gelebt hat, aber fand diese Trennung trotzdem nicht wünschenswert.

6. Bezahlung

Gabi Hertz: Zum Schluß möchte ich doch noch etwas ansprechen, was unsere Vorgesetzten nicht gerne hören: Die unterschiedliche Bezahlung der ausländischen Kollegen. Ich möchte nicht über Rechtspositionen sprechen, sondern nur über meine Gefühle und Reaktionen hierzu. Die Arbeit, die ich bei meinen britischen Kollegen beobachte, deutet auf viel Sachverständnis und hohe Qualifikation hin, egal, ob die Ausbildungswege vergleichbar sind oder nicht. Ihr Einsatz ist oft mehr als hundertprozentig. Fiona hat eine volle Stelle, ich einen 20-Stunden-Auftrag. Sie verdient deutlich weniger als ich. Meine Reaktion darauf ist, Arbeitsbelastungen wenn möglich von ihr zu nehmen. Zum Beispiel hätte mir in diesem Jahr die Klassenlehrerstunde zugestanden, ich habe zugunsten von Fiona darauf verzichtet. Administrationsarbeiten bemühe ich mich zu übernehmen so gut es geht. Man könnte sagen: Eigene Dummheit! Vielleicht – vielleicht aber auch nicht, denn diese Problematik hängt über unserer Zusammenarbeit wie ein Damoklesschwert. Trotz all unserer persönlichen Anstrengungen und unserer Begeisterung diesen Schulversuch auf solide Füße zu stellen, fehlt die Basis – nämlich eine Gleichstellung der ausländischen Kollegen auch in finanzieller Hinsicht.

Verzeichnis der Autor/inn/en

Hermann Avenarius, Prof. Dr., Deutsches Institut für Internationale Pädagogische Forschung, Wiss. Beirat des Versuchs »Schule in erweiterter Verantwortung« des Landes Berlin

Maurice Balan, Lehrer an der Schlüter-Grundschule, deutsch-spanischer Standort der Staatlichen Europaschule Berlin

Tino Bargel, tätig in der Bildungs- und Hochschulforschung an der Universität Konstanz; Arbeitsschwerpunkte: Schulentwicklung, soziale Indikatoren, Sozialisationsforschung, Methoden und internationaler Vergleich

Catherine Bogner, Erzieherin im sozialpädagogischen Nachmittagsbereich der Judith-Kerr-Grundschule, deutsch-französischer Standort der Staatlichen Europaschule Berlin

Daniele Charron, Leiterin des sozialpädagogischen Nachmittagsbereichs der Judith-Kerr-Grundschule, deutsch-französischer Standort der Staatlichen Europaschule Berlin

Peter Doyé, Prof. Dr., Technische Universität Braunschweig, Mitglied des Wissenschaftlichen Beirats der Staatlichen Europaschule Berlin

Gertraud Gaa, Lehrerin an der Finow-Grundschule, deutsch-italienischer Standort der Staatlichen Europaschule Berlin

Fiona Gleeson, Lehrerin an der Charles-Dickens-Grundschule, deutsch-englischer Standort der Staatlichen Europaschule Berlin

Michael Göhlich, Dr. phil., Dipl.Psych., Dipl.Päd., Technische Universität Berlin; Arbeitsschwerpunkte: Geschichte der Pädagogik, Pädagogische Anthropologie, Lernende Organisation, Innovation in pädagogischen Einrichtungen, Schulentwicklung

Michèle Héloury, Moderatorin an der Staatlichen Europaschule Berlin, Französischlehrerin an der Friedensburg-Oberschule in Berlin, Lehrwerksautorin, Arbeitsschwerpunkte: Freinetpädagogik, Schülerorientierung.

Gabriele Hertz, Lehrerin an der Charles-Dickens-Grundschule, deutsch-englischer Standort der Staatlichen Europaschule Berlin

Rainer Höttler, Dr. phil., Dipl. Vw., Leiter der Abteilung Schulformübergreifende, Internationale und Überregionale Angelegenheiten bei der Senatsverwaltung für Schule, Jugend und Sport, Berlin

Chantal Kaiser, Schulleiterin der Judith-Kerr-Grundschule, deutsch-französischer Standort der Staatlichen Europaschule Berlin

Mara Klein, Schülerin der Charles-Dickens-Grundschule, deutsch-englischer Standort der Staatlichen Europaschule Berlin

Christoph Kodron, Dipl.Soz., Wissenschaftlicher Mitarbeiter der Abteilung Allgemeine und Vergleichende Erziehungswissenschaft des Deutschen Instituts für Internationale Pädagogische Forschung, Frankfurt; Arbeitsschwerpunkte: Lehrerbildung, Europäische Dimension, Interkulturelles Lernen

Bianca Manusch, Lehrerin an der Deutsch-Italienischen Grundschule Wolfsburg

Helga Marburger, Prof. Dr., Professorin für Erziehungswissenschaft an der Technischen Universität Berlin, Arbeitsschwerpunkte: Migrationsforschung, Interkulturelle Erziehung

Maro Marschall, Vorsitzende der Gesamtelternvertretung der Charles-Dickens-Grundschule, deutsch-englischer Standort der Staatlichen Europaschule Berlin

June McTaggart, Lehrerin an der Charles-Dickens-Grundschule, deutsch-englischer Standort der Staatlichen Europaschule Berlin

Gilbert Pinck, Generalsekretär des Obersten Rates der Europäischen Schulen; Arbeitsschwerpunkte: pädagogische, finanzielle und administrative Verwaltung der Europäischen Schulen

Rossana Porrata-Jürs, Lehrerin an der Finow-Grundschule, deutsch-italienischer Standort der Staatlichen Europaschule Berlin

Emma Pott, Schülerin an der Charles-Dickens-Grundschule, deutsch-englischer Standort der Staatlichen Europaschule Berlin

Annette Roosen, Lehrerin an der Deutsch-Italienischen Grundschule Wolfsburg

Uwe Sandfuchs, Prof. Dr., Lehrstuhl für Grundschulpädagogik und Historische Pädagogik an der Technischen Universität Dresden, Arbeitsschwerpunkte: Schul- und Unterrichtstheorie, Historische Bildungsforschung, Interkulturelle Erziehung, Wissenschaftliche Begleitung des Modellversuchs der deutsch-italienischen Schule in Wolfsburg

Ulrich Steffens, M. A., Dezernatsleiter für Praxisorientierte Schulforschung am Hessischen Landesinstitut für Pädagogik, Wiesbaden. Arbeitsschwerpunkte: Schulqualitätsforschung, wiss. Begleitung schulischer Erneuerungsprozesse, Qualitätsevaluation von Schulen

Ulrich Steinmüller, Prof. Dr., Institut für Fachdidaktiken der Technischen Universität Berlin

Peter H. Stoldt, Dr., Referent beim Senator für Bildung, Wissenschaft, Kunst und Sport in Bremen, Vorsitzender des Bund-Länder-Ausschusses für schulische Arbeit im Ausland, deutscher Delegationsleiter im Obersten Rat der Europäischen Schulen in Brüssel; Arbeitsschwerpunkte: bilinguale Schulprogramme an Gymnasien in Mittel-Ost-Europa, deutsch-englische Bildungsgänge im Land Bremen, Qualitätssicherung schulischer Arbeit, Fremdsprachenlernen und Europakompetenz

Inge Sukopp, Sem.Dir.a. D., tätig beim Berliner Institut für Lehrerfort- und -weiterbildung und Schulentwicklung sowie beim Senator für Schule, Jugend und Sport; derzeit Leitung der Kommission zur Erarbeitung von Unterrichtsplänen für die Staatliche Europaschule Berlin, Arbeitsschwerpunkte: Curriculumentwicklung, Grundschulpädagogik

Simon Turner, Lehrer an der Erich-Kästner-Grundschule, deutsch-englischer Standort der Staatlichen Europaschule Berlin

Vally Valbonesi, Lehrerin und Konrektorin an der Deutsch-Italienischen Grundschule Wolfsburg

Erika Woderich, Diplom-Russischlehrerin, Lehrerin an der Lew-Tolstoi-Grundschule, deutsch-russischer Standort der Staatlichen Europaschule Berlin

Wolfgang Zydatiß, Prof. Dr., Zentralinstitut für Fachdidaktiken der Freien Universität Berlin

Beiträge zur Schulentwicklung

Heinz Günter Holtappels (Hrsg.)
Entwicklung von Schulkultur
(Ansätze und Wege schulischer Erneuerung)
1995, 256 Seiten, kartoniert, DM 34,–
ISBN 3-472-02467-4

Sabine Müller
Schulentwicklung und Schülerpartizipation
1996, 191 Seiten, kartoniert, DM 34,–
ISBN 3-472-02782-7

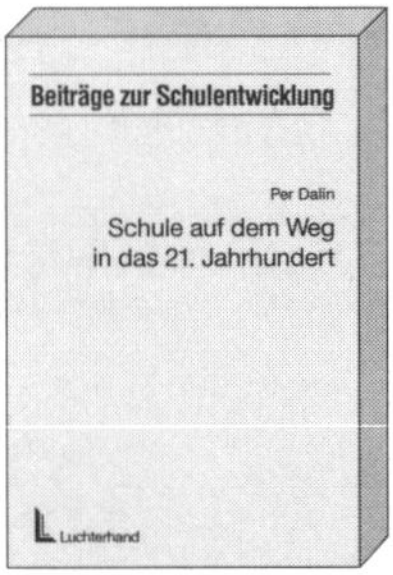

Per Dalin
Schule auf dem Weg in das 21. Jahrhundert
1997, 252 Seiten, kartoniert, DM 39,80
ISBN 3-472-02578-6

Bitte bestellen Sie bei Ihrem Buchhändler oder direkt beim Verlag.

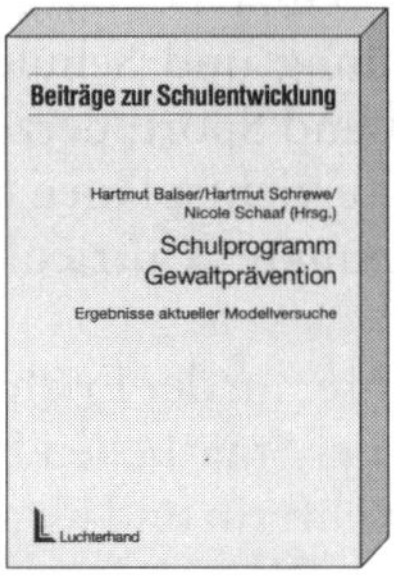

Hartmut Balser/Hartmut Schrewe/Nicole Schaaf (Hrsg.)
Schulprogramm Gewaltprävention
(Ergebnisse aktueller Modellversuche)
1997, 186 Seiten, kartoniert, DM 29,80
ISBN 3-472-03012-7

Hartmut Balser/Hartmut Schrewe/Roland Wegricht (Hrsg.)
Regionale Gewaltprävention
(Strategien und Erfahrungen)
1997, 234 Seiten, kartoniert, DM 34,80
ISBN 3-472-03181-6

Erika Risse (Hrsg.)
Schulprogramm – Entwicklung und Evaluation
1998, 412 Seiten, kartoniert, DM 44,80
ISBN 3-472-03175-1

Heike Ackermann/Jochen Wissinger (Hrsg.)
Schulqualität managen
1998, 280 Seiten, kartoniert, DM 38,–
ISBN 3-472-02953-6

Luchterhand Verlag
Postfach 2352 · 56513 Neuwied
Tel.: 02631/801-0 · Fax:/801-204
info@luchterhand.de
http://www.luchterhand.de

980624 0417

Schulprogramm

NEUERSCHEINUNG

Erika Risse (Hrsg.)
Schulprogramm – Entwicklung und Evaluation
1998, 402 Seiten, kartoniert,
DM 44,80/öS 327,–/sFR 44,80
ISBN 3-472-03175-1

Die Schullandschaft ist in allen Ländern der Bundesrepublik immer stärker in eine Entwicklungsbewegung hineingekommen. Der Schulbereich wird – wie andere gesellschaftliche Gestaltungsbereiche – in den »Innovationskreislauf« einbezogen. Immer mehr Schulen verstehen sich als innovative Schule; sie nehmen die Möglichkeit zur Selbstgestaltung und zu selbstverantwortetem Handeln in die eigene Hand und werden in diesem Handeln von der Administration immer häufiger toleriert und gestützt.

Die Erarbeitung von Schulprogrammen rückt in diesem Entwicklungsprozeß überall ins Zentrum der Bemühungen. Schulprogramme verdeutlichen die pädagogische Orientierung einer Schule, die Schwerpunkte der pädagogischen und fachlichen Arbeit; sie stellen eine Geschäftsgrundlage dar, die von Lehrerinnen und Lehrern, von den Eltern und von der Schülerschaft getragen wird.

Das Buch ist für die Praxis von Wissenschaftlern sowie Beteiligten und Betroffenen geschrieben. Damit wird der Nachfrage vieler Schulen, die sich auf den Weg machen wollen, aber manchmal ratlos sind, wie sie es angehen sollen, Theorie und Erfahrung vermittelt.

Bitte bestellen Sie bei Ihrem Buchhändler oder direkt beim Verlag.

Luchterhand Verlag
Postfach 2352 · 56513 Neuwied
Tel.: 02631/801-0 · Fax:/801-204
info@luchterhand.de
http://www.luchterhand.de

980624 0418